国家清史编纂委员会
文化和旅游部清史纂修与研究中心 编

清史镜鉴

部级领导干部清史读本

第十四辑

国家图书馆出版社

图书在版编目（CIP）数据

清史镜鉴：部级领导干部清史读本.第十四辑／国家
清史编纂委员会，文化和旅游部清史纂修与研究中心编.
北京：国家图书馆出版社，2024.10. -- ISBN 978 - 7 - 5013
- 7821 - 0

Ⅰ．K249.07

中国国家版本馆 CIP 数据核字第 2024BL0839 号

书　　名	清史镜鉴——部级领导干部清史读本·第十四辑
著　　者	国家清史编纂委员会 文化和旅游部清史纂修与研究中心 编
责任编辑	景　晶
出版发行	国家图书馆出版社（北京市西城区文津街 7 号　100034） （原书目文献出版社　北京图书馆出版社） 010-66114536　63802249　nlcpress@nlc.cn（邮购）
网　　址	http://www.nlcpress.com
排　　版	北京文雨信来科技发展中心
印　　装	北京武英文博科技有限公司
版次印次	2024 年 10 月第 1 版　2024 年 10 月第 1 次印刷
开　　本	850×1168　1/16
印　　张	22
字　　数	320 千字
书　　号	ISBN 978 - 7 - 5013 - 7821 - 0
定　　价	75.00 元

序

  清朝是我国历史上最后一个封建王朝，统治中国长达 268 年之久，其前期在发展经济文化、巩固国家统一、加强民族团结等方面甚有功绩。中叶以后，内外矛盾尖锐，外敌入侵，国内动荡，政治日益败坏，其失误和教训，实足发人深省。清亡距今不足百年，离我们时间最近，对我们的现实生活影响较大。"今天的中国是历史的中国的一个发展"，要根据中国国情，建设中国特色社会主义，就要学习和研究历史，特别是离我们今天很近的清史。

  新中国成立后，为了弘扬文化、传承国脉，党和国家领导人十分重视清史纂修，曾成立相关机构进行筹备，但由于种种原因，修史之事，几起几落，一直未能启动。2002 年 8 月，中央领导作出纂修清史的重大决定，相继成立了清史纂修领导小组、清史编纂委员会，清史纂修工程，于焉肇始。

  清史纂修不仅具有重大的学术价值，还和现实生活有着密切的关系，它不是网罗奇闻逸事，不是观赏陈迹古董，不是"发思古之幽情"，而是和时代脉搏的跳动息息相关。中国封建社会发展缓慢，延续了两千多年，到了清代，它具有什么特点？它的经济、政治、文化发展到了怎样的高度？清代众多的历史人物应该怎样评价？清代很多扑朔迷离的事件真相如何？为什么古代中国一直处于世界的先进行列，而到了清代却愈来愈落后？在统一多民族国家和整个中华民族发展史上，清朝统治的 268 年究竟处于什么地位？应该对其如何评价？如果没有外国的侵略，中国将会沿着什么方向发展，发展的前途可能会是怎么样？这些都是此次清史纂修所要研究和揭示的重大问题。

清史编纂工作自 2002 年启动以来，在党中央、国务院的关心下，经过海内外专家们的鼎力合作和辛勤努力，目前已有大批阶段性研究成果相继产生。在有计划、按步骤推进清史纂修的同时，为了更加全面、广泛、客观地反映纂修中取得的重要成果，及时将其应用于我国新时期新阶段社会主义现代化建设，充分发挥清史纂修在资政、存史、育人等方面的重要作用，经清史纂修领导小组副组长、文化部副部长周和平同志提议，在清史纂修领导小组办公室诸同志的努力下，于 2006 年 7 月开始编发《清史参考》。刊物集学史和资政于一体，兼顾资料性和时政性，择要刊登在清史纂修中形成的部分科研成果。内容大致涉及典章制度、名人史事、轶闻掌故、档案文献、学术争鸣、资料考证等，力求如实反映三百年清朝历史的真实面貌，给读者以较丰富、较切实之清史知识。

历史是已经逝去了的人和事的记录，是各个国家和民族的文化创造。人有反思往事的感情，有寻根问先的愿望，有从自身的经验教训中学习的天赋。人类在不断前进，但每一代人都是在前人的基础上进行创新，不断前进的。这就形成了文化的传承和历史的延续，形成了历史、现实、未来之间相通的无穷无尽的长链。现实深深植根于历史之中并通向遥远的未来。历史研究可以帮助人们在过去的远景中认识自己，并为未来的创新指点方向。历史学虽然不能像应用科学那样快速而直接地取得实用效益，但它的功能是长期的、巨大的。人类如果忘记了自己的历史，将会在现实和未来中迷失方向。历史学是传承文明、陶冶心灵、提高素质、建设社会主义精神文明所必需，也是了解社会、掌握国情、管理和建设国家、进行战略决策所必需。

《清史参考》创刊后赢得了较好的社会反响。办刊两年来，共有 50 余位专家在《清史参考》刊发文章。《清史参考》的作者，大多为清史纂修工作的项目承担者，也有一些是清史编纂委员会的骨干专家，都学有所长，是各自研究领域的佼佼者。所载文章不仅有很强的学术性，还多富深刻的现实意义，具有一定的参考价值，且篇幅短小、风格朴实、文字流畅、可读性强。应该说，对于现阶段社会上流行的种种"戏说"清史的文艺作品，能够起到一定的校正作用，用真实的历史史实来教育青年，教育大众。这本身也是历史学家们理应担负的一种社会责任。

近日，欣闻国家清史纂修领导小组办公室计划将《清史参考》结集出版，以扩大清史纂修的社会影响，使刊物资政、存史、育人之价值泽及社会、服务学界、繁荣文化，心喜之余，略缀数语，以为序言。

戴　逸

2008 年 7 月 28 日

目　录

新清史

修一部信史和良史

——2019 年 10 月在常熟市图书馆"庶民讲座"上讲演稿

马大正

　　这次离京前，戴逸老师给我布置任务，让我借此机会给他家乡人介绍清史编纂的情况；此外，还要求我不要讲得太学术化，让我少讲他，多讲清史编纂工程本身。清史纂修是新世纪一项重大的历史性、基础性的学术文化工程。这项工程是习近平总书记一直十分牵挂的，这"牵挂"二字不仅显示出国家的重视程度，而且听起来十分亲切。我想至再三，决定从三个角度向大家介绍清史纂修工程的进展，分别是清史纂修工程的启动、清史纂修工程的实施以及我们的总主持人戴逸老师。关于清史纂修，我还写过一篇《修一部信史和良史——清史纂修工程简述》，已发表在张海鹏主编的《中国历史学 40 年（1978—2018）》上，更详细的内容大家可参阅此文。

一、清史纂修工程的启动

　　关于清史纂修工程的启动，我将从四个方面略作介绍，为便于大家记忆，大致可以用数字"三、四、三、四"来概括。

（一）第一个"三"，我用"继承"两个字来概括

近七百年来国家修史三次。1368年明太祖朱元璋洪武元年修元史，是第一次；1645年清顺治帝下诏修明史，康熙年间启动，实际纂修90多年，至乾隆朝完成，是第二次；第三次是1914年，北洋政府大总统袁世凯下令成立清史馆修清史，历时14年成书。馆长赵尔巽自知所纂清史为"急就之章"和"未成之书"，遂名《清史稿》。因时局纷乱、经费拮据，《清史稿》仓促杀青，识者谓其虽有一定学术价值，但修撰者多为清朝遗老，许多问题记载失实，讹误甚多，评论不公，对孙中山领导的辛亥革命贬抑殊甚，被国民政府列为禁书。当时曾考虑拨款50万元拟重修清史，因抗日战争爆发而搁置。此后台湾当局又作《清史稿校注》，但限于人力财力及缺乏史料，仅修订了部分《清史稿》，且后续无音。

所以说，这第一个"三"，说明我们的清史纂修是对我国易代修史优良文化传统的继承。

（二）第一个"四"，我用"酝酿"两个字来概括

清朝历史达268年之久，蕴含了极为丰富的内容，同今天社会现实联系紧密。不仅中国的版图疆域及中华人民共和国成立之初的人口基数奠定于清朝，而且当代中国的政治、经济、社会、军事、文化、科技、外交、边疆民族等诸多方面，也大多由清代演化、延伸而来。要深刻了解中国国情，就离不开对清朝历史的科学认识。因此，中华人民共和国建立后，国家领导人曾有四次纂修清史的动议。第一次，中华人民共和国成立之初，董必武同志向中共中央建议编写两部书，一部是清史，一部是中国共产党

党史。毛泽东主席对清史亦深有兴趣，也曾多次和范文澜等谈话中谈到清史。第二次，1959年周恩来总理曾委托吴晗考虑制定纂修《清史》的规划，时逢"大跃进"时期，各种运动太多，编史工作未能落实。第三次，1965年秋，周恩来总理责成中共中央宣传部周扬筹备纂修清史，为此召开部长会议，决定成立清史编纂委员会，以中国人民大学副校长郭影秋为清史编纂委员会主任，关山复、尹达、刘大年、刘导生、佟冬和戴逸为委员，并在中国人民大学成立清史研究所。随之而来的"文化大革命"使酝酿多年的《清史》编纂工作刚要启动即被搁置。第四次，20世纪80年代中，一位史学工作者写信给邓小平，重提国家纂修《清史》之议，邓小平十分重视，把这封信转给中国社会科学院考虑。在长沙制定社会科学"六五"规划时，曾经考虑过清史编纂问题，但由于当时经费紧张和其他一些因素的干扰，仅启动了《清史编年》和《清代人物传稿》两个项目，清史纂修工作再次搁置。

所以说，这第一个"四"，表示了清史纂修工作尚处在酝酿阶段。

（三）第二个"三"，我用"预热"两个字来概括

新世纪初，围绕清史纂修有过三次重要的活动。第一次是2000年12月，戴逸接受《瞭望》杂志社记者采访时，提出"纂修《清史》，此其时也"（《瞭望》2001年第8期）。第二次，2001年3月，李文海、王晓秋分别在全国人民代表大会和全国政治协商会议上提交"纂修《清史》正当时"的提案。中国人民大学清史研究所作为纂修清史的重要承担者，受国家委托，一方面召开专家研讨会，论证纂修清史的必要性和可行性，另一方面开始起草纂修清史的工作方案。第三次是2001年4月6日，《光明日报》刊载文章，报道中国人民大学戴逸、李文海等邀请季羡林、任继愈、王锺翰、朱家溍、蔡美彪、龚书铎、郭成康、王晓秋、马大正、朱诚如、成崇德等专家学者共商纂修清史大事，一致呼吁尽快启动纂修清史的工程，遂有学术界十三人联名向中央申报"纂修《清史》建议书"。

所以说，这第二个"三"，可以称之为清史纂修工程正式启动前的预热阶段。

（四）第二个"四"，清史纂修作为国家重大学术文化工程正式启动

这个"四"是指四次重要的时间节点。第一个时间节点，2002年8月，中共中央、国务院经过周密调查和审慎考虑，江泽民、朱镕基、胡锦涛、李岚清等党和国家领导人亲自批示，做出了启动《清史》纂修工程的决定。第二个时间节点，国家有关部门组织专家和相关部委，从学术、人才、资料积累、国家财政等方面反复论证，于2002年10月成立以文化部部长孙家正为组长，15个部委和相关单位领导参加的国家清史纂修领导小组（15个部委为中共中央宣传部、中央文献研究室、国家档案局、国家发展和改革委员会、教育部、财政部、人力资源和社会保障部、文化部、国家新闻出版总署、中国社会科学院、国家文物局、中国第一历史档案馆、中国人民大学、国家图书馆、故宫博物院）。第三个时间节点是同年12月成立了以戴逸为主任的国家清史编纂委员会。第四个时间节点，2003年1月28日，李岚清副总理在中南海紫光阁召集会议，议定了指导清史纂修工作的五点意见，提出"编纂出一部能够反映当代中国学术水平的清史巨著，使之成为经得起历史检验的传世之作"。会议指出：时至新世纪，经过20多年的改革开放，中国特色的社会主义事业蒸蒸日上，

综合国力大大增强，学术文化日趋繁荣，清史研究也取得了前所未有的进步，纂修高水平《清史》的条件已基本成熟。新修清史的基本目标是，在党中央和国务院的领导下，在有关部门的支持协助下，集中和动员全国（包括港澳台地区）的清史和其他学科的优秀专家，团结合作，齐心协力，经过十余年的艰苦努力，完成一部能够反映新中国理论水平、学术水平、科学水平的大型《清史》著作，使之成为新世纪学术发展、文化建设的标志性成果，成为能够反映当代文明水平的传世之作，这对于发展我国的学术事业，增强广大人民的爱国热情，弘扬和培育民族精神，促进社会主义文化发展具有重大和深远的意义（《人民日报》2003年1月29日）。第四个时间点表示我国清史纂修工程正式启动了。至于这四个时间节点中，清史纂修工程正式启动到底定为哪天，在此之前我们一般将2002年12月12日国家清史编纂委员会成立作为正式启动的日期。不过最近跟戴逸老师商议，他提出一个新的想法，因为当时的李岚清副总理召开了关于清史纂修的大型会议，他认为应该将2003年1月28日作为国家清史编纂工程正式启动的日期。如果以该日期为准，从2003年国家清史纂修工程正式启动到今年已走过16个年头，到我们2018年提交送审稿是15年。15年基本完成清史纂修的送审稿，今天正值戴逸学术馆正式开馆，如果大家感兴趣，也欢迎到图书馆翻阅106卷的《清史》送审稿。

简言之，整个清史纂修工程的启动过程经过了继承、酝酿、预热与启动四个阶段，用数字表示就是"三、四、三、四"。

二、清史纂修工程的实施

清史纂修工程的实施过程，历时长，情况复杂，为方便大家记忆，我用三个"五"来概括。

（一）第一个"五"，是指国家清史纂修工程实施迄今为止可分为五个阶段

第一阶段是体裁体例的讨论与总体设计。自 2003 年至 2004 年，在全国召开了七次体裁体例研讨会，其中包括戴逸老师带领我们在台北召开的一次研讨会，研究清史编纂总规划，原则确定《清史》全书的总体框架，将之分类分卷。与此同时，这一年内还完成了清史研究状况与科研力量的调研。一是全面了解国内清史研究的最新进展、动向和研究队伍情况；二是了解国外近十年来清史研究的最新进展和动向；三是全面收集、整理 20 世纪国内学者清史研究著述目录，编制索引；四是在全国范围调查编史人员，建立清史专家人才库，以作为立项时遴选作者的参考；五是对历史上修纂《元史》《明史》以及《清史稿》的经验和教训进行研究，形成专题调研报告。

第二阶段是项目的招标与委托立项。自 2004 年年初到 2005 年，基本完成清史各大部类的立项工作。在这两年之中，编委会共召开 11 次立项评审会议，共立 235 个项目，其中主体工程 147 个，包括通纪 11 个、典志 65 个、传记 25 个、史表 23 个，还有图录的专项项目 23 个。之后到 2007 年 12 月，清史编纂项目陆续增至 284 个，其中主体类项目 173 个，基础、辅助类项目 111 个。

第三个阶段从 2005 年的下半年开始一直到 2011 年。经过将近六年的时间，我们完成了五大部类 173 个项目初稿的撰写。关于初稿的撰写，我们对项目主持人还有要求，即除了完成初稿以外，还要提交写这部书的资料长编。所以尽管每个项目的字数不完全一样，一般都是 30 万字左右，多的有 40 万字，少的大致是 20 到 30 万字之间，但是资料长编一般是这个项目字数的五倍，甚至还要多。所以可以想见我们文字的量也是一个惊人的天文数字。这是第三个阶段，2005 年到 2011 年我们完成了初稿。

第四个阶段是 2008 年 12 月到 2018 年 9 月。从 2008 年 12 月份开始，我们把已经完成初稿的《清史》进行了审改，分成一审、二审、三审，审改过程很复杂，因为毕竟参加这项工作的有一千多人。尽管我们有严格的体裁体例方面的编撰要求，但是每个人的理解程度和行文风格还是存在很大差异，因此很难做到浑然一体。但是作为这部书，它必须是一个整体，这就需要学者不断打磨。其中发生了一件特别让人困惑的事——2014 年以后，我们开始意识到这部书存在很多重复交叉和遗漏的地方，当时戴逸老师就提出要"三查"，什么叫"三查"？就是查重复、查矛盾、查遗漏。因为是集体创作，它会存在不少交叉重复的地方。通纪里面讲到的，传记里面也会讲到，典志中相关的内容也会讲到。同一件事情，不同的人写，也许根据不同的史料依据，就会出现差异，甚至于有时也会出现很重大的遗漏情况。我们中间就发生过一个很大的笑话，当时听得大家既是吓一跳又是捧腹大笑。在我们核对传记名单的时候，突然发现里面没有慈禧太后！纂修清史怎么能把慈禧太后遗漏了！要说怎么会遗漏？按说应该将慈禧太后放在光绪朝卷中，同时在传记中又有妇女卷，事实上慈禧太后放入妇女卷中也是可以的。所以妇女卷的主持人认为慈禧应该放在光绪朝卷，而光绪朝卷的主持人则认为慈禧会被放在妇女卷中，结果两边都没放。因为慈禧这个人物太显眼了，所以被发现了。还有一些中等级别的人物更容易遗漏。同样，重复也是这样。有些卷说了，另一些卷又说了，而且有的因为说得太过于详细，时间、地点、战争过程、战争人数，根据不同的记载，就又发生了不一致的地方。如果作为一篇学术论文问题不大，但是在我们这部书里就不行。因为这部书将来是一个整体，如果发生这些问题的话，对这本书来说就是个硬伤。我们有次开玩笑说，如果这部书出来以后，人家对我们的《清史》进行校勘，弄出来上百成千不一致的地方，这就是很严峻的问题。单个问题都不大，但是合到一起那就成了大问题。所以实际上从 2014 年以后，我们对"三查"下了很大的功夫，由于体量太大，面对将近 4000 万字的书稿，怎么看都顾东顾不了西，难度很大。当然因为现在有科技手段，我们采取的是根据我们的学术经验和技术手段，通过确定主题词，利用电脑将有关的段落统统调出来，进行对比。我们设立有近 60 个主题词，但是覆盖面还是太窄，还没有完全覆盖全部内容。我们现在也还在进一步加工，进一步修改，发现的很多问题虽然都不是颠覆性的，而是很碎很细的问题，但正是这些很碎很细的问题，如果搁到一起的话，就会成为大问题。所以第四个阶段是一直到 2018 年的 9 月，这部书稿从编委会的角度完成了送审稿，五大部类一共印了 106 卷 105 册。不过，还有四卷附录没印出来，第一册是前言和目录，将来第一册我们准备还要扩展一个内容，要把参与这项工作的作者名字通通加上。一千多人的名字，全部编入也是很大的一个篇幅，但这里面涉及到知识产权的问题，大家都付出了心血，目前这项工作也正在做。这样第四个阶段是从 2008 年开始一直到 2018 年的 9 月，我们主要进行了审改工作。

第五阶段是审读和出版。2018 年 9 月我们把《清史》送审稿上报中央，因为这个项目是中央批的，因此第五个阶段是从 2018 年 9 月份开始的，下面到底还要延续多长时间还不好预测。2019 年 9 月中央专门把送审稿的审读工作交给了 2019 年 1 月成立的中国社会科学院中国历史研究院，由他们来负责组织相关专家进行审读。审读工作的领导小组已于 2019 年 10 月 24 日正式成立，我也去参加了此次成立会。审读工作有明确的要求，严格的程序，当前我们除了做好审读的配合工作外，还要继续进一步打磨、修饰书稿，每一部类的专家们都在照常工作，按照我们自己查出来的问题进行修改。同样，根据审读的意见，我们还会继续修改。2019 年出版社已介入，出版社还有三审三校，到正式印刷出版，估计时间不会短，大家要有充分的耐心。

这就是我讲的第二个大问题实施里边的五个阶段。

（二）第二个"五"，是指《清史》的五大部类

根据戴老师的设计，五大部类包括通纪、典志、传记、史表、图录，我们称之为新综合体。简言之，通纪实际上就是一部清代通史，这是 20 世纪初以来章节体的体裁体例，典志、传记、史表是二十四史的传统体例。图录是个创新，因为《清史》它有编图录的可能，有地图、有绘画、有照片，以图证史、以图明史，正好现在也进入读图时代。所以《清史》既采用了 20 世纪西方国家修史的章节体的体裁体例，也继承了传统二十四史的体裁体例。

在五大部类中，通纪是全书的核心，是全书的纲领和主干。我们应该做到内容系统、史实准确、观点鲜明，要表现清朝一代由崛起、兴盛、中衰到灭亡的历史发展大趋势，要写出历史发展的基本脉络和各个演进阶段的基本特点。通纪以记载史实为主，同时应该有必要的紧密结合史实的议论，要揭示出历史现象的内在联系。所以我们对这部通纪费心最多，戴老师更是直接负责通纪的督校，可以说，将近 400 万字的九卷通纪，戴老师几乎做到一句一字地修改。

典志记叙清代典章制度和广泛的社会生活。典志在撰写体例和方法上，很有必要借鉴方志学家所总结的以小见大、以时为经、以事为纬的方法，使得内容多样的各个篇目在总的体例和风

格上能做到基本一致。典志中地理志、人口户籍志，都是历史上传统二十四史里有的；也有一些传统史书上没有的，例如讲中外关系的邦交志，专门讲边疆治理的边政志。所以典志的内容非常丰富。

传记的作用不仅在于表现传主个人，更重要的是反映他们所处时代的社会历史。设立传记是为了克服章节体史书"见史不见人"的整体缺点。我们根据人物在清代历史中所处地位、重要程度的不同，以及生平活动史料的多寡，分别设立专传和合传；对于生平活动联系紧密，并且主次地位分明者，还可以设立总传和副传。

传统的史家重视史表，对于史表的基本功能，今天仍然应该重视。史表的设置和撰写，还应该具有显示历史演进的阶段性的意义，并有助于显示清代历史的特点。《清史》包括30个史表，涵盖了皇帝家族的系谱，皇子的系谱，皇后、皇妃的系谱，大臣的系谱，还有清代进士的系谱等等。进士表收集了清代进士5万多人，清代的进士大概都收录进去了。而且，史表里还有外国驻中国的使领表，中国驻外国的使领表以及中外约章表。

图录是《清史》的一个重要创新，以图补史、以图明史、以图证史，更能形象、直观地反映历史风貌。我们的图录共十卷，每卷收图600幅左右。为了编好图录，我们从2003年一直到2007年，用了将近四年的时间，收集了包括照片在内的有关图片大约20万张。原先的设计是图录分十卷，每一卷收800张图。后来戴老师说太多了，量太大，建议把800张改成600张，这样等于我们最后是从收集的20万张图片里边选出6000多张图片，包括清代的地图、绘画以及近代以来的照片。

为了让大家了解更多的学术内容，我想再花点时间对传记的情况做一些介绍。我们的传记实际是28卷，但还在不断调整。

比如说传记原来有妇女卷，经过修改加工后，认为妇女卷独立成卷，有点不伦不类，为什么呢？因为一些重要的女性人物，比如像慈禧太后，将她放到妇女卷实在太不合适了；同时，原来的《清史稿》收录了大量的烈女，而现在烈女没有必要收录了，所以最后我们把妇女卷撤了，把妇女卷里有关人物分到不同的其他各个卷里去，这是一个变化。再者从传记所收录的人物总数来看，现在收录了各类人物3400余人，而《清史稿》收了多少呢，收了4740人，在《清史稿》收录的4740人当中，其中烈女占了610人，但我们现在当然没有烈女这一项。我们的《清史》传主，包括了皇帝、后妃、诸王、中枢大臣、封疆大吏、南明人物、降清人物、移民、文苑、学术、农民领袖、科技人士、宗教人士、工商人士、维新人士、革命党人，还有诸艺，即各种各样的艺人，包括体育、武术、工匠等等。比如大家可能听说过，清代有一个专门造房子的雷氏家族，《清史》里面都收录了；另外还有外籍人士，除了在清政府任职的，还有在华时间长、小有名气的外国人等等。《清史》传记中人物的涵盖面和代表性远远超过了《清史稿》。当然我们对人物的记述主要是介绍事迹，评议不多。再从资料来源来说，也远远超过了《清史稿》的传记。《清史》传记材料的来源首先是清代的满、汉文等史料；其次是历朝的实录，清代官方和私家所修的文书文献，还有传主的年谱、墓志铭和传主个人的文集，以及相关的地方志资料。特别是档案，我们在最后修改定稿的过程中，专门将其作为一项内容又进行筛查，凡是传主有档案且我们没有用的，都会再做一些补充。需要指出的是，我们的撰写工作跟文献档案的收集，实际上是同步进行的。有些初稿已经写成，而档案却刚刚整理出来，所以存在写稿人还没来得及用档案的情况。因此在最后的修改过程中，我们尽量补充，希望传记中所引用的史料都能够有档案文献的使用。总之，新修《清史》的传记和《清史稿》相比，在体例叙事方面有两个特点：一个是将反映历朝历代大事的皇帝本纪，改为反映一代君主经历、素质和作用的传。一般皇帝的传，字数都控制在 1 万到 1.5 万字，最少的传记字数大概要保证不少于一千字；另一个是坚持求真求实的原则，严格把握历史的真实性，避免《清史稿》在评价人物时所存在的历史时代偏见。因为《清史稿》的纂修者基本上都是清朝遗老，他们对包括孙中山在内，以及洪秀全等太平天国相关人物，都以"匪"相称。这种记述当然不符合现在的评价标准。

（三）第三个"五"，是指国家清史编纂委员会主持编辑和出版了五套丛书

根据戴老师的总体设计，他把写这部《清史》叫做主体工程，另外还有个基础工程，就是档案文献的收集、整理和出版。从 2003 年就开始主持编辑和出版五套丛书，这就是第三个"五"。五套丛书包括档案丛刊、文献丛刊、研究丛刊、编译丛刊、图录丛刊，共出版图书 242 种，3603 册，总字数超过 20 亿字。特别是文献丛刊，我们收录了清代一些名人的文集，有翁同龢文集、康有为文集、梁启超文集、张謇文集，还有李鸿章文集、袁世凯文集等等。另外在戴老师的坚持下，我们还编了《清代诗文集汇编》，从六万多篇清代的诗文中间，选了四千种，汇编成 800 册。大家要有兴趣的话，这五套丛书就陈列在戴逸学术馆里。

我在我们内部也说过，在清史纂修工程中，一百多本《清史》当然是我们的主体工程，但是从学术角度看，生命力最强的不是这一百多本《清史》，而是我们基础工程中的五套丛书。我们整理和编译的这些文献档案，收集了国内外有关的研究著作、国外相关档案，包括俄罗斯出版的 17—19 世纪俄中关系的档案文献，都是非常宝贵的资料。另外还有一些外国人写的回忆录，包括当时英国到清朝来的著名人物写的回忆录等等，都非常有用。五套丛书的出版为 21 世纪清史研究的深化提供了扎实的资料基础。

总之，我们希望并相信，这次纂修清史应该成为清史研究进程中的一个坐标，它既是 20 世纪清史研究成果的继承和发展，又是 21 世纪清史研究的一个崭新起点，清史纂修工程的成果不仅是中国的，也应该是世界的。

三、我们的总主持人戴逸老师

第三个问题就是讲讲我们的总主持人戴逸老师。戴老师不让我讲，我违反了他给我的指令。不过戴老师是一个非常忠厚温和的学者，他是能理解和谅解的。关于这个主题我想从两个角度来谈。

（一）第一个角度是我和戴老师

戴老师是我的老师辈，他年龄大我一轮，他属虎我也属虎。他今年周岁 93，我周岁 81。我知道戴老师比较早，是在上大学的时候。1958 年我大学三年级，上中国近代史课，参考书是戴老师当时刚出版的《中国近代史稿（第一卷）》。我当时还是学生，对他的书真是佩服得五体投地，他的文采，他对问题分析的精到之处，确实是高山仰止，所以我最早知道戴老师是通过他的这本书。1960 年我大学毕业，在山东大学上了三年研究生，又用了将近一年的时间等待分配，1964 年从山东济南到北京，当时中国社会科学院还没成立，所以是进入了中国科学院民族研究所工作。

到北京后，紧接着 1964 年、1965 年是四清、劳动锻炼，1966 年后又是文革十年。真正开始搞研究工作是 1975 年以后。那时候民族研究所给我分配了一个任务，研究清代历史上的准噶尔问题，是外交部交办的任务。为了研究这个问题，我们就去请教人民大学的戴老师，当时他刚从北京师范大学清史研究小组返回人民大学，所以我直接跟戴老师打交道是 1975 年。

1975 年以后，我们联系基本上没断。特别是 1987 年我从民族研究所调到中国社会科学院中国边疆史地研究中心，开始是副主任，后来是主任，主持全面工作。中国边疆史地研究中心是专门研究边疆的科研机构，于 2014 年改名为中国边疆研究所。2002 年我从领导岗位退下来，2010 年 72 岁时退休，不过研究工作并未中断。我在主持边疆中心工作的过程中，跟戴老师业务上多有交往。我把他看作老师，他把我当成朋友。我印象特别深的是，戴老师对我主持的边疆史地研究工作的开展，确实给予了极大的支持。我们有什么活动邀请他参加，他肯定参加；邀请他发言，他肯定讲一些你想都想不到的高见。此外，他还担任过我主持的中国社会科学院新疆发展研究中心的顾问。当时我们新疆发展研究中心请了四位顾问，一位是新疆维吾尔自治区的党委书记，一位是新疆维吾尔自治区的政府主席，第三位是我们社科院的一位副院长，第四位就是我们尊敬的戴老师。戴老师有个最大的优点，他不是"顾问、顾问，顾而不问"，他是真给你出主意。需要他出场的时候，他真会出场，十分平易近人。

（二）第二个角度是我成了戴老师纂修清史的助手

2002 年我成了戴老师的部下，当时国家清史编纂委员会成立，我担任副主任，一直是做他的助手，他是我名正言顺的领导，从 2002 年到现在，有 17 年了。17 年来，在戴老师带领下，我参与了新修《清史》的设计、立项、撰写、审改、定稿五个阶段的学术组织工作，并先后分工负责典志组、史表组、篇目组、编审组、文献组、出版组、秘书组的学术联络工作。这几年来不说每天见面，至少开头几年是每个礼拜都要见一次。现在因为他年龄大了，我们不让他来上班，说你别来了，我们到你家去就行了。

在 40 多年的交往中，尽管戴老师的学术人生不是我作为学生辈能来评价的，但从我的角度，觉得大致有三点，值得我很好地学习，也给我留下了深刻的印象。这完全是我个人的看法：

第一，戴老师做学问的同时保持着高度的政治敏感性。远的不说，在编纂清史过程中，国家发生什么事，特别是涉及边疆，因为我是研究边疆的，所以清史纂修过程中，凡是涉及边疆、民族、中外关系的问题，他首先会找我来问。因为我的信息比较多，各种各样渠道都有，民间的有，官方的也有。比如说前几年关于"南海仲裁案"，围绕这个问题，戴老师当时特别跟我说："在我们的边政志里边，要设海洋篇，在海洋篇里面一定要把清代南海诸岛的情况都讲清楚，而且还得跟国家的口径一致。"他的政治敏感性是他学术素养的本能反应。另外，前几年我们跟印度在洞朗边界的对峙。洞朗边界起源的一个条约，就是 1890 年光绪年间的一个条约。这个条约在我们《边政志》里面也有记过，他特地又把我找去，让我好好看一看。我们编写清史的专家，特别是编委会二级组的专家们，在这方面都还是心里有数，没有稀里糊涂的人。但是戴老师的这种政治敏感性，是值得我们学习的。而且他在批判历史虚无主义，坚持唯物主义这些方面都十分出色，这不仅是学术问题，还涉及政治敏感性问题。所以这一点我印象特别深，这是非常值得我学习的。

第二，戴老师严谨的治学风格。我发现他学术风格的严谨表现在各个方面，都是细微末节的，这点确实值得我们后辈学习，是我们的楷模。当然有关戴老师学术研究的文章很多，都提到过这一点，举了很多例子，我就不重复了。

第三，戴老师待人宽厚，是个很好相处的老人，没有架子。我们编委会主任、副主任开会，是一个非常愉快的过程。愉快在哪？愉快在氛围的和谐。不是说我们没有争议，我们有争议，甚至有几次戴老师提一个想法，我们副主任统统反对，听完以后，戴老师突然明白了，说怎么你们都不同意我的意见！他也不生气，始终坚持学术民主，所以我们也有什么说什么。有时候说了，他当时不接受，但是过了一两天，他会说"你们这个主意还是比我的好"。因为戴老师喜欢下围棋，他有一句口头禅："是不是我又下了臭棋了？"所以跟他处事也是一个非常愉快的过程。不像有些他这样身份、年龄、地位的人，有时候可能很不好相处，听不得比他年轻的人对他想法的不同意见。当然戴老师也有他的短板，科研组织不是他的长项，所以在科研组织的问题上，他有的时候会犯书生气的毛病。但是我们几个副主任在这方面还是各有所长。我主持社科院一个研究所十几年，这次跟我一起来的朱诚如教授，他曾是故宫博物院常务副院长，行政组织能力也是很强的。我们还有位副主任成崇德，原来是人民大学清史研究所所长。所以在科研组织上确实有我们的优势，这样正好互补。正因为他待人宽厚，所以大家很好相处。

总体上我觉得作为戴老师的旁门学生，从2002年到现在又是在戴老师的直接领导下工作，能够遇到像戴老师这样一位老师，于我而言确实是人之大幸。

谢谢大家！

作者简介

马大正，男，1938 年生于上海。国家清史编纂委员会副主任，中国社会科学院中国边疆研究所研究员，博士生导师。主要著作有《马大正文集》《边疆与民族——历史断面研考》《中国边疆研究论稿》《中国边疆治理通论》《中国边疆学构筑札记》《当代中国边疆研究（1949—2019）》《新疆史鉴》，主编《中国边疆经略史》《卫拉特蒙古史纲》等 70 余种。

时代变革与清史研究

朱　浒

清朝是中国最后一个传统王朝，清史研究也成为中国断代史研究中较为晚出的一个部分。时至今日，兼跨古代史和近代史的清史，成为断代史中规模和影响都不容小觑的研究领域。回望清史研究百余年来的发展历程，决不单纯出于学术内部的驱动，更重要的是其从一开始就与社会现实密切相关。尤其是在诸多时代变革的关键节点上，清史研究的发展都与之有着契合的步调。正是在这种意义上，我们才可以断言，清史研究得以成长的一个重要品性，绝不是躲进学术象牙塔内的"无用之用"，而是具有强烈现实关怀的"有用之用"。

清朝覆亡与清史研究的兴起

20世纪初，学术意义上的清史研究尚未得到多少发展，按章太炎的说法，清朝很可能会成为中国历史编纂传统的一个断裂带。然而，与这一悲观预言相反，尽管清朝覆亡之后，中国一度国势动荡、山河破碎，但清史研究仍获得了一定的发展。到全面抗战爆发前夕，清史研究已初步形成一个内容较为丰富的新领域。对于这种发展状况，学界以往大多将之与梁启超提出的"新史学"

号召联系起来，认为这主要是近代史学革命导致的结果。不过，与学术因素相比，来自社会变动的现实影响，在清史研究发展过程中显然具有更为突出的作用。这主要表现在，清史研究在第一个发展期内的诸多代表性成果，都与民国时期国家建设活动相适应。

首先，正视清朝历史，在清朝、民国鼎革之际，成为一个十分紧迫的政治和社会问题。自清末以来，社会上广泛流传着两种与清史密切相关的话语：其一是出于革命宣传的目的，以渲染"满汉仇恨"为主旨的历史叙述；其二则是随着清廷权威日颓，大量关于清室的野史被炮制出来以耸人听闻。而在革命之后，匡正历史以肃清这两种话语的不良影响，很快成为一个重要问题。容庚指出："夫学校皆有历史一门，欲知民国肇建之由，不能废清代二百六十八年之历史而不讲。"这种诉求显然对清史研究的兴起起到了促进作用。对此，一代清史名家孟森的说法堪为力证。他解释说，匡正清史的重要性在于，"史书为征信而作……故虽不信官书，亦不轻听世俗之传说，尤不敢盲从革命以后之小说家，妄造清世事实，以图快种族之私，而冀耸流俗好奇之听"。他强调，"尊重现代，必并不厌薄于所继承之代，而后觉承统之有自"，故而清史"自当占中国累朝史中较盛之一朝，不应故为贬抑"。因此，以孟森的清史研究为代表的、奠定清史学科基础的一大批实证著述，其意义当不限于学术范围。

其次，在当时国际环境下，独立发展清史研究，还有维护民族文化自尊的重要意义。日本对清史的系统研究要早于中国。自甲午战争以来成型的"东洋史学"关于清史研究的积累，是日本学者稻叶君山于1914年推出《清朝全史》的重要基础（王家范《萧一山与〈清代通史〉》）。这是清亡后第一部全面反映清史的著作，于出版当年便被译为中文。国人在震惊于日本学界研究精深之余，也激发了强烈的敌忾之心。如蒋百里就称："余尝以近人译《清朝全史》于日文为耻（按：原文如此）。"萧一山回忆称："海上有译日人稻叶君山氏之《清朝全史》者，颇风行一时。余方读书中学，以国人不自著书，而假手外人，真吾国学术界之耻也！"因受该书"立场不同，舛疏颇多"的刺激，萧一山遂决意独力撰写《清代通史》。正是因为"东洋史学"与日本帝国主义对亚洲的侵略意识密不可分，所以萧一山的撰史之举带有强烈的国族抗争意味。

最后，清代经济史研究在民国时期的异军突起，与现实社会经济问题的严重刺激关联甚深。对于这些研究，学界以往大多强调其对中国经济史学科的奠基作用，而没有充分注意其现实关切性。实际上，由于辛亥革命的不彻底性，民国仍需面对清朝留下的各种负面历史遗产。特别是晚清以来遗存的厘金、赔款、海关、盐政等问题，对国家和社会都造成了深远影响。故而知其然、更要知其所以然，成为历史与现实相结合的必然要求。这方面的首要例子是厘金问题。王振先于1917年指出："世界公认为病民病国、课税最恶之厘金，乃以绵绵延延，至今弗替"，而要阐明"厘金之宜裁"，则"要必原始要终，察其事情变迁"。因此才出现了罗玉东的巨著《中国厘金史》。另一个代表性事例是庚子赔款问题。这项赔款在民国时期继续执行，涉及财政乃至文化教育等方面，故而备受社会关注。但一般性的介绍大多浅显，而汤象龙关于晚清外债的系统研究，深刻揭示了庚子赔款的特性及其危害。诸如此类的例子不一而足，充分表明了清代经济史研究得以兴起的社会基础。

清史研究对建设新中国的贡献

从抗日战争到解放战争时期，随着中国共产党的不断壮大，争取革命胜利，领导全国人民进行社会主义革命和建设，成为一个越来越近的目标。与此相应，结合近代以来中国社会的历史演变，向广大人民阐明建设新中国、新社会的历史必然性，也是一项愈发迫切的任务。中国共产党人早在延安时期，便已深刻认识到历史研究的这种重要功能。1941 年，毛泽东就强调，党内现时必须加以纠正的一大缺点，就是"不论是近百年的和古代的中国史，在许多党员的心目中还是漆黑一团"，"近百年的经济史，近百年的政治史，近百年的军事史，近百年的文化史，简直还没有人认真动手去研究"。因此，"对于近百年的中国史，应聚集人材，分工合作地去做，克服无组织的状态"。由于这里所说的近百年以晚清时期为主，所以毛泽东的这个说法，自然意味着清史在这种系统研究中将占据一个重要位置。事实也证明，在马克思主义指导下发展起来的清史研究，不仅形成了一个区别于民国时期清史研究的架构，更为建设新中国和新社会这一观念的深入人心做出了重要贡献。

清史研究服务于社会重建的首要贡献，体现在关于半殖民地半封建社会论的具体阐发上。本来，在大革命失败后激发的社会史大论战中，"两半"概念便已初步成型。不过，当时关于中国社会性质的争论，还只局限在知识界的范围内。1939 年，毛泽东强调，"只有认清中国社会的性质，才能认清中国革命的对象、中国革命的任务、中国革命的动力、中国革命的性质、中国革命的前途和转变"。正是基于这种认识，范文澜的《中国近代史》上编第一分册、胡绳的《帝国主义与中国政治》在 20 世纪 40 年代后期相继出版，都深入揭示了晚清以降中国沦为半殖民地半封建社会的基本性质，也论证了近代以来中国革命以反帝反封建为基本前提的历史使命。这些著述系统解释了近代中国的社会形态演变过程，充分展现了中国共产党的社会革命观与社会发展观，对全国民众产生了巨大影响。在中华人民共和国成立后，以1840年鸦片战争为开端的晚清史，不仅得到了空前的发展，更是在社会主义思想教育活动中发挥了重要作用。

清史研究服务于社会重建的另一个重要贡献，体现在对太平天国等农民战争的革命意义的发掘上。在二十世纪三四十年代，清史学界虽然曾对太平天国运动给过一些正面评价，但并未特别看重其历史地位和意义。毛泽东则在《中国革命和中国共产党》中强调，包括太平天国在内的许多农民起义，"都是农民的革命战争"，"是历史发展的真正动力"。而他对农民战争的这种评价，又是与其论述开展"中国共产党领导之下的农民游击战争"的正确性联系在一起的。因此，揭示农民战争的重要意义，也是理解现实革命斗争的重要一环。这就不难理解，在革命胜利后不久，太平天国运动就得到学界的高度重视。1951年1月11日，《人民日报》发表了《纪念太平天国革命百周年》的社论，称太平天国运动是旧式农民战争"发展到的最高峰"。1954年，胡绳在讨论中国近代史分期问题时，正式提出"三次革命高潮"的说法，并认为"太平天国的革命运动是中国近代史中第一次革命运动的高涨"。太平天国研究的这股热潮，推动中国农民战争史研究成为"五朵金花"之一。

最后，清史研究对于资本主义萌芽论所提供的支撑，对于理解新中国的社会发展道路，也具有十分重要的意义。"资本主义萌芽"的提法在二十世纪三四十年代最初出现时，并未引起太多注意。1955年1月9日，邓拓在《人民日报》上发表《论〈红楼梦〉的社会背景和历史意义》一文，根据18世纪上半叶农产品商品化的程度、城市和工商业的发达等方面的史实，论证了中国"处在封建社会开始分解、从封建经济体系内部生长起来的资本主义经济因素正在萌芽的时期"。由于该文的发表引发了讨论资本主义萌芽的热潮，说清史是这股热潮的起点并不为过。而基于历史内容和史料的丰富性，清史也为论证资本主义萌芽提供了有力的支撑。同时，在这一时期，资本主义萌芽并不止是一个历史课题，还是一个社会认识问题。在"五种社会形态论"被确立为社会发展基本框架的前提下，通过对资本主义萌芽论的论证，可以合理解释，中国何以能够从半殖民地半封建社会走向社会主义社会的特殊发展道路。对中国历史上资本主义萌芽的研究，深刻体现了将马克思主义普遍原理与中国具体国情相结合的现实努力。同时，这种研究也意味着对中国内部能动性的重视，从而有力反驳了自黑格尔以来流行于西方的中国社会长期停滞论。

清史研究与改革开放的共鸣

1978 年，党的十一届三中全会决定把工作重点转移到社会主义现代化建设上来，由此开启了改革开放的进程。在国门打开之后，中国与发达国家之间在社会发展上的巨大差距，对国内产生了巨大震动，如何正确认识这种差距成为一个严肃的思想问题。在这种形势下，民族虚无主义和历史虚无主义思潮也占据了一定的市场，它们往往通过拼凑历史内容的手法，对中国发展现代化的前景表示极度悲观。因此，对历史进行正本清源，在实现思想解放的同时遏制不良思潮，成为严肃的历史学者不容回避的责任和义务。在这方面，清史学界做出了富有建设意义的贡献。以近三百年来中国与西方的发展趋势为坐标，学者们探讨了中国在世界现代化潮流中落伍的原因、中国传统社会内部的发展动力、中国近代以来追赶现代化的历程等问题，从历史角度揭示了中国进行现代化建设的紧迫性、可能性和必要性，阐明了中国与现代化之间的复杂关系。这些探讨也带动了现代化视角在清史研究中的广泛应用，丰富了清史研究的内容。清史研究的这种发展势头与改革开放后中国社会的发展之间，形成了良好的共鸣。

首先，来自清史领域的研究证明，中国在世界现代化潮流中的迟滞，在本质上是一个历史进程问题，而绝不是什么文明基因问题。诸如将近代中国的落后归咎于所谓中国自古以来属于保守的"黄色文明"的说法，是一种非历史主义的认识。历史研究表明，从 16 世纪初到 19 世纪初的这段时期，"就是中国在世界历史上由先进到落后的三百年"（王宏钧《中国从先进到落后的三百年》）。而在造成中国落后的原因中，清朝时期的自我封闭被认为是一个重要因素。戴逸认为，18 世纪"最为深切的历史失误就是造成了闭关锁国形势的清王朝的对外政策，这一政策使中国与当时日益奔腾前进的世界历史潮流绝缘隔离，延误了社会的发展，我们的国家和民族为此付出了沉重的代价"。罗荣渠也通过对过去三百年历史的观察，指出"即使像中国这样一个在前现代发展中遥遥领先的国家，一旦自我封闭，丧失吸收外来新因素的能力，就会盲目排外，从而脱离世界发展的潮流。因停滞而落后，因落后而挨打"。显然，这种论述为认识对外开放政策提供了良好的历史镜鉴。

其次，来自清史领域的研究证明，在鸦片战争之前，中国传统社会内部业已衍生出带有现代化意味的因素，所以中国决非在先天上就与现代化绝缘。二十世纪八九十年代，对于中国能否推进改革开放，有些人是缺乏信心的，这也是关于中国社会是"超稳定结构"的论调一度甚嚣尘上的原因。这种论调当然不符合中国历史的实际。吴承明以西方现代化的理论和历史进程为参照对象，指出"西欧早期的现代化始于 16 世纪市场和商业的发展，经过政治和制度变革，导致 18 世纪末的工业革命"；中国"市场和商业的重大变革也是始于 16 世纪"，而"16 世纪以来的变迁，实即我国的现代化因素的出现"。不仅是社会经济领域，精神观念领域同样发生了重大变动。如高翔就提出，"18世纪清朝社会观念领域的多元趋势，尤其是反传统思潮，体现了在盛世特殊时代背景下，知识界带近代色彩的新的文化形态的兴起"，"可谓中国步入近代的先声"。这些论述都说明，明清时期的中国社会并不是一潭死水，而是与西方一样具有向前发展的动力。

再次，来自晚清史领域的研究证明，中国被卷入世界体系是一个不可逆的过程，中国发展现代化也是一个不可逆的过程。正如罗荣渠所说的那样，"纵观中国现代变革的全过程，鸦片战争以后，中国的传统发展轨道已被打破，开始被纳入现代世界发展的大潮之中，因此，中国的半边缘化与革命化，实质上都是中国现代化总进程中旧体制向新体制转变的特殊形式"。另有学者指出，就中国现代化的进程而言，晚清时期构成了第一阶段即"现代化的准备阶段"，而"中国现代化所具有的特点，有许多是从准备阶段开始产生的，而且将对以后的进程产生不同程度的影响"（虞和平主编《中国现代化历程》）。的确，在现代化视角的观照下，改革开放进程中的许多问题和现象，都可以从晚清时期发现其渊源或影子。那么，深入揭示中国作为后发现代化国家的发展史，系统总结中国自晚清以来向现代社会转型的经验，也就有助于深刻领会我国实施改革开放，追赶世界现代化进程，最终实现民族复兴的伟大意义。

清史研究在新时代的使命

21世纪以来，中国特色社会主义事业进入了一个新时代，特别是综合国力的提升举世瞩目。中国的这种表现，深深影响了全球自工业革命以来所形成的世界政治经济格局。要深刻阐明这种变化的深远意义，就决不能仅仅着眼于改革开放以来的 40 年或是新中国成立以来的 70 年，而必须回溯到 18 世纪甚至更早的时期。这就意味着，新时代的社会发展对清史研究提出了新的更高要求。而清史学界也紧紧抓住这一全新机遇，在扎实推进自身研究的同时，更加关注和准确把握海外学界动向，努力提升中国在国际学术界中的话语权。通过这些工作，清史研究不仅为塑造中国新形象做出独特贡献，而且在表达文化自信方面发挥了特殊作用。

清史研究在表达文化自信方面的一个突出表现，是清史纂修工程所展现的国家形象与魄力。民国北京政府时期仓促编修的《清史稿》，自成书之时起，便被广泛认为不是一部合格的史书。中华人民共和国成立后，重新纂修一部《清史》的希望，与国家的发展命运紧紧联系在一起，经历了许许多多的曲折。直到进入 21 世纪后，随着中国复兴步伐的大幅迈进，才终于出现了曙光。2001 年，戴逸和李文海在《人民日报》上发表文章，强调了标志性文化工程与展现国家风貌之间的密切关联，并以"我们这一代人幸值国家开始腾飞之时，将以什么样的文化工程传留给后世"的问题，点明了编纂《清史》作为"一代之盛事、旷世之巨典"的深远意义。党和国家充分认可这一说法，遂于 2002 年启动国家清史纂修工程。这项工程开展以来，不仅大大推动了清史学科的发展，也提高了清史的社会关注度。特别是在当前人文学科遭遇全球性低潮的情况下，这一工程彰显了中国进行基础性文化建设的决心和信心。

清史研究在表达文化自信方面的另一个重要表现，是从历史变化的角度来揭示中国发展道路的内部动力及其特质。自 20 世纪末起，西方社会发展陷入了乏力状态，现代性引发的许多弊端亦愈发明显。在反思西方发展模式和西方中心论的前提下，从长周期来观察改革开放以来的发展成就及其内因，成为新时代的一个焦点问题。例如，高王凌提出，18世纪的中国与20世纪存在着"正面接续"的关系，特别是中国的"工业化"要求，"恐怕不是1840年以后才从国外输入的，更不是20世纪某一时代的新鲜主张；它是立足于中国自身发展基础之上的一个要求，在历史上至迟到18世纪即已出现"。李伯重则指出，江南地区在20世纪末期"迅速成为中国经济成长的火车头"的情况，可以说是"回复到江南在19世纪初期及以前在世界经济格局中的地位"，"只有从长期历史变化的角度"，才能真正认识这种"江南经济奇迹"。诸如此类的论述，既表明当代中国的崛起意味着中国重新回到世界舞台中心的过程，也解释了中华民族伟大复兴这一说法的历史合理性。

清史研究在表达文化自信方面还有一个显著表现，是对西方学术界中的"文化帝国主义"性质进行辨识和反击。改革开放前，海外中国史研究对于塑造中国国际形象具有重要作用。改革开放以后，海外研究成为本土研究的重要参照，许多以清史为主题的研究成果，都成为国内的热议焦点和模仿对象。而经过多年探索后，国内学者逐渐意识到，很多海外研究成果都不能单纯从学术角度来加以理解，而应该注意到其背后根深蒂固的西方中心论意识。这方面最新的事例，便是对"新清史"的认识和反思。这种首先兴起于美国学界、21世纪以来一度引发较多关注的取向，在学术突破的旗号下，其实隐含着浓厚的"文化帝国主义"色彩。清史学界的这种情况表明，对海外学术思潮蕴含的意识形态问题要有清醒的认识，这样才能处理好学术与政治的关系，才能在文化自信的基础上正确面对海外学术成果，建立起自身的话语体系。

在历次重大时代变革发生时，清史研究都因其显著的致用性而得到了宝贵的成长契机。在清朝覆亡、民国肇建的时刻，清史研究成为合理面对历史遗产、重构现代国家认同的重要基础；在建设新中国和新社会的时刻，清史研究成为向广大人民群众阐明进行社会重建的历史必然性的重要内容；在改革开放的新时期，清史研究成为深刻理解中国加快进行现代化建设的重要背景；在中国特色社会主义事业的新时代，清史研究成为坚定文化自信、反击西方"文化帝国主义"的重要领域。可以肯定，在未来很长一段时间里，尤其是在国家统一以及边疆、民族、宗教等重大问题上，源自清朝的历史因素仍是必须加以重视的影响因子。这就决定了，清史研究在未来必定会有更大的发展，而经世致用的特质也仍是推动清史研究发展的不竭动力。

作者简介

朱浒，男，1972 年生，浙江杭州人。历史学博士，中国人民大学教授、历史学院常务副院长、清史研究所所长。主要从事清史、灾害史和近代社会经济史研究。著有《地方性流动及其超越：晚清义赈与近代中国的新陈代谢》《民胞物与：中国近代义赈（1876—1912）》《百年清史研究史·经济史卷》。

清代的官员交盘制度

张世明

　　"交盘"，即交接盘点之意，亦称"交代"，是指接任官和前任官之间办理交接手续。清制，官员不可能像东晋时期陶渊明那样擅去官守，因迁转或其他缘故离任时交盘的定限、范围、手续等均久有定章。"交者，交前官一任之经收经解；盘者，盘仓库之米谷、银钱。"官员无论在任期间如何擅长做表面文章，迨至卸事交盘，则底里毕见。是故，造交盘成为州县官离任交代时头等大事，六房书吏列册汇报应在新官到任前十日内完成，将离任官员任内经管的一切钱粮，开立旧管（相当于"上期结存"）、新收（相当于"本期收入"）、开除（相当于"本期支出"）、实在（相当于"本期结存"）四柱清册（古代会计结算法），"起解者，如有批回未到，先有库收可凭；交给者，有领可对；换销者，取原案稽考；蠲（juān）免者，取部文详查"。即便衙署内大至房屋院墙，小至板凳水缸，也务须条条有着落，项项有去留。审计盘验违限或违制者，视不同情况依"违制律""交盘例"分别给予罚俸、降级等处分乃至革职治罪无贷。雍正朝之前，州县交盘钱粮仓谷俱以两月为限，其中旧任官造册以二十日为限，新任官查核转造以四十日为限，但额征数多之处定限未免太迫，所以户部议覆定例，州县钱粮交代五万两以上者令展限一个月，十万两以上者展限两个月，十五万两以上者展限三个月。逾期仍然授受不清、新旧任之间意见不合，由上级委派诸如省城附郭（中国古代行政区划用语，指县政府治所与州、府、省等上级政府机构治所设置于同一城池内的状态）的首县知县、被视为干济之才的跟班红人监交，亦可由新任或旧任选择邻近州县的正直官员并指名请求上级委派前来盘交，是谓"监盘委员"。《大清律例》卷十一第四三五款："凡新旧交代，如果米谷收存不慎，官物遗失不全，立即揭报题参，于旧官名下着追。如已经后官接受出结，米谷霉变，官物短少，着落接任出结之官按数赔补。"这一规定令后任与监交出具无亏及日后查出舛错（chuǎn，谬误）愿甘参办印结，将授受之际造具册结的责任与接任官的切身利益直接挂钩，迫使其认真审计，彻底盘查，及时揭参前任的违失渎职乃至赃罪。如果接任官承审舛错，徇情滥受，即届接任官之责，亦照例议处赔补。对任期内经理词讼案件的交盘，按照乾隆十一年（1746）定例，前任官必须将通案犯证、呈状、口供、勘语等粘连成秩，将已结卷宗钤印造册交存，未结各案分别内结、外结、上司批审、邻省咨查，造入交盘册内。其期限比钱粮交盘更为紧迫，"限一个月按册查核，如并无隐匿遗漏，即出具印结，照造款册，由府核明加结，详赍（jī）巡道、臬司存核查催"。

一、清朝交盘的基本制度

明太祖朱元璋曾亲自下达敕谕，颁布《授职到任须知》，明确"凡到任的那一日，便问先任官、首领官、六房吏典，要诸物、诸事明白件数"，规定了新任官要"明白件数"的包括狱囚、田粮、仓库等共计三十一项内容洋洋大观的交接清单。清代的交盘乃承明制而发扬光大，交盘的范围更加广泛，覆盖了各层级官员职司的方方面面。

顺治九年（1652）题准："钱粮征解支放，各有款项，若为公务移缓就急，谓之挪移；假公济私，谓之侵盗；军兴公用，不得已而借用谓之透支；藉端开销，谓之冒破。令抚按清查追抵。"这还是对库项亏空的一般性界定和释名，涉及到"挪移""侵盗""透支""冒破"等名目，尚未用"亏空"一词，只是"令抚按清查追抵"，未见到对"挪移""侵盗""透支""冒破"者进行处分的具体则例。康熙帝相对而言为政宽大，而雍正帝即位后整饬吏治财政，设立会考府，由会考府负责各部院动用钱粮的奏销稽核，并在地方也普遍开展清查亏空，谕户部：道府州县亏空钱粮者或系上司勒索，或系自己侵渔。新任之人，上司逼受前任交盘，彼既畏大吏之势，虽有亏空，不得不受，又因以启效尤之心，遂借此挟制上司，不得不为之隐讳，任意侵蚀，展转相因，亏空愈甚。在清查的过程中，雍正帝注意区分民欠与亏空实际情况、挪用和侵欺、着落亏空和无着落亏空。雍正帝之所以推行耗羡归公，正因为地方财政存在许多无着落的亏空。

随着时间的流逝，对于一些容易引发交盘双方及监盘官争议的疑难问题，清政府在实践中逐渐完善相关的辨正律例标准，建构起极为严密的"受交盘"程序。州县官将离任时，为掩盖钱粮亏空，常用李代桃僵的手法，将亏空打入民间拖欠粮税交纳的应收账上。对此，《大清律例》规定："除实在民欠外，将已征钱粮侵蚀亏空捏称民欠，令后官接受者，后官即揭报该管上司。"这其实蕴含借交盘清理税收积欠的意图。雍正年间又规定：倘前官亏空，后官容隐不报，出结接受，至本身离任始称前任亏空者，将欠项追赔外，仍治以瞻徇私受罪。乾隆元年覆准，直省各州县委署之官一经到任，即令旧任之员将任内一切正杂钱粮等项，造册交代。署任官依限交盘。如实有亏空，难于接受，即行揭报。如易于交盘而署任官故意延挨，希图卸责，以致迟延，将署任官降二级调用。此条原奏因署任官每于交代时故意延挨不即盘收，辗转之间，新任官已到，复从新任官到任之日起限，而署任官全局脱卸。这属于有意迟延，与实在难于交盘而迟延者迥异，故而处分从严，与新任官推诿不接以致迟延条不得混为一谈。除了清朝中央政府的律例之外，各省也形成了大量关于交盘的省例。

由于具有比较完备的问责处分制度，新任长官最怕的就是接一笔糊涂账，必须按籍而稽，查验库藏，一板一眼办交代，各清各任，责有攸归，否则徇情滥接，前官之事一旦交卸于后官，即为后官之肩承。范承谟是清初三朝元老重臣范文程次子，行事之风与乃父特别相似，在浙江巡抚任上恪尽职守，造福一方，被擢升福建总督。康熙十二年（1673）初，范承谟从浙江巡抚离任交盘时，"尚欠四万，一时无可挪移。藩司袁一相竟欲开置交盘册中，赖织造金移动机只钱粮抵销此项；而织造之数，期以到闽清偿"。范承谟采纳这一建议，以济离任审计时的燃眉之急。范承谟到福建后，"兑支浙抚解闽饷银四万两画归织造，此项始清"。黄六鸿于康熙九年赴任山东郯城知县之前，已有四位前任郯城知县都因离任时过不了交盘审计这一关而"流落旧治"，就是被责成留在当地继续交代，只要拿不到后任的甘结（字据）便不许离开，甚至有羁留十余年者，没有分文俸禄，褴褛饥寒，苦难殚述。据国家图书馆藏手稿本《黄陶楼先生日记》记载，雍正年间，浙江平湖县知县王恒履新后发现，该县本是鱼米之乡，赋税甲于他邑，连年水旱不时，已先后有六个知县因为卒至催科不足而褫职（chǐ，革职），稽留在当地无法回乡。黄彭年日记所载可能本于钱泳《履园丛话》关于人称"王老虎"的王恒的民谣记述。这种因为交盘审计过不了关而被长期羁留宦所的情况在后世之人看来很难想象，也反映了当时交盘制度执行的严格程度。有清一代，官员因为交盘而在任满后被拏问查抄、陷身囹圄者不知凡几。

清制，接收交代不许以物件作抵，不准私立欠票，仓库钱粮如有亏短，应即据实揭报，参追治罪，不容稍有隐徇，如后任通融接收，虚出通关，例应革职分赔，定例不为不严，但在交盘实践中往往私立欠票，辗转流交，以陈设玩器、衣物等项暂行作抵者亦非鲜见。清人吴敬梓《儒林外史》第八回写到，王惠被任命为江西南昌府知府，抵达任所后与前任知府的蘧某为交盘之事彼此僵持，不肯就接。年老告病急于归家的蘧知府无奈，遂打发儿子蘧景玉代表自己与王惠交涉。蘧景玉为人乖觉，见王惠无非是想要钱，就当面相恳："老先生不必过费清心。家君在此数年，布衣蔬食，不过仍旧是儒生行径，历年所积俸余，约有二千余金。如此地仓谷、马匹、杂项之类，有甚么缺少不敷处，悉将此项送与老先生任意填补。"王惠听了满心欢喜，许诺定出具结状。数日后，蘧景玉果然派人送来了银子，王惠安然受之，给蘧知府出结证明交接并无短少，蘧家父子才如释重负得以赋归。据林则徐的挚友梁章钜记述，南方各大省州县官在前后任交接时，全凭首县对钱粮仓库进行核算，有的州县官在任时有亏欠，卸任时只好将平常收藏的重物交来充抵。梁氏曾在清代著名书法家、时任知府的万承纪处见到英德石山一座，兼具皱、瘦、透之美，系石山中的上上之品，且有大名鼎鼎的赵翼亲笔题款。此石山即是万氏在丹徒任内办交代时卸任官以四百两银子抵账之物。梁还在知府袁培处见到宋朝人范宽所作的大幅山水画，也是在交代时卸任官以五百两银子抵账获得的古董。

新官与旧官通常需要依幕友为肱骨。交代时最主要的是各种账册，一般实际上是前任师爷和后任师爷在进行交代。据《未信编》等书记载，钱谷师爷尤其是交代时的灵魂人物，其最主要的业务即是清钱粮、造交盘、发兑支、查钱谷余粮、查税契诸事。对前任师爷来说，这是为东家最后一次服务，而对后任师爷来说，这是在东家面前的第一次表现，所以双方各以慎始善终为务。正惟如此，清代许多官箴书和幕学著作都将如何交盘作为知识传授的重点。清代著名幕客万枫江《幕学举要》被当时的官场中人视为枕中秘笈，其中就专门论述交盘问题。康熙时黄六鸿所著《福惠全书》认为，新官莅任以交代为第一务，苟不慎之于始，鲜不贻累于后，而钱谷为尤要，专辟"清查之法"一章，从本治钱粮赋役总额及征收、起解、存留、民欠、盘库、罚俸、学租、当税、驿马等方面，对州县官如何接盘审计的运作程序、审计方法和应该注意的事项等言之甚详，要授受分明，毋为前官蒙混以自贻累。在法律文本与实践之间，这些官箴书和幕学著作关于交盘的文献资料呈现出专业知识积累的循环往复图景。

二、交盘过程中出现的问题与原因分析

即便立法详审的法律规范也很难将各种具体情况一网罩住。新官到任后"勉为收受"的客观原因多种多样，形形色色，而故意求疵则是通常利用旧任急于交盘走人的心态，立意苛驳，敲上一票，诸如仓廒废坏、狱墙倾圮等等都可以作为推诿不接的"求疵"理由。雍正帝曾坦率指出，凡州县官新旧交代，故意勒掯（强迫）者不乏其人，督抚大臣时有以此入告，请定例通行严禁。但交盘乃关涉本人考成，干系既重而又不令其舒展盘查，情理实未允协，况不肖之员往往在将近离任时百计侵蚀扣克，以贻后任之累，则其过又不在接任之员。因此宽严之际难以概论，亦难以法律相绳，惟在督抚大吏等于未交代之先推诚训诫，正交代之际

留心察访，既交代之后体其情理。若前任抑勒（强逼）交代，则参处前任，若后任留难前任，则参处后任，不存成见，不涉偏徇。

在交盘制度实施过程中，接任者与前任者之间的博弈受到诸多因素的影响。其中最为重要的因素是官缺本身的价值，只有肥缺才能择肥而噬，赚取油水，味同鸡肋自然鲜人问津。降及清朝后期，官多缺少的现象凸显，尤其广开捐纳更对这种现象推波助澜。无缺者期望待缺，有缺者还想待美缺，职位供给的短缺造成水涨船高的市场行情，好的缺分成为买缺卖缺的标的物，于是辞任交盘也可以成为寻租渔利的工具。接任者"白首寒酸，始沾升斗"，面对缺分望眼欲穿，为了获得实缺的议价能力明显下降，勒接亏空成为司空见惯的现象，《大清律例》中的抑勒接收交代例往往形同具文。例如，道光十八年（1838），山西太原知府王有壬署理河东道，朔平知府张集馨署理太原府，半年后河东道到任，王有壬准备办完交代后再回太原知府原任，虽然因年届七旬可以致休，把缺分腾出来，但王有壬声言接盘者须出资七千两为其弥补库款亏空。因为张氏当时已是实任知府，所以王氏卖缺还没有狮口大开。张集馨笔下的宁远通判锡纶暗昧无能而官迷心窍，"当日接收哲成额交代，认亏二万有奇"，颇有周瑜打黄盖的意味。不过，无利不起早、有利盼天明。这绝非一桩心甘情愿赔钱的生意，而是因为官缺仍然具有溢价空间。

署任高级职务通常是获得正式升迁的过渡阶段，鲜有代理完高级职务之后再回到低级职务的先例，且署任不记考成，可以借机肆意贪婪，图饱欲壑，故而"署事如打劫"之语并非子虚乌有。雍正帝在位期间就屡屡批评署印之人始而百计钻营，既而视如传舍，对于前任亏空，视作泛常，接受交盘，复转授新任，苟且因循，任复一任，亏空之弊终不得清。乾隆三十七年，吏部定出规矩：凡州县出缺，"其本府之同知、通判，概不准其署理本府州县印务，以免抑勒接收交代之弊"。因为府一级的同知、通判，从名分上讲总归是州县官的领导，故无论是向旧任接盘或是向新任交盘，都有"抑勒"优势可恃。陕西粮道负责征收和供应西北地区的军粮，是出名的肥缺，官场上有"财神庙主持、文昌阁提调"之称，例由皇帝特旨补授，一般多从北京或外省调派，其职务的暂时空缺，则由陕西巡抚在本省现任道府中选一人署理。因为油水丰足，陕省道府莫不以得署粮道为幸，而巡抚每以委署粮道为市恩，而署事人员明知五日京兆，但求尽速接印，赶在新官到任之前饱饫私囊，无暇在交盘之际斤斤计较，只要数字相符，必定爽快出结。所以，历任粮道交卸，亏短细粮俱以粗粮顶补，滥竽充数，调包后的差价俱落私人腰包。道光二十五年岁初或上年末，陕西督粮道方用仪解任，竟然在离任前纵容"子侄家人在雁塔买民间麦壳四千石掺入东仓廒内"顶补亏短。粗粮犹可称粮，麦壳则连饲料也算不上，诚不容为之讳，所以接任时后任通常都不会为前任背此黑锅，新粮道张集馨到陕视事后自然碍难接盘出结。但在这一案件中，方用仪之所以敢行险徼幸而不畏离任难于交盘，端在于接替署任的是刘源灏。刘源灏与方用仪均为林则徐的门生，交谊甚契，作为署理之人堪称万无一失的"接盘侠"。待到再向新任粮道张集馨交盘时，署理官刘源灏说，我已经给方道出具报结交卸文书，老兄纷纷争较，不肯通融出结，岂不是与我过不去？何况"仓粮必无亏短，今方道已回江西，安能奏调来省耶"？刘氏说服张集馨的理由其实包含一个成本——收益的权衡暗示，即为了等待方用仪回来重新交代，旷废时日，接任者得不偿失，殊为不值。刘源灏拿捏得非常老道，可谓抓住了对方软肋，把张集馨为追查此案付出的成本早已算得一清二楚，然后一击中的。此外，彼时官场上有不成文的通例：只要前任亏空数额有限，接任官只能"吞声滥抵"，倘抑勒接收交代，甚或据实参揭，就会背上一个"闹交代"的坏名声，上司不悦，同寅侧目，对官声大有妨碍。张集馨本身与林则徐具有深厚的渊源，早年即均为宣南诗社成员，即便林则徐贬戍新疆，但宦海风波莫测，绝对不能鼠目寸光，所以张氏和刘源灏与方用仪等林则徐的门生一样，不仅在林则徐赴疆期间主动与其保持书信联系，而且对林则徐留陕眷属照顾有加，这既是林后来起复回陕提拔、密考保荐张集馨的重要因素，也是张氏在此次交盘中之所以不得已妥协容隐的隐秘缘由。可见，上司、同僚之间方方面面的人际关系网络在逼勒交盘的博弈场域之中发挥着至关重要的作用。

作者简介

张世明，男，1966 年生，四川内江人。中国人民大学法学院及清史研究所双聘教授，博士生导师。著有《法律、资源与时空建构：1644—1945 年的中国》等。

法司依律　天子衡情：清代的皇权与刑案

郑小悠

清朝皇帝深刻意识到，刑名案件处理得恰当与否，不仅仅关系到一介草民的生死得失，更与家天下的安危治乱密切联系。因此，从顺治帝起，清帝就有躬亲参与刑案办理的传统。清代的法制体系，不论在设计上还是实践中，皇帝都是重要一环。在雍正朝以前，皇帝参与刑名活动多在决策阶段，即每一件死刑案件的定案、秋审、朝审的勾决，以及一切重大刑名政策的准驳环节。翻阅《康熙起居注》中，每二三日，就可见康熙帝阅看三法司（明清两代以刑部、都察院、大理寺为三法司，遇有重大案件，由三法司会审）题本，在御门听政时同内阁大学士、学士等人商议决策意见的内容。

雍正朝以后，奏折文书的使用逐渐普及起来。起初，奏折多用于军国大政、人事任用，以及地方文武大员与皇帝联络私人感情，刑名案件作为日常庶务，仍用题本程序处理。然而面对雍、乾这样权力欲极强的君主，不论督抚还是部院大臣，无不战战兢兢、唯恐有失。到乾隆初年，一些谋逆反叛、江洋大盗、弑亲逆伦等大案，虽无明文规定，但各地多改为密折陈奏，下部后，刑部也用密折议覆。此风日长，到乾隆中期，一些重大案件，不但最后的结案报告，其余如侦查、缉捕、审理过程，经部驳后的改拟情由也随时上奏，既可以满足皇帝的控制欲，出现问题又便于卸责。乾隆末年以后，京控（民国以前，官民有冤屈，经地方最高级官署审判仍不能解决时，可赴京向都察院及步军统领衙门控诉，谓之"京控"）案件日益增多，负责接收京控呈状的都察院与步军统领衙门按例先将案情上报皇帝，再奉旨发督抚审理，形成钦案。皇帝对这类案件已有先入为主的印象，且常询问案件审理的进度，是以承接审理的官员更要随时上奏，报告审案情况。直省（指各省，因直属中央，所以又称直省）地方如此，刑部近在咫尺，更是如此。部内现审案件经皇帝屡屡督促，案件尚未审结，堂官已经面奏多次。皇帝从定案决策转为参与过程，对重大刑案的控制力大大加强。

在清代的法制体系设计中，值得注意的是君主控制刑名案件的方式。从唐中期以后，历代君主为便于掌握大案要案，特别是政治类案件审理定罪的主动权，通常会利用内廷机构或身边亲信人员制衡，甚至架空外朝法司的做法。如唐代的三司推事、北宋的理刑院、明代的锦衣卫诏狱等。传统的政治史研究认为这是君权高度集中，强势干预司法的表现。同时，传统的政治史研究还认为，清代特别是雍正以后，君主专制权力攀上历史最高峰。但事实上，清代在政府的刑名体系之外，并没有一个直接由皇帝控制的断狱机构来分法司之权。即便是重大的政治类案件，皇帝也只会钦点亲王、大臣等与刑部或三法司会同审理。大多数情况下，刑部因为掌握律例而作为主稿衙门负责定罪量刑，会审王大臣主要起到监督作用。

于是乎就产生了这样一个问题，为何专制程度更高、君权更强的清代反而没有代皇帝制衡法司，特别是刑部的内廷断狱机构呢？原因在于，清代皇权之强，已经不需要通过专门的内廷班子来限制政府法司，皇帝有足够的权威和能力直接控制刑部，令其为自己的意志服务。皇帝身兼国家领袖与政府首脑二重身份，亲身活跃于法司办案的决策环节，甚至过程当中，或委曲暗示，或直接发号施令。相对于唐、宋、明各时代由皇帝亲信组成的内廷问刑班子，清代的刑部名分更正，专业性更强。所以清代的大案，特别是政治类案件，从表面上看起来，大都非常遵循程序、合乎律例，毫无君主个人肆意妄为的痕迹。事实上，每到这种时候，皇帝，特别是雍、乾这样强势君主的个人意志，早已通过奏折密嘱、当面示意，或法司官员的个人揣摩等形式，渗透进整个案子的办理过程当中。皇帝利用程序、主导进程、预定结果，专业而驯顺的刑部，则是他们最得心应手的工具。

清代君主对刑案的影响主要分为两类：第一是一般的命盗案件，第二是带有政治背景、涉及高级官员的案件。公众对于清代刑案的了解，通常是从政治大案中来，诸如康熙帝除鳌拜、雍正帝杀年羹尧、和珅跌倒嘉庆吃饱之类。这些案件政治影响力大，受到后世的广泛关注，并由此形成了公众对清代刑案处理的印象。但事实上，这类案件在法司办理的大量刑案中，比例极小，并不能代表清代处理刑名案件的普遍情况。在此，我们亦需将此两类情况分别说明，并由此探讨清代皇权在刑名案件中的存在形态以及与刑部的关系。

政治大案中的皇权

清代处理政治类案件，可以分为君权强盛与衰弱两种情况，形式颇为不同。

强盛者以雍正帝处理年羹尧案为例。从公开的处理过程上看，皇帝先因为年羹尧上奏书写错误和枉参属官等"公罪"将其交吏部议处，并由大将军、川陕总督调任杭州将军。此后内外大臣交章弹劾，皇帝一面将这些章奏发给他本人，令他"明白回奏"，一面派钦差大臣到章奏中提到的事发地去调查真相。在足够多的问题被揭发出来后，将其逐步革职、革爵，最后提拿进京，交刑部看押。九卿大臣与刑部会审后，由刑部主稿具题，定其九十二款大罪。题本在罗列了各款罪状及简要情节后共引《大清律》十三条，根据清律"二（多）罪俱发从重论"的原则，依照最重的大逆罪，请求将其本人明正典刑，其父，及兄弟、子孙、伯叔，伯叔父兄弟之子，年十六岁以上者，俱按律斩。十五岁以下，及母、女、妻妾、姊妹，及子之妻妾给付功臣之家为奴，正犯财产入官。雍正帝批复九卿题本，念其青海之功，不忍加以极刑，令其自裁。其子年富立斩。其余十五岁以上之子发广西云贵烟瘴之地充军，不足十五岁的子孙到十五岁以后陆续发遣。其父、兄、妻、女宽免。

公开的问刑程序从雍正三年（1725）九月将年羹尧革职拿问开始，到同年十二月以其自尽告终，历时不过三个月。而在暗地里，雍正帝从二年十一月起，就开始表现出对年氏的不满，并在给各地文武大臣的朱批中透露风声，表达"近者年羹尧奏对事件，朕甚疑其不纯，有些弄巧揽权之景况"，示意他们与年氏断交。又利用奏折询问与年羹尧有工作关系，或故旧交情的大臣："年羹尧何如人也，就你所知据实奏来"，示意他们检举年氏的罪过。且不断对年氏的轻微过错进行公开批评，如将年氏题本中误写"朝乾夕惕"（形容一天到晚勤奋谨慎，没有一点疏忽懈怠）为"夕阳朝乾"一事，拔高到他不承认皇帝具有"朝乾夕惕"的品德，并随即意味深长表示："则年羹尧青海之功，亦在朕许与不许之间而未定也。"与此同时，雍正帝对西北地区的驻防将军、督抚、提镇进行调动，任命表面与年氏有旧交，而实系皇帝亲信的大臣接管西北几省军、财、人事大权，并着手调查年氏在经营川陕期间的问题。身在西安的年羹尧被彻底孤立而不自知，一纸调任杭州的命下，只能拱手交出兵权。在这一系列明示、暗示之下，内外大臣渐渐看清风向，纷纷在密折中撇清自己与年氏的关系，揭发其罪行。后来刑部所定的九十二款大罪，皆出于此。

雍正三年七月，内阁、九卿、詹事、科道等官合词奏请将年羹尧诛戮以彰国法，雍正帝称之为"在廷公论"，但对此建议仍然不置可否，而命内阁下旨询问各省将军、督抚、提镇的意见，要求他们公开具题，表达对年案的态度。这一系列人事、军事、舆论的准备工作目标明确、按部就班，前后花费了近一年时间。在此基础之上，三个月的问刑程序，最终情罪确凿、引律分明的爰书（古代记录囚犯供词的文书）章奏，以及皇帝恩自上出的裁决，都显得顺其自然，合乎制度。

只调动官僚系统而避免使用军事手段，通过毫无瑕疵的法律程序体现君主的个人意志，制服一个手握重兵、控制四省，身兼功臣与外戚双重身份的权臣。这种高难度工作，即便在皇权极盛的清王朝，也只能由雍正帝这样权谋精湛的帝王完成，是特例而非常态。

在此过程中，刑部的作用仅限于配合皇帝完成刑审程序。年案主审司官唐绍祖的传记称："先生借补刑曹郎，推勘年、汪两案，悉当上意。"尤见其办案之功不在依律以定爰书，而在"悉当上意"。

可以与此相对比的是同治年间的何桂清案。辛酉政变以后，由于皇帝年岁幼小，形成了太后垂帘、亲王辅政的政治格局。在这种格局下，太后实际上只履行对重大政务的决策权，对一般刑钱庶务，以及重大政务的办理过程，都缺乏直接参与的能力。至于辅政的恭亲王，名分所限，上有太后牵制，对下也不能拥有皇帝一样的控制能力。在这种情况下，官僚集团的力量开始壮大起来，面对关系到政治斗争的大案，其局面与雍正年间决然不同。

咸丰十年（1860）五月太平军攻陷常州前，在常州督师的两江总督何桂清不顾当地绅民恳求，执意弃城逃命，致使苏、常、松、泰各府州县全面沦陷。同治元年（1862）四月，由两江地方官庇护了两年的何桂清被押解京师交刑部审理。何桂清是云南昆明人，在如何处理何桂清的问题上，北京官场分为两派意见。一派是对何恨之入骨的江苏籍京官，多主立决；一派是与何有私交，特别是"同隶边籍"，即来自于边远省份的官员，联合要求缓决。是时，刑部堂官派出主审此案的总办秋审处郎中余光倬正是常州武进人。余光倬认为封疆大吏失守城池，本应拟斩监候，但何桂清身系一品大员，弃城逃避，致令全局溃散，且革职之后借故逗留两年不赴部，罔顾法纪，应该从重拟以斩决。

奏疏上达后，有旨命大学士、九卿、詹事、科道会议具奏。以大学士桂良为首的大部分官员同意依刑部所议，将何桂清比照"守边将帅被贼攻围不行固守而失陷城寨者，斩监候"律，从重拟以斩立决。"保何"一派的大学士祁寯藻、兵部尚书万青藜、顺天府尹石赞清、内阁侍读学士王拯等十七人则联名上奏，力救何桂清不死。户部侍郎董恂、左副都御史志和等十二位大臣借口与何桂清或曾系同僚，或为师生，回避不肯列名，意见模棱，也偏向于保全。

"保何"派中大学士祁寯藻的奏折尤其厉害。他援引嘉庆帝"引律断狱，不得于律外又称'不足蔽辜'及'从重'等字样"的谕旨，称"何桂清应得罪名既有斩监候专条，自应按律问拟以持刑罚之平，何得任意出入，于律外复加从重字样，以致执法失中，隐酿刻深之弊"。侍读学士王拯更直指主审余光倬是辛酉政变期间被赐死的载垣、端华、肃顺余党，一贯苛刻锻炼、故入人罪。希图借此激起太后对八大臣的旧恨而罢免余氏。

因为当年有改元之喜，按例秋审停勾。在"杀何"派官员看来，如果不将何桂清拟为立决，难免夜长梦多，遂连章驳斥"保何"大臣的意见。军机章京张德容就犀利指出，祁寯藻对嘉庆帝谕旨断章取义。嘉庆帝虽然有法司断罪不得有"从重"字样，但仅指寻常罪行而言，罪情特别重大者不在此列，且道光二十二年（1842）办理提督余步云失守镇海而逃，其罪名亦系从重问拟。彼时祁寯藻亦系在廷会议大臣，何以不闻有言？又责王拯诬蔑余光倬为载垣、端华之党，是启诘告诬陷之端，立门户之风。

为了平衡两方意见，既显示新朝仁慈，与肃顺执政时期的严厉相区别，又免得"今欲平贼而先庇逃帅"，动摇前线人心。太后和恭王最终决定将何桂清依"保何"派意见拟为斩监候，但突破秋审停勾的限制，将何桂清于当年秋后处决。主审此案的余光倬一年后又被科道指名参奏，称其在部内专横跋扈、声名狼藉。经大学士会同都察院调查，虽然所参款目都不能坐实，但都察院仍以"该员屡登白简，其动招物议，必非无因"这一莫须有罪名，建议将余光倬京察一等及御史记名之处均行撤销。朝廷明知道余氏是被打击报复，仍然批以"依议"，安抚"保何"派之心。

将此案与年羹尧案对比可以发现，此时的皇权已经全然不能主导、控制政治大案的进程与结果，但尚能做到对官僚集团内的不同力量形成制衡。各方分别利用法律程序，最终实现一个都可以接受的妥协结果。

普通刑案中的皇权

与政治类案件相比，在普通刑名案件中，皇帝的作用也很重要，但表现形式却有所不同。其影响主要体现在两个方面，首先是对死刑案件处理的决策，其次是对法司官僚的监督。

在清代的法制体系中，一件地方上的死刑案，其审转必须要经县、府、司、抚、刑部五个衙门。地方衙门的定谳（yàn，审判、定罪）者虽是长官，但具体经办人多系书吏与刑名幕友，刑部则系司官。在以上环节，死刑案的审断都要依照律例，如果例无专条，则比照加减，或引用成案。换言之，一件死刑案的审断，从县到部，理论上都由法律专业人士经手，定罪量刑也务必有法律依据。然而律例成案自有其局限性，不能涵盖无穷之世事。另外，在清代人的观念中，判案定谳的任务和目的是要"情法两得其平"。也就是说，在依法之外，还要衡情，如果法与情不能一致，就需要对法进行相应的调整，使其达到和谐统一的状态。

按照清代的理想制度，依律是从县到刑部的法司官员们要做的事，而衡情的权力则在皇帝。梁启超在《论中国法制史》一文中提出，在中国的传统法律思想中，亦有类似于西方自然法那样的法，即所谓"道"。唯有圣人能知自然法，又唯有依照自然法才能立人定法。在道统与政统合一的清代，皇帝是唯一具有这种能力的圣人。因此，在人定法不能持平地解决问题时，也唯有皇帝才能依据他内心所掌握的自然法，对案件作出类似于西方法学概念中的"自由心证"。清代皇帝在批评督抚或部臣不按律例行事时，常用"如此，则该大臣可谓'有权'"这样的说法。这里的"权"并非"权力"，而是"权衡"的意思。换言之，不论督抚还是部臣，在刑案的处理中，都只能"守经""依律"，"有权"是皇帝才能做的事。

在这一点上，我们可以将清代与15至18世纪的英国相比较。在当时的英国，疑难案件除了由王室巡回法庭依据普通法进行审理外，还经常提交给国王进行裁判。由于国王无法处理日益增多的案件，就交由大法官法院处理。大法官审理这些案件，并不受普通法的制约，而是根据公平和正义的原则进行自由心证，即所谓"衡平法"。罗马法谚中有"愈泥于法，愈不公正"的说法，这与清人常说的"夫狱者，愈求则愈深""刑部愈精愈刻，一从刻则犯法者多"是跨越时空的暗合。在英国，衡平大法官的职责是以朴素的自然正义为基础，调节过严的普通法。而在清代的死刑案程序中，皇帝这一环节的意义则是"仰体上天好生之心，施法外之仁"，使"廷臣执法之严与朝廷用法之宽，不惟不相悖，而且相济"。

如果说以上的制度设计是出于"道"的考虑，那么在实际的司法运作中，还有一层是出于"术"的安排。自上古以来，"刑不可知则威不可测"的观念一直影响着中国的法律制定者和执行者，即便后来公布成文法成为历朝历代通行的做法，但在一些关键问题上，统治者仍然愿意使用"不可知"的办法，将权力掌握在自己手里，避免民众利用法律，逃脱罪责。如清初定有死罪重犯，其祖、父、兄弟、叔伯中有出兵阵亡者，自身可以免死一次的条例。功臣子弟豫知定例，难免杀人劫财、肆行无忌。顺治十八年（1661），刑部奉旨修改此例，规定以后死罪人犯，刑部不得以论功免罪具奏，仍照其应得之罪题请，应否准其论功，候旨定夺。又如独子留养制度施行以后，许多官员、幕僚认为这样的做法会使身为独子之人肆无忌惮，不如"圣王仁政务出万全，则按其情罪临期请旨亦可"。可见不论在统治者还是一般士大夫的认识中，将法律的部分明确规定转化为皇帝手中予取予夺的权力，是预防犯罪的有效方法。

除了对案件本身的影响外，强大的皇权在法制体系中的另一个重要作用是对其下全体法司官僚的监督。在一个没有民主监督的政体下，皇权对庞大官僚集团的抑制是有力且有效的。皇帝作为家天下政权的拥有者，他的利益与政权的利益是绝对一致的。相对于拿俸禄、有任期、有各种个人或小团体利益诉求的官僚，其地位和视野都是比较超脱的。面对承平之下整个官僚系统的因循，官僚之间的回护、包庇，及因此而产生的伤害民众与政权利益的后果，一个足够理性和有能力的皇帝理所应当要予以纠正与制裁。京控"告御状"的现象大量存在，可见当时民众对这一点的认识也是清晰明确的。

怎样认识清代刑案中的皇权

　　对于清代皇权在刑案中的性质应该如何认识与评价，首先需要明确的是，皇帝是清代刑审程序中的一部分，而非凌驾于其上。在《史记》《汉书》等文献中，读者常常看到汉高祖、汉武帝一怒之下将臣下"烹之""族之"的场景。在清代，君主一句话就能断送臣民性命的情况极少，皇帝的言行受到祖宗家法、社会舆论和制度程序的限制，被相对严格地控制在一定范围之内。读史者大多关注雍正皇帝怎样阴险刻薄地利用制度置异己者于死地，却很少注意到皇帝也常常苦于法司在拟罪过程中让自己陷入两难的境地。

　　在清代的刑名制度中，有"双请"和"双签"二说。所谓"双请"，是指督抚如果碰到情节轻微，但适用法律条款较重的案子，往往先引用相应律例，但同时声明此案情节较轻，请求皇帝施法外之仁，从轻发落。所谓"双签"，则是刑部认定罪犯介于可轻可重之间，在题本内夹一签条说明情况，建议内阁票拟一轻一重两个定罪意见，请皇帝决断。按照当时人的观念，不管是督抚、刑部，还是皇帝，对待死刑案件，能够减少刑杀、从宽处置，都是仁厚的表现，反之则难逃刻薄的名声。在这种认知下，作为刑审程序的最后一环，皇帝的处境就显得比较被动。

乾隆五十五年（1790），刑部拟定了一起胞侄杀叔案。堂兄弟二人互相殴斗，叔父偏向亲子，上前殴打侄子，侄子在打斗过程中刀伤叔父致死。根据清律，叔父是服制很重的期（jī）亲（服丧一年的亲属）尊长，以侄殴叔致死，是斩立决之罪。虽然巡抚原疏尽量把叔父描述得十分强横，侄子还手是万不得已，刀伤叔父也是意想不到，但这样的写法通常是出于刑名幕友"救生不救死"的考虑，不一定就是事实真相。不过，既然巡抚有从轻之意，在题本中为侄子"双请"乞恩，刑部也不愿意充当恶人，遂做出从轻的姿态，夹"斩立决"与"斩监候"双签请旨。如此一来，皮球就被踢到了乾隆帝脚下。虽然他一贯反对地方刑幕舞动刀笔开脱罪犯，但也很清楚，如果自己选择斩立决之签，那么此案用法从严，就会被认为出于他个人的意见，有悖于仁君的道德；如选择斩监候之签，犯人得以缓死，舆论必定更赞美刑部为之声请的功劳，与自己关系不大。对此，乾隆帝表示了强烈不满，他责备主管刑部的大学士阿桂及刑部堂官说："尝闻皋陶（gāo yáo，据传说，皋陶为尧舜时的司法官）曰杀之三，尧曰宥之三，未闻尧曰杀之三，皋陶转曰宥之三也。阿桂等皆曾读书识字，又系素能办事之人，何以办理此案错谬至此……阿桂等不知仰体朕怀，何忍以此等案件归过于朕，致增烦懑。试令阿桂等自问，于心安乎？"并将原案发回，命刑部："如申荣（叔）实有抢夺屠刀左证，申兆吉（侄）实系挣脱误划，并非逞凶干犯，声明确切凭据，即可改为斩候，无须回护。请旨票拟'依议'之签，何必待朕从重定拟耶？朕办理庶狱惟期平允，原不稍存成见，亦不肯代人受过也。"

所谓"代人受过"，将清代皇帝作为刑审程序最后一环所承受的舆论压力明白地展现出来。换言之，身为皇帝，虽然是唯一对死刑案有"自由心证"权力的人，但处在由官僚士大夫主导的舆论环境，以内外法司，特别是刑部的审断为基础的刑审系统当中，他究竟有多大的勇气和余地可以使用这种权力，是不宜过高估计的。一件无论断轻断重都不过分的普通命案，以乾隆帝之强势，在使用权力时尚且顾忌如此之多，更遑论雍正帝处理年羹尧案时的小心谨慎，步步为营了。

清帝对臣民的生杀予夺，并不能如秦汉帝王那样自由随意，是否就可以说清代皇权比秦汉更弱呢？汉武帝虽然经常诛杀丞相，但绝大多数臣民的生死与他并无关系。清代人在赞美本朝慎刑善政时说："国家慎重人命，旷古未闻。盖古者富侠酷吏操生杀之权，今虽宰相不能妄杀一人。古者人命系乎刑官而已，今自州县府司督抚以内达刑部而奏请勾决，一人而文书至于尺许。"根据清代的制度，不论大臣细民，君主对每一个人的生杀拥有最终决定权。如果他精力旺盛，对每一件徒流案件也有过问的权力，并且在此过程中，君主对刑名程序上每一个环节的官员，都有监督的权力。虽然这些权力的使用力度与效果因君主的个人能力和勤政程度而异，但不可否认的是，在制度安排上，他们确实处在这样的位置：既是国家领袖，又是行政首脑，对刑名这样并非军国大政的一般行政事务也负有终极责任。换言之，清代君主对刑名案件处置的自由度远不及秦汉君主那样高，但权力所能涉及的范围却大大过之。而且，他们的权力性质并非是"反常规"的"干涉司法"。在清代，君主"衡平"而非"依律"处置刑名案件，本来就是"常规"的本身。

清代君主意志对刑名事务的影响，既不是高悬九重有名无实的，又不是肆意妄为随心所欲的。它位于整个刑名体系的制高点，却并未脱离出去。它切实左右着整个系统，同时也被系统中的其他部分所利用。孔飞力在《叫魂》一书中将清代的这种体制称为"官僚君主体制"，将其权力分为"常规"与"专制"两种，认为皇帝以下的政府系统在处理一件案子时，是以常规的权力按部就班地运行着，而皇权以超常的力量加于其上。二者共存博弈，君主致力于在繁杂的成文法和行政程序面前维持自己超然的地位；而官僚则努力用繁琐的规章条约保护自己的职责边界，对抗君主的专制要求。这虽然有别于韦伯等人君主与官僚权力绝对对立的传统认识，但还是将政府看作一个执行法规的司法主体，而皇权在一定限度下努力挣扎，做着用专制权力干预司法的事情。而在笔者看来，这种表述还是割裂了皇权与法制体系的关系。事实上，专制就是常规，硬性的法律与弹性的权力相配合，正是帝国刑名体系设计的理想状态。

皇帝是清代刑名体制的最后环节，这一角色的优点是利益超脱，在理论上是"道"的天然代表，现实中又受到时代价值观和官僚制度的软制约。缺点则是法律专业素养不足，且拥有生杀大权的君主如果一意孤行，就难以被其他力量硬性制约。

因为同时具备这样的优、缺点，在帝国的刑名体系中君主可能存在三种极端状态。1. 一个明君，勤勉、自控、明察，处在一个超脱的位置上，利用手中生杀大权和比成文例案更接近"天道"的朴素正义观，有力驳正法司官吏在审断中因为各种各样原因产生的错误，最大限度除暴安良，打击贪官墨吏，平衡中央、地方法司之间的矛盾。2. 一个暴君，一意孤行，毫不顾忌"天道"与制度的约束，甚至利用手中的权力滥杀无辜。3. 一个庸君，没有承担君主责任的能力，听凭官僚系统自行运转。

清代在政局比较稳定、君主比较强势的时期，大部分皇帝面对一般刑名案件，多有向第一种情况靠拢的追求，至于接近到何种程度，需视具体人、具体情况而定。而在面对政治色彩浓重的案件时，君主则着力在第一种与第二种情况间平衡捏合，寓私意诛杀政治反对派于正常的刑名体制之内，尽量不留下破坏体制的恶名。到同、光君主衰微之际，君主对一般刑名案件的处理更接近第三种情况。而面对政治色彩浓厚的案件，像慈禧太后那样无视任何制度、程序，悍然杀害戊戌六君子的暴君行径，正是她失去正当、合法统治能力的表现。

作者简介

郑小悠，女，1987 年生，北京人。历史学博士，国家图书馆国家古籍保护中心办公室副研究馆员。主要研究方向为清代制度史、政治史。著有《年羹尧之死》《清代的案与刑》。

清代地方官的"年终密考"

常越男

官员考核,是古代官制的重要内容。加强对各级官吏的管理和监督,澄清吏治,以利民生,是清朝治国理政的重要措施。乾隆末年,高宗总结历代吏治得失,创立了地方官的"年终密考"制度。每年岁末,总督、巡抚用密折将属员贤否开具考语,造册密呈皇帝。该制由督抚亲办,是皇帝直接获得地方官员臧否信息的主要渠道。

一、制度创立

清朝统治秩序稳定后,开始重视对地方官的简选考核,以求长治久安。就地方官而言,清代实行的常规考核制度是"大计",每三年一次对官员政绩进行考察,造册上报总督、巡抚,再由督抚开具考语,送吏部审核汇奏,以备皇帝御览。"大计"的目的在于对地方官进行常态化监督。

雍正十三年(1735)八月,高宗即位,因不熟悉各省地方官情况,多次指示督抚密奏属员贤否,由此逐渐形成有别于"大计"的"年终密考"制度。

乾隆元年(1736)三月,高宗谕令浙江总督嵇曾筠、江南总督赵宏恩、江苏巡抚顾琮、安徽巡抚赵国麟等，将各所属官员贤否事迹上奏。此举意图非常明确，皇帝要尽快掌握外官状况，以备考察简用。乾隆八年四月，高宗批评"督抚等多有于奉旨之后，陈奏一次，虚应故事，后遂置之不办者"。这一时期，督抚奏报属员情况参差不齐，不能令高宗满意。

乾隆四十九年六月，高宗明确要求"督抚每年陈奏一次"，规定密考范围包括提督、总兵、布政使、按察使、道员、知府，但对密考时间并无"年终""年末"要求。五十三年四月，又将学政纳入密考对象，"年终密考"最终成为定制。此后，一年一次的"年终密考"与三年一次的"大计"并行不悖。

常规考核的"大计"是在国家官僚机构内部由多部门共同参与的考核制度，而"年终密考"则是皇帝与督抚对接，免去中间环节，直接考察地方中高级官员。皇帝与督抚处于"年终密考"的两端：一方面，皇帝可以直接监督督抚察吏，获取地方司道府等官员政绩情况；另一方面，地方督抚也可免去顾虑，秘密陈奏属员贤否。同时，总督、巡抚分别密奏，也在他们之间形成牵制和监督。

年终密考制度有个酝酿、形成和确立的过程，与以下诸因素相关。

首先，密考对象的确定，是基于中高级官员在整个官僚体系中承上启下的重要作用，督抚密考是官僚队伍内部的互相制衡。布政使、按察使、道员、知府（司道府）等官在乾隆年间被单独纳入"年终密考"，显示了朝廷对这一官员群体的重视。司道府是督抚治理地方的主要辅助，对基层地方州县官起表率作用，对地方吏治清浊影响很大。而且，司道府官员纳入密考系列，与这一群体人数不多也有关系。学政一职，每省一人，主管地方学校、科举考试、人才选拔等，因执掌重要，也被纳入密考范围。

地方上，督抚与学政职务上互不统属，却容易形成利益关系。因此，皇帝要求督抚密考学政，是为了防范外省官官相护、徇私舞弊，以达到互相监督的效果。

其次，"年终密考"每年一次，在时间上可补三年"大计"不能随时举劾之不足。从康熙中期到雍正年间，尽管"大计"制度不断完善，但不能按期举行而展限的情况也很常见。随时举劾是针对个别不法官员的处理，虽然快速及时，但在协助皇帝了解官员队伍整体素质方面却因其临时性、个别性而受限。一年一次的"年终密考"，缩短了考核周期，满足了随时考察官员的需求，既可弥补"大计"间隔时间过长的不足，又能够预防地方督抚对于随时举劾的惰性。

再次，雍正时期"密折"的制度化直接影响到外官考核，故"年终密考"采取密奏方式。雍正朝官员密奏时，会涉及属员或其他官员贤否的有关内容。高宗则继续发挥密折作用，将其应用于外官考核。年终密考时，总督、巡抚分别奏报，不必会商，较少顾虑。同时，对被考核对象也能产生一定震慑作用。

二、格式与内容

根据中国第一历史档案馆所藏朱批奏折、录副奏折等，可以梳理"年终密考"的清单格式与内容等情况。

（一）司道府密考考语详略有别

以布政使（藩司）、按察使（臬司）、道员、知府为密考对象，嘉庆到光绪年间不同省份的密考清单，格式上的差别主要在于是否有官员履历。

有些密考单，没有官员履历，督抚直接开具考语。如嘉庆二十四年（1819），陕甘总督长龄密考兰州道吕嘉言的考语："精明干练，办事勤能。"咸丰八年（1858），陕甘总督乐斌密考宁夏府知府明昆的考语："心地浑厚，供职惟勤。"

有些密考单，一并开具官员履历与考语。如道光十二年（1832），四川总督鄂山密考重庆府知府王兆琛："山东进士。人颇安详，才具亦好。加以历练，尚堪造就。"光绪三年（1877），两广总督刘坤一密考庆远府知府董学履："年五十八岁，浙江进士，光绪元年二月初九日到任，该员行止端方，吏民爱戴。"

从考语详略来看，由于督抚与布政使、按察使接触更多，职司任重，给他们的考语较详，而对知府考语相对简略。如道光十八年，陕甘总督瑚松额密考甘肃布政使梁萼涵的考语："才学兼优，议论亦好，初到遇事稍有偏见。自是近则经心慎重，熟悉情形，颇为助理。"对宁夏府知府龄椿的考语则较简单："心地明白，办事妥协。"

（二）学政密考单独奏报

督抚密考学政时，单独奏报、开列，不与司道府官一起。与司道府官员考语相比，对每省一员的学政，督抚所奏较为详细。乾隆五十三年四月，高宗要求督抚年底奏报学政贤否。当年十一、十二月，广西巡抚孙永清、两广总督孙士毅、湖北巡抚惠龄、江西巡抚何裕城、山东巡抚觉罗长麟、两江总督书麟、云南巡抚谭尚忠，陆续奏报学政官箴，包括科举考试、学校事务等。如山东巡抚觉罗长麟奏陈学政刘权之"操守廉洁，植品端方，凡于按临各郡之时，慎重关防，严察弊窦，凭文取士，一秉至公。且自节次查获枪手方金生、杨西白等案尽法，痛惩考棚积弊，屏除净绝，士论翕然，咸皆悦服"。此外，还有要求密奏学政所聘幕友的情况，如两江总督书麟奏报江苏学政沈初、安徽学政徐立纲、江西学政翁方纲的事迹之后，又言"再查三省学臣幕友，皆系隔省之人，并无本省绅士入幕阅卷，及乡宦故旧往来援引等事"。

学政密考清单，也会有官员履历。如道光十五年四川总督鄂山奏报学政王笃的密考清单："陕西进士，才具敏捷，人亦爽直，密访其考试，各棚关防，严谨取舍，均得其平，士论翕然，兢兢自持，惟恐缀厥家声，衹其性情，未免过急，亦因阅历尚浅之故。"

（三）考察提督和总兵的军务诸项

如乾隆五十三年十二月，山西巡抚海宁奏陈太原镇总兵福敏泰的考语："该镇于地方防范事宜，尚能认真督率办理。臣于查阅营伍时，所有技艺生疏之兵丁业经革退外，其余通镇各营将弁、兵丁，均属整齐熟练。该镇年虽六旬以外，精神强壮，熟谙营伍，尚堪胜任。"

考语中也有开列提督、总兵履历的。如光绪二年，广东省水师提督翟国彦的考语是："年四十六岁，湖南义勇。同治七年（1868）五月二十八日到任，该员人甚朴诚，尚无绿营习气，现在力图振作，水师颇觉改观。"

从考语详略看，督抚开具的提督考语一般详于总兵。比如，同治四年，闽浙总督左宗棠开具水师提督吴全美的考语是："该员由水师立功，洊擢今职。于洋务虽尚谙习，惟利心颇重。履任以来，洋防仍少起色。近复多病，现檄委漳州镇总兵李成谋代办篆务。"而对总兵的考语则相对简略，如汀州镇总兵沈俊德考语："谨愿有余，明干不足。"

整体来看，由于"年终密考"和"大计"的考察对象有重合之处，密考考语受到大计考语的影响，四字成语的形式较为普遍。

三、影响和作用

其一，"年终密考"在一定时期对清肃吏治、加强官僚管理发挥了重要作用。

"年终密考"的初衷在于"严考察而备简用"。乾隆以来，诸帝重视年终密考，要求督抚详核政绩，据实考核，不得敷衍了事。根据督抚开具的考语，皇帝对司道府官员做出判断，对督抚考语措辞上的不合理之处提出质疑，避免对官员的评价失当、任用有误。

将同一官员不同年的密考考语进行前后比较，成为皇帝判断该官员贤否、决定其黜陟的重要依据。例如，嘉庆六年，闽浙总督玉德奏福建水师提督李长庚考语为"心气粗浮""不能胜任"。仁宗查看李长庚以往考语，发现前任闽浙总督书麟考语称其"捕盗出力""该处洋匪，有宁遇一千兵，莫遇李长庚之谣"；现任闽浙总督玉德前两年给其开具考语，均称其"勇干有为，调度有方"。由于前后差别较大，嘉庆六年这次密考考语，暂时不予采纳。

将总督和巡抚两人同一年对同一官员的考语进行比较，也是皇帝判断官员的依据。总督、巡抚的考语完全雷同，或者差异太大，都需要再查核。如光绪二十三年，广西思恩府知府周天霖的考语，两广总督谭钟麟开具的是"廉明诚笃，处事安详"，而广西巡抚史念祖则开具"声名平常，操守难信"。因督抚考语大相悬殊，德宗派人再行确查。

对于督抚考语中提到的特殊情况，皇帝会要求再次复查。如道光十八年，两江总督陶澍在年终密考时，称江宁布政使杨簧"精力稍弱"，宣宗要求查核其是否贻误公事。陶澍回奏，杨簧"气体素弱，非年老衰惫者比，办事谙练。到任数年，尚无贻误"。光绪四年，山西巡抚曾国荃密考单称太原府知府江人镜"舆论虽有未协，而揆之此心，尚属无他"，而德宗此前听闻江人镜办理事务经常蒙混。仅据密考考语，无法判断，因此谕令曾国荃再详查具奏。

对于"年终密考"政绩突出的督抚，皇帝给予褒扬和勉励。如果"年终密考"不够谨慎，之后有属员被参劾，督抚也会因此受到惩处。如道光八年正月江西学政福申被参劾，宣宗查看该省督抚"密考"考语，发现前任两江总督琦善、现任江西巡抚韩文绮对其的考语是"场规严肃，关防慎密，并无弊窦"。宣宗认为这是地方官官相护的陋习，将韩文绮降三级留任，将琦善降一级留任。

其二，由于督抚循例奏报，敷衍塞责，"年终密考"的有效性受到一定影响。

"年终密考"考语的重复性、套路化、虚文化、空疏化也比较严重。以甘肃省为例，比对嘉庆二十四年、二十五年、道光元年三个年份的年终密考，陕甘总督长龄给司道府官员的考语多是两组四字成语，共八个字。针对同一个人在不同年份的考语，文字上多有重复。其中，平庆泾道刘溁、镇迪道德兴、甘州府知府图勒炳阿、宁夏府知府贾履中、西宁府知府巴彦珠5人，嘉庆二十五年、道光元年前后两年的考语竟完全相同。再如，道光十六年与十七年，陕甘总督瑚松额所造送的甘肃省密考清单内，宁夏道蒋文庆连续两年考语都是："才具优长，干练有为。"镇迪道裕康"办事勤能"、护甘凉道兰州府知府陈士桢"有守有为"、甘凉道王锡蒲"老成历练"、鞏昌府知府唐树义"才品兼优"等表述，前后相同。对于地方督抚而言，这种注考方式较为省事，而皇帝也渐渐习以为常。

这一现象，当然并不限于甘肃一省。道光十七年，宣宗斥责

"督抚视为具文，仅以一奏塞责"。咸丰元年十二月，文宗批评叶尔羌参赞大臣德龄密考属员"俱系八字空言，毫无实际"。三年，文宗又批评陕西巡抚恒春的考语"皆系八个字成语，尤觉可厌"。

"年终密考"在实际执行过程中，也有督抚徇私舞弊等现象。例如，道光元年十一月，山西巡抚成格参奏前任学政陈官俊，涉及责打办差家人、途中纳妾两款罪状。在查核过程中，发现陈官俊所犯二事分别发生在嘉庆二十四年、二十五年，但此两年"年终密考"时，巡抚成格并未据实陈奏，一味姑容。光绪年间，也有大臣奏报年终密考"淆乱黑白，颠倒是非"。

"年终密考"程序的简化，有利有弊。其中，个人的主观因素，冲击了密考的真实性、公正性、客观性。皇帝与督抚的个人素质，皇帝是否重视密考、关注地方吏治，督抚是否客观公正、善于识人，这些都直接影响密考作用的发挥。在实际执行中，密考考语的虚文化、空疏化，反映了督抚应付、塞责的消极心态。空泛、模糊、不够切实的考语，在某种程度上，可以让督抚规避风险，避免因注考不当而受到惩处。出于对自身利益的考虑，督抚与下属官员官官相护，也容易滋生新的腐败。

清末内忧外患加剧，光绪年间很多省份数年不行"年终密考"，宣统以后密考考语的保密性也已丧失。伴随着清王朝的灭亡，"年终密考"也走到了尽头。

作者简介

常越男，女，1979年生，山东荣成人。历史学博士。北京市社会科学院满学研究所所长、研究员，主要研究方向为清代政治制度史、满族史。著有《清代考课制度研究》《家国之间：清初满洲八"著姓"研究》等。

清代的黄河管理制度

贾国静

南宋末年，黄河南泛，侵占了淮河下游入海之路。及至元朝，定都北京，为了保障京畿供应，开凿疏通了沟通南北的大运河。大运河贯穿黄淮两河，是重要的交通运输线。在这三河中，黄河因具有"善淤、善决、善徙"的特性，每当泛滥决溢，不仅严重影响大运河的运输，也给百姓生命财产造成严重灾难，这在明清易代之际体现得非常明显。故明清两朝都极为重视治黄。

顺治元年（1644），沿袭明制，设置了总河，"驻扎济宁州，综理黄运两河事务"（《大清会典则例》），只是由于战事依然严峻，并未采取多少行之有效的治河举措。康熙帝亲政之后，转换思路，多方考量，亲笔将"三藩、河务、漕运"六个大字书写在宫中柱上，以夙夜轸念。此举意味着河务已被提升至国家战略高度，成为关系清政权稳定与发展的首要问题之一。不仅如此，康熙帝还于实践中推出了一系列改革措施。首先调整河督乃至普通河官的选拔标准，由原来看重操守改为注重治水技能与实践经验，并亲自考选，简拔安徽巡抚靳辅为河道总督。其次矫治河工宿弊，裁撤南北河道各分司，改归道管理。再次划分河段，设置道、汛等专门负责河务的基层管河机构。复次添设河兵驻扎河堤，改河夫佥派为雇募，以加强日常修守。最后调整细化岁抢修经费管理、考成保固、物料贮购、苇柳种植等相关规定，制定中游报水制度。这些举措构成了黄河管理制度的雏形，利于加强治河实践，消弭水患。在推出上述举措之余，康熙帝还于南巡途中多次亲临河干，指授方略，两次派人勘察河源，一步步将黄河治理问题引向深入，奠定了清前中期治河方略的基调。康熙朝之后，雍正、乾隆、嘉庆、道光诸帝无不恪守"家法"，殚精竭虑，重视治河，一套系统完善的管理制度也逐步确立起来。

清代的黄河管理制度主要包括组织体系、工程经费、考成保固、料物储购、苇柳种植等几个方面，这里重点介绍前三个方面。

第一，设置河、道、厅、汛、堡五级金字塔式管理机构。其中，河作为最高机构，由专官河督负责。起初，河督驻地设在济宁，康熙十六年（1677）以后迁到江苏北部的清江浦。雍正七年（1729）两河分隶后，江苏段黄河称南河，河督驻地在清江浦；山东河南段称东河，河督驻地设在济宁，后迁至开封。一般情况下，河督居二品，若加兵部尚书、太子太保等衔，则为从一品，高于一省的巡抚，主要负责黄运两河的日常修守，通常以黄河为主。河督拥有直属军队，称为"河标"或"河营"。

河之下设置管河道，雍正时期有 4 个，嘉庆年间增至 6 个，分别为河北道、开归陈许道、兖沂曹道、徐州道、淮扬道、淮海道。各道设有道员，负责督修河务工程，兼掌钱粮出纳。道之下的机构为厅。康熙朝初年，东河河段设 4 厅，南河河段设 6 厅，共 10 厅。后随着机构拓展，至道光朝，东河增至 15 厅，南河则增至 22 厅，总数达到了 37 厅。各厅设有厅官，文职为同知或通判，武职为守备或协办守备。厅下辖汛，每汛负责修守的堤岸长几千丈至上万丈不等。各汛文职为主簿、县丞，武职为千总、把总、分防外委和协防等。每一汛设堡房若干，每堡相隔约二里，有河兵与堡夫驻守。

道光年间曾绘有《黄河防险图》，非常清晰地标识了河南段黄河两岸防御工事的设置情况、险工地点以及决口事件概况，其中基层管理机构"堡"密密麻麻分布于黄河沿线。诚如魏源所述，驻扎河堤的"文武数百员，河兵万数千，皆数倍其旧"。（魏源《筹河篇》）

第二，将治河工程分为岁修、抢修、另案、大工四类，分别予以界定。其中岁修、抢修工程为常例，由河督直接负责，所需经费一般提前预算，主要由清廷直接拨付。康熙时，这项工程的经费总数在 15 万两左右，此后有所攀升，雍正、乾隆两朝时保持在 50 万两上下。及至清中期，由于南河淤垫严重，治理难度加大，再加以物价上涨等因素，清廷不断追加财政投入，岁修、抢修经费数额明显增大，每年"共需银五六百万余两"，正如《豫河续志》所载，自乾隆元年至道光初"上下数十年间，增至十倍"。这个数字在整个清廷财政支出中所占的比重，据魏源记述，大约为 12%，仅次于兵饷以及文武官员的养廉银，而时人金安清估算则为 20%，晚清巡抚周馥将岁抢修、另案及在河官员的廉俸兵饷等一并计算，"乃河工几耗三分之一"（《周悫慎公全集·河防杂著》）。

岁修、抢修工程之外的称为另案，"堵筑漫口，启闭闸坝，事非恒有者，曰大工"。这类工程属"临时"性质，一般规模较大，清廷往往派钦差大臣前往河干，与河道总督一起兴举，所需经费也不在预算之内，要"将工段丈尺开单汇奏，照例题估题销"（《嘉庆会典》）。至于大致数目，根据河督靳辅记载，清初所举堵口工程，"费帑者八十万"，他亲自堵塞的宿迁杨家庄决口之工，也有"三十二万"，萧家渡旁决之工，"犹费帑十万两有奇"（靳辅《治河余论》）。随着时间的推移，这类工程所需经费数额大幅攀升。比如乾隆四十七年（1782），河南"青龙冈漫工及筑堤浚渠，历次酌增夫料，价值银九百四十五万三千九百余两"（《乾隆朝上谕档》）。就像《清史稿》所言，"大率兴一次大工，多者千余万，少亦数百万"。

可是，清中期加大财政投入的做法，不仅未能扭转黄河淤垫日重，漕运愈发艰阻之势，反而助长了河务这一领域的贪冒舞弊之风。时人曾将河督衙门称为"金穴"，并记录下不少在河官员的奢侈腐化之情状。实际上，各种形式的贪冒舞弊行为几乎存在于治河工程的每一个环节，上自河督下至河员，无不利用职务之便侵蚀河帑。

第三，制定河工考成保固条例，对堤岸工程的保固期限、期限内外如堤岸冲决应如何处罚在河官员等问题作了规定。

起初，对于保固期限内出现河堤失事的情况，给予相关责任人以降级、革职等处罚，及至康熙三十三年，进行改革，引入了赔修制度，命相关责任人负责抢修并予经济赔偿。这是清代河工考成保固制度的重大改革，只是到了雍正朝才真正实施。但实施过程中频频出现纰漏，相关规定不断调整完善，久而久之，出现了制度层面的繁密化与实践中无法推行的巨大鸿沟。

雍正五年，修订赔修制度，推出"赔四销六"的办法，即"所修工程原系坚固，于工完之日已经总河督抚保题者，承修官止赔修四分，其余六分准其开销"。其中明确了在河各官的分赔比例，但是没有涉及具体数目以及赔修期限。乾隆二十三年，就此进行调整，并决定对逾期未完者给予处罚。及至乾隆三十九年，又对"赔四销六"中应赔的四分按照河官责任轻重进行细分，其中河督与各道专司河务的河官分赔比例最高，各为两成。这次调整将河督纳入了分赔范围。此后，由于另案大工频繁出现，承修官被罚赔修的概率增加，相应的赔修数额增大，甚至出现了远远超出他们实际承受能力的情况。在愈发严密的制度条文面前，河官多使出浑身解数，或者转嫁，或者拖延。针对类似问题，乾隆帝采取"豁免""徐徐完缴"等措施，还连带处罚赔修人员的亲属，如果河官本人未能完成赔修任务，其亲属将被扣廉俸，或者以家产抵扣。

嘉道时期，又多次调整赔修数额及赔修期限，思路大体为应赔数额越大，赔修年限越长。除此之外，还辅之以升补调用、革职留任、枷号河干、罢免发配等奖惩措施。可是愈发详细的赔修规定，并未增强实践层面的可操作性，甚至出现了制度被现实问题架空的现象。河督徐端在任时清正廉洁，勤于河务，去世之后，"贫无以殓，而所积赔项至十余万，妻子无以为活，识者悲之"（昭梿《啸亭杂录》）。

清代为稳固统治，不仅拨付巨额帑金，还置河督、设厅汛、创制度，高度重视黄河治理问题，从国家宏观战略的高度考量黄河问题，正所谓"治国者治水也"。但随着该制度一步步走向完善，繁密化与官僚化问题凸显。咸丰五年（1855）黄河铜瓦厢改道发生后，上述管理机构多被裁撤，相关规制也成为浮于纸面的空文。不过新河道治理的地方实践以及地方性治河规制的确立，又在某种程度上表现出一种继承。

作者简介

贾国静，女，1977 年生，山东茌平人。历史学博士，山东大学历史文化学院副教授。主要从事中国近代灾荒史、清代黄河史研究。著有《水之政治：清代黄河治理的制度史考察》《黄河铜瓦厢决口改道与晚清政局》。

雍正朝的"维民所止"试题案

李国荣

民间传说：雍正年间，在江西主持举人考试的主考官查嗣庭出了一道"维民所止"的试题。这本来是儒家经典《大学》里的一句话，不料却被人告密，说他"心怀异志"，寓意是要砍雍正皇帝的脑袋。雍正帝拿来试题一推敲，"维""止"二字合在一起，果然有去"雍正"之首的意思，顿时勃然大怒！于是查嗣庭被斩首处死。查嗣庭的"维民所止"试题案到底是怎么回事？我们根据清宫档案来看个究竟。

一、查嗣庭是否出过"维民所止"试题

查嗣庭是浙江杭州府海宁县人。雍正四年（1726）丙午科乡试，时任礼部侍郎的查嗣庭被皇帝钦派江西为正主考。关于查嗣庭在江西主考期间出了"维民所止"试题的说法，较详的见于1917年出版的徐珂《清稗（bài）类钞》。该书记述说：查嗣庭出了"维民所止"之题，被人奏参"意在去'雍正'二字之首"，遂因"大不敬"拿问治罪。

然而，《清稗类钞》毕竟属稗官野史，不足为凭，而清代记载有关此案的典籍，都没有提到过"维民所止"之事。如清人萧

式的《永宪录》在记述该案时谈到，江西主考官查嗣庭"以命题讥讪"，"治大逆不道罪"。但在该书开列的诸多有"讥讪"之嫌的试题中，没有一个有"维民所止"四字。

最重要的是，在清廷机密档案《雍正朝起居注册》中，载有雍正四年九月二十六日给查嗣庭定罪的一道谕旨，在这道长谕中，雍正帝历数查嗣庭的桩桩罪行，却没有提"维民所止"这几个字。若查嗣庭果真出了"维民所止"试题，雍正帝怎会放过？若所谓的"维民所止"试题是查嗣庭获罪的主要根据，雍正帝的治罪谕旨又怎会不提？应该说，雍正帝的这道上谕是最有力的证据。

二、查嗣庭到底出的什么考题

查嗣庭没有出过"维民所止"这样的试题。但查嗣庭的案子，的确是因其所出试题而引发的。这里，我们透过《雍正朝起居注册》的记载，看看查嗣庭到底出的什么题？雍正帝认为查嗣庭所出的试题究竟有哪些毛病？

清代乡试，要考三场：第一场考"四书"（三题）和"五经"（每经各四题）；第二场考论（一题）、判（五题）、表（一题）；第三场考经史时务策（五题）。在查嗣庭所出的试题中，雍正帝认为有问题的是下面几题：

其一，第一场"四书"第一题"君子不以言举人，不以人废言"。雍正帝认为，"查嗣庭以此命题，显与国家取士之道相悖谬"，是对文武官员举荐人才政策的"有心讥诽"。

其二，第一场"四书"第三题"山径之蹊间，介然用之而为路，为间不用则茅塞矣，今茅塞子之心矣"。雍正帝说，查嗣庭出这样的题目，"更不知其何所指、何所为也"。

其三，第一场《易经》第二题"正大而天地之情可见矣"；《诗经》第四题"百室盈止，妇子宁止"。雍正帝把这两个题目联系起来，又是"正"字，又是"止"字，便认定查嗣庭是在攻击"雍正"这一年号。

其四，第二场表题一道"以京察为谢表"。雍正帝说：实在不知查嗣庭意欲何为，难道是想让考生们代他称谢吗？

其五，第三场策题有一道是"君犹腹心，臣犹股肱"。雍正帝说：古人把国君称为元首，把臣下称为股肱、腹心。查嗣庭的试题内"不称元首，是其不知有君上之尊矣"。

其六，第三场策题还有一道是"勤始怠终，勉强自然"。雍正帝说：查嗣庭这是见内外大臣实心办事，与他志趣不符，而以此题蛊惑人心。

这些就是雍正帝对查嗣庭试题的逐题分析问罪。显然，在雍正帝开列的有问题的试题中，没有出现"维民所止"四字。可见，野史传闻中说查嗣庭出了"维民所止"试题，是与史实不相符的。

三、查嗣庭获罪的真正原因

那么，查嗣庭到底为什么被治罪？在科举时代，考官要从"四书""五经"中摘取文句命题，按理说，不会有什么政治风险。但在清代因试题涉嫌谤讪或太偏太怪而考官被治罪的，也是屡见不鲜的。不过，像雍正帝这样善于联想，能透过题面文字而洞见出题者肺肝的，也实在少有。雍正帝似乎也觉得这样做难免有穿凿附会之嫌，为此他说：查嗣庭的罪过，主要原因不是出题的事，朝廷之所以审办查嗣庭，是因为他有"种种实迹"。这里雍正帝指的是，抄家时发现了查嗣庭的两本日记，在那上面查嗣庭写了一些看似对皇帝不敬、对朝政不满的话。

然而，这一切都不过是表面文章，试题也好，日记也罢，都只是雍正帝整治查嗣庭的借口，这一案件背后复杂的政治背景才是查嗣庭遭受灭顶之灾的真正原因。

据雍正帝后来讲，他早就看出查嗣庭有谋逆之心，根据就是查嗣庭长了一副"狼顾之相"。何谓"狼顾"？相面师说，有的人走路时反顾似狼，即头向后转一百八十度而身躯保持不动，这种人往往心术不正，怀有异志。雍正帝深信相面术，对此也小有心得，说查嗣庭长相不好，曾引起他的警觉，其向群臣表白查嗣庭从来未被自己信任过。

考察查嗣庭获罪的真相，应将该案放入雍正初年朝廷政治斗争的大环境下来审视。雍正帝执政初期，惊天大案接连不断，分析起来可归为两大类：一是整治对雍正帝继承皇位不满的亲兄弟，如被斥为猪、狗的同胞兄弟阿其那、塞思黑；二是铲除由于权重而日渐跋扈以致威胁皇权的重臣，如年羹尧、隆科多。雍正帝在处理这些案子时，一律加上"朋党"的罪名，往往是打击一片，整倒一群。查嗣庭便属于隆科多的"朋党"。

雍正帝为稳固帝位，打击"朋党"的态度是十分明确的。雍正四年九月二十六日查嗣庭被革职拿问时，雍正帝对群臣说："查嗣庭向来趋附隆科多，隆科多曾经荐举。"这样一说，就把为什么要罗织查嗣庭文字之罪的原因点破了。原来，隆科多是雍正帝要打击朋党集团的一个主要目标。在隆科多的党羽中首先清算一个知名度很高的逆党查嗣庭，才可以先声夺人，为最后解决隆党作舆论准备。`

隆科多的姐姐，就是雍正帝的嫡母孝懿皇后。当年，雍正帝能够登上皇帝宝座，隆科多功劳最大。据载，当康熙帝死去之时，京城九门关闭，形势险恶异常，隆科多当时任京师九门提督，相当于北京卫戍司令，没有他的鼎力保驾，雍正帝很难坐上金銮殿。相传，康熙帝弥留之际，承旨传位的大臣只有隆科多一人，康熙帝既已死无对证，帝位传给谁，只能是隆科多一语定乾坤。雍正帝后来指责隆科多"贪诈负恩，揽权树党，擅作威福"。但外间却传，正是因为隆科多知道雍正帝继位的老底，才被杀人灭口的。而查嗣庭试题案，正是雍正帝要大兴隆科多之狱的整个政治斗争棋局中蓄意要下的一步，是除掉隆科多朋党的一个突破口。

四、查嗣庭全案的审查清理

查嗣庭既然已被雍正帝列入隆科多的朋党范围之内，他的厄运必将随着清算隆科多集团而来临。雍正三年至四年，是大规模整治年羹尧、隆科多两大朋党的关键时期，查嗣庭也就在这时以试题为导火索受到追究审查。

相传，查嗣庭为人做事都十分谨慎缜密。他的书法极精，朝野闻名，但从不轻易示人，更谈不到有什么大部头作品刊刻流传。因此，要从文字著述中来找他"心蓄异志"是相当困难的。但话又说回来，欲加之罪，何患无辞。机会终于来了！

雍正四年九月乡试完毕，雍正帝着重查看江西乡试录，反复推敲，终于发现查嗣庭所出的试题"悖谬乖张""有意咒诅"，认为有文章可做，但又觉得只靠试题问罪不足以服众。雍正帝推想，查嗣庭平日不可能没有文字，于是下令抄家，果然发现了细字密写的两本日记，以及请托营求、科场关节等方面的书札文字。雍正帝看后拍案而起，立即召见内阁大学士、九卿等朝中重臣并翰林、詹事、科道诸官，向他们宣布查嗣庭所出试题悖逆怨望、所写日记对康熙朝政大肆毁谤，以及诌附隆科多、夤（yín，攀附）缘请托等罪状，谕令将查嗣庭革职拿问，交三法司（即刑部、都察院、大理寺）严审定拟。

在雍正帝看来，试题不过是给查嗣庭治罪的由头，而白纸黑字的日记，才是足以令人信服而有分量的罪证，所以雍正称之为"种种悖逆实迹"。按雍正帝的说法，查嗣庭的罪状，除了试题有"心怀怨望，讥刺时事"的意思之外，主要是日记中有几处"大不敬"。譬如，日记中在述说康熙帝"升遐"（皇帝去世的讳语）一事之后数行，便有查嗣庭本人"腹泄大发"的内容；在记述雍正年间几次重要朝会活动的地方，查嗣庭同时写有"狂风大作"等灾异天象。有了这么一大堆属于十恶不赦的"大不敬"之罪，查嗣庭也就被打入了大牢。

紧接着，对查嗣庭一案的全面审查便紧锣密鼓地展开了。可是，案子还没有结，在雍正五年的四月，查嗣庭本人及其长子查克上，已先后死在刑部的大狱之中。

查嗣庭的案子，是雍正帝亲手制造的；查嗣庭的罪名，也是雍正帝钦定的。查嗣庭最终定罪为"大逆不道"，具体内容包括三个方面：一是对康熙朝政"立心造谤，肆行怨诽"；二是对雍正帝"妄悖不敬，怨讪诅咒"；三是"夤缘贪黩，私通关节"。雍正五年五月初七日，雍正帝颁布结案谕旨：查嗣庭戮尸枭示。对已死在狱中的查嗣庭虽然不能活着正法，但仍要将一具僵尸砍头戳烂。查嗣庭成为雍正王朝政治斗争的牺牲品。

作者简介

李国荣，男，1961年生，辽宁建平人。中国第一历史档案馆原副馆长、研究馆员，清代宫廷史研究会秘书长。国家社科基金项目评审专家，国家出版基金评审专家，全国优秀社会科学普及专家，国家级档案专家。主要著作有《清朝十大科场案》《实说雍正》《帝王与佛教》等。

雍正朝粮食安全政策与措施探析

王志明

清朝在康熙帝平定"三藩"之后，大规模的战乱基本结束，人口持续增长，雍正朝（1723—1735）人地矛盾已见端倪，粮食供给不如以前充裕，而且康熙末年官仓亏空严重，使粮食安全问题更显要。为保障粮食供给，雍正朝采取了一系列举措，其中最突出的是严厉整饬粮仓亏空，积极垦荒、屯田，并试图在直隶地区种植水稻。同时狠抓粮食运输、调控粮价，加强粮仓建设与管理，兴修水利，减免地丁银，提倡务农风尚等等，这一系列政策和措施整体上行之有效，为"康乾盛世"的粮食安全奠定了基础。学术界关于雍正朝粮食安全的政策与措施方面，如整顿粮食亏空、营田水利等论述成果较多，见文中引述，但整体考察雍正朝粮食安全的论文未见，本文试图在以前学者研究的基础上，对雍正朝粮食安全的概貌进行探析，并放在康雍乾大时代中加以观察。

一、整饬常平仓亏空

清代粮食储备的主体是由官府掌控的常平仓，有备荒、平抑谷价等多种功能，是影响粮食安全的核心要素。康熙末年以来，地丁银和常平仓亏空的现象很普遍，是雍正帝即位后整饬的重点，而整饬粮仓亏空比整饬地丁银亏空难度更大，粮仓亏空情形更复杂。雍正朝整饬常平仓最彻底的省份是福建，其次是直隶和江西，而山东的整饬则为时最早。

盘查福建常平仓亏空发生在雍正四年至五年。福建田少人稠，需要江西和广东潮州府以及本省台湾府的粮食接济。由于遭水灾歉收，雍正四年福建粮食供应紧张，在省城福州还出现了强买粮食事件，粮仓亏空暴露无遗。雍正帝一面从江西和江淮一带火速运粮往福建平粜（tiào，荒年用平价出售积粟），甚至还在江苏截留 10 万石（一般而言，清代 1 石稻约相当于 130 斤至 140 斤。粮食比重不同，1 石的斤两有别。1 石 = 10 斗）漕米抄海运近道赴闽，一面在福建省全面整饬粮仓与吏治。

雍正初年，福建全省常平仓应贮米谷数在 170 万石上下，能应对一般粮荒。但据雍正帝得到的密报，福建粮仓亏空率高达 60%—70%。以往盘查仓谷的官员索要"规礼"，下属行贿后可免查。为打破关系和利益链，雍正帝特委心腹沈廷正为福建布政使，后又调宠臣杨文乾为特使到福建，府州县长官也得调离，一改上下包庇的局面。盘查工作雷厉风行，杨文乾在雍正五年十二月初即向雍正帝报告了清查结果：实贮谷 931760 石，尚未买补谷 506611 石，民欠谷 77546 石。亏空率低于先期密报，是因为盘查时地方官员又尽力调谷补仓。在查清亏空后，当然要按规追补仓廪。州县官凡涉仓库亏空者一律革职，福建州官情况尚好，仓库无亏的县令仅剩下 10 余员，可见盘查的同时也对地方官进行了重新洗牌（王志明《雍正帝整饬福建粮仓与吏治》）。

直隶地近京师，粮食安全的影响更大，不过整饬直隶粮仓亏空更多带有权力斗争色彩。直隶总督李维钧因与年羹尧关系密切，于雍正三年八月被革职，署直隶总督蔡珽及时揭发清苑县粮仓颗粒无存，这使雍正帝认识到直隶粮食危机。该年直隶因水灾粮食欠收，粮价攀高，雍正帝特许在天津调拨漕米 3 万石，又调拨通州仓库运次等米 10 万石往直隶平粜（lài）。李绂于雍正四年五月继任直隶总督，不愿彻底盘查，想息事宁人，借出粜仓谷掩饰亏空，因常平仓本有存七粜三的规定，为雍正帝所制止。雍正帝不准出粜，原封不动仓粮，火速派特使清查。直隶 8 府 42 州县粮仓亏空，其州县长官一律解任，由皇帝直接派人接管。解任官员必须在一年内弥补本人亏空粮食，清还之后另行补用。盘查福清粮仓时是将州县官互相调开，而查直隶时直接就将州县官解任，可能是因为这些官员有不少是"年党"李维钧提拔的，解任另补也就彻底消除了李维钧的影响。而且直隶亏空的程度也未见具体的数字，估计没有福建亏空的程度大（刘凤云《雍正朝清理地方钱粮亏空——兼论官僚政治中的利益关系》）。

江西省常平仓的亏空率在 30% 上下，远低于福建。据署江西巡抚、吏部侍郎迈柱雍正四年十二月奏报，江西常平仓谷总数应为 1148561 石，实储谷 756096 石。江西仓谷盘查主要是借鉴直隶省的经验，停止"存七粜三"，以杜绝遮掩，因为江西的亏空率不过 30%，借口"粜三"未补就掩饰亏空了。另一方面，凡是查仓的州县，地方官也全部停职（雍正《朱批谕旨》）。

盘查常平仓亏空最典型的案例是福建、直隶和江西，其实山东省常平仓谷亏空也为数不少，只是案发时间早，雍正帝刚即位时便查处，为政局稳定，处理低调。据山东巡抚黄炳雍正元年正月的奏报，山东各府州县仓谷共亏空 90 余万石，雍正帝命亏空侵蚀各官在三年内赔补完。山东亏空的主要特点是捐监买谷储仓数量大，侵蚀者多。雍正元年曾告诫凡亏空仓谷的官员都必须在三年内补足，否则查实严惩不贷，因而雍正三年以后的盘查带有打击顶风作案的性质（《雍正上谕内阁》），直隶、江西、福建仓谷的盘查都是在三年以后开始的，故而整饬力度大。有些省份虽然粮仓库存不多，如雍正三年湖广省仓储只有数十万石，但未见揭发亏空问题，只需规划储存量即可（《清世宗实录》）。可能因为这些省区产粮多，没有潜在的粮食危机，查处的力度小。

为防止粮食亏空，雍正朝还规定盘查仓谷常态化，同时杜绝新任官员接受亏空仓谷，对亏空粮仓者惩罚也更严。

二、垦辟田亩与直隶营田

开垦田亩、扩大耕种面积是解决粮食安全的重要手段。雍正帝很重视开垦，莅位后即诏令禁止官吏盘剥垦荒者，免征、少征开荒地地丁银，并将开垦面积与地方官政绩联系起来。康熙朝大的战乱结束以后，可开垦的荒地大多已经利用。何凡能等人认为康熙朝的垦荒是以恢复因战乱而凋敝的农业生产为主要目的，雍正朝是处于从恢复农业生产向解决"人多地少"矛盾方向转化的过渡期，而乾隆朝则是以解决"穷民资生"问题为目的，基本反映了清前期垦荒的主要特征（何凡能、戴君虎、葛全胜《从康雍乾垦殖政策看中国清前期垦荒发展趋势》）。

雍正时期因垦荒有功而得到提升的官员不乏其例，河南巡抚田文镜的开垦政绩即深受雍正帝的赞赏，其继任者王士俊在落实垦荒政策时更是不遗余力，引发了不少累民苛政。雍正朝大多内地省份的"荒地"已经十分有限，不少地方出现了多报垦荒田地以骗取政绩的现象。如安徽宿松县根本无荒地可垦，雍正六年该县知县虚报垦荒42顷45亩（清代1顷＝100亩。但亩有大亩、小亩之分，各地"亩"的实际算法不同），雍正九年的县令刘泰又虚报1顷94亩。这些虚报的地亩税（地丁银）必然会摊派到该地方的田亩，增加百姓负担（第一历史档案馆藏《户部抄档：地丁题本·安徽（三）》）。雍正十二年户部复查垦荒地亩，汇报说有些地方开山造田，石多土薄，耕种一两年即荒废。有的在河湖岸边造田，常常被湮没。那些谎报开垦地亩免除钱粮，相关官员也须追加处罚。

雍正朝内地增加垦种田亩有限，主要是向不易垦种的生荒地拓垦，如江浙、湖广等南方省区的河湖滩地以及盐碱贫瘠地，多为山头地角。稍具规模化的开垦主要是在东南海疆岛屿、西南苗疆、西北边疆等少数民族地区。东南沿海及岛屿的垦殖事例比较著名的，是雍正五年至六年间开垦浙江温州府"孤悬海外"的玉环山，前后垦田94420余亩。雍正朝后期还选派山东、河南农民前往广东高、雷、廉、琼等州教耕垦种。"改土归流"以后，云南、贵州二省为主体的西南苗疆少数民族聚集区的耕地拓展较大（何凡能、戴君虎、葛全胜《从康雍乾垦殖政策看中国清前期垦荒发展趋势》）。

四川苗族地区的开垦是雍正朝规模最大的拓殖运动，是清初"湖广填四川"的延续。据四川巡抚宪德的奏疏，一丁可耕15亩以上水田，可见土地较富余。雍正六年皇帝声称，甘肃宁夏府一带可耕地约2万顷，可招2万垦户，每户授田百亩，这是最高的授田标准（《清朝文献通考》）。

西北边疆的垦种，对缓解西北用兵军粮和加强塞防皆有积极意义。西北主要以屯田形式开垦，因事涉国防，以军需银两开销，屯垦的资助条件优厚。蒙古和新疆地区，如归化城土默特、哈密、巴里坤、乌鲁木齐等地，屯田成效显著。在宁夏地区水利条件好的地方，垦荒也卓有成效，因农垦的发展，清政府分别于雍正五年、七年新设新渠、宝丰二县。

雍正朝大张旗鼓推行垦荒政策，其效果有限。史志宏根据各类官书的统计资料分析，认为全国耕地面积自康熙六十一年

（1722）至雍正十二年，增长不到 5%（史志宏《十九世纪上半期的中国耕地面积再估计》）。人口的增长超过耕地增长的速度，人均耕地面积实际上减少了。王业建的研究表明，雍正二年全国土地 684 万顷，人口 2528 万，人均 0.271 顷。雍正十二年全国土地 692 万顷，人口 2642 万，人均 0.262 顷（王业建、全汉升《清雍正年间（1723—1735）的米价》）。但王业建统计的人口实际上是丁口，一般认为实际人口数是丁口的 4 倍或 5 倍（周全霞《清代康雍乾时期的民食安全研究》），以 1 丁 4 口计，则雍正二年人均耕地 6.8 亩，雍正十二年人均 6.6 亩，1 丁 5 口计则分别是 5.4 亩、5.3 亩。但史志宏的研究人均耕地少于此数，史志宏认为雍正二年耕地 9.97 亿亩，人口 2.02 亿，人均耕地 4.94 亩（史志宏《清代农业生产指标的估计》）。根据贝克、吴慧、周全霞等人的看法，除生产成本外，清代约 4 亩地能供 1 人之食，但山地和贫瘠地的供养能力就差了，但总的说来雍正朝田地大约可以养活人口。雍正帝在二年说："数十年来户口日繁，而土田止有此数。非率天下农民竭力耕耘，兼收倍获，欲家室盈宁，必不可得。"这是对当时人地饱和状态的真实写照。

雍正朝在直隶地区的"水利营田"是保障京师粮食安全的重要举措。京师的米谷供应主要来自漕粮，采运成本很高，因而明代的永乐皇帝朱棣等统治者都力图在畿辅地区种植水稻，雍正朝的水利营田则是一次顶峰尝试。在北京地区种植水稻，比种麦等旱地作物单位产量要高出数倍，在没有拓荒余地的直隶，增产是农业发展的关键。而且雍正三年畿辅一带水灾严重，也坚定了雍正帝进行水利营田的决心。水利和营田是相辅相成的事，北方水少，气候干燥，土地耗水量大，种植水稻必须先要治理好河道湖泊，修渠建闸，防洪的同时，保障充足的灌溉水源。水利营田工程耗资巨大，雍正朝特开水利营田专项捐纳，此项捐纳的数额仅

次于军需，为雍正朝第二项重要捐纳事项，估计所得捐款约为
200 万两白银。除捐纳外，还有其他拨款，可见耗资之巨。营田
主要是官办，同时也支持民间营田，自雍正五年至七年，共营建
水田 60 多万亩。

直隶地区的水利营田也取得一些效果，如不少河渠得到有效
整治，减少了洪灾和旱灾对农业生产的破坏作用。这一时期水稻
的广泛种植也提高了粮食产量，虽然稻谷产量没有南方高，但保
守估计 60 多万亩水田也可收获 240 万石稻谷。如果这些稻谷部分
进入京通各仓，对缓解漕运压力有一定帮助，漕运粮食总量一般
在 400 万石。但总的来说直隶营田是失败的。花费数百万两白银
和大量人力物力取得这些成果，实在得不偿失。由于北方水少，
土壤疏松，很难蓄水造田，水库和池塘也很难修建，仅靠河渠灌
溉，在上下游不能同时满足大片水田需水。特别是雍正九年大旱
后，水田几乎无法耕种，大多改回旱地。雍正八年怡亲王去世
后，水利营田也就慢慢人亡政息了。乾隆帝即位后，纠正营田弊
端，不再出动国家力量经营，而是听由民便，这样除了少数水利
条件好的地方外，所营之田基本都改为旱地（成燕《清代雍正时
期的京畿水利营田》）。

三、加强粮食仓储、调运与价格管理

清代主要仓储为畿辅地区的京仓、通仓，各地方主要为常平
仓，社仓和义仓也有辅助作用。此外，还有内仓、旗仓、水次仓
等专门性的仓储，针对性强。京仓、通仓所储存的粮食由江苏、
浙江、江西、安徽、湖北、湖南、山东和河南 8 省供给，由长江
和运河运抵京城和通州，称为"漕粮"。京、通各仓供应驻京八
旗和王公百官，对政治安全的影响最大，朝廷十分重视，因而京

通仓粮食一向充足，在雍正初年各地常平仓亏空较为严重时，京仓也不缺米谷，雍正三年还增加了京官的粮食供应量（《清世宗实录》）。雍正帝十分重视对京通仓的监管，曾于雍正五年特遣大臣查看，结果发现"各处仓廒屋瓦渗漏、墙壁损坏者十居八九"，达929座，所贮米石潮湿霉烂。雍正帝将仓场侍郎等相关管理者全部革职并赔补损失的数十万石粮食，加强监管力度。因京仓储量增大，雍正六年又建仓廒171座收贮新粮。

常平仓经严厉整饬，雍正五年以后逐渐充盈，乾隆帝刚继位时说各省常平仓"雍正年间旧额"总计为3370万石（《清史稿》）。各省仓谷的储量，是以人口、粮产量、运输储存条件、战争等各种因素决定的。雍正朝常平仓储量较为充足，对平抑粮价发挥了积极作用，有效缓解了荒年的粮食危机。乾隆初年常平仓储量一度高达4、5千万石，助长了粮价的上涨，乾隆十三年（1748）又参照雍正朝的储量回调（陈桦《清代防灾减灾的政策与措施》），可见雍正朝的储量较为合理，粮食储备标准（储备量占总消费量之比）较高。周全霞认为雍正二年、乾隆十二年、乾隆四十一年粮食储备标准分别为9.3%、6.4%、5.2%。今天粮食国际储备标准是17%—18%，我国长期为50%，2003年调整为30%左右。以此标准衡量，清代粮食储备标准很低（周全霞《清康雍乾时期粮食储备规模与粮食安全》）。

常平仓以外，社仓、义仓是各地较为重要的补充仓储形式。常平仓基本设在中心城镇，义仓、社仓多设在乡镇，便于及时赈济。雍正很重视社仓，各地方多虚报冒功，雍正四年官方盘查时发现，奉行最积极的湖广总督杨宗仁原报两湖社仓贮谷80余万石，实贮仅166000余石，当年遭受水灾的各州县皆无社仓存粮。江西原报社仓谷127800余石，实贮72400余石。有些地方则将社仓办成常平仓，如山东省社仓建设不得力，巡抚竟然在自己衙门地方建立社仓 120 间，规定士民捐谷，由附郭历城县管理。福建省高级官员甚至自己捐俸建社仓。大多省份的社仓更是形同虚设，贮谷量大多只有数万石。

河南、陕西二省社仓建设成效较好。雍正元年至三年，河南官民共捐社仓谷麦 19700 石，连皇帝都不相信成绩如此显著，到雍正十二年，河南社仓所捐谷、麦、豆、高粱达 361900 石。这其中难免存在强捐勒派的情形，是河南巡抚田文镜苛下奉上的体现。陕西社仓谷本在雍正初年不过 1 万石，雍正七年皇帝甚至考虑动用正项钱粮办社仓，陕甘总督岳钟琪认为这样做无异于常平仓，奏请以火耗银买谷建仓，到雍正十二年陕西社仓贮谷已达 658600 石，冠居全国。陕西社仓以火耗银为本，官督民营，但胥吏侵蚀严重，在严加监督后方勉强维持。西北地区运粮困难，灾害又多，社仓为缓解灾年粮荒发挥了积极作用。总体看来，雍正朝的社仓建设成效有限（赵新安《雍正朝的社仓建设》）。

义仓在雍正之前定位不明确，自雍正四年盐义仓出现后，义仓之名始多见于资料。雍正四年正月，两淮盐商公捐 24 万两银，加上两淮巡盐御史噶尔泰名下应得银 6 万两，共 30 万两银，于扬州造仓贮米谷，赐名盐义仓，由盐商经理。此后两浙盐商也捐建义仓。于是在扬州、泰州、通州、如皋、盐城、海州、板浦附近灶户集中地方便出现了盐义仓，以解灾年贫困灶户缓急。据乾隆九年的记载，这类盐义仓额定存谷 627600 石。乾隆朝盐义仓又有所推广。李汾阳认为，乾隆朝出现义仓的称呼较多，是因为社仓在雍正朝并不成功，企图以义仓替代社仓，此后义仓、社仓之名便多见了（李汾阳《清代仓储研究》、张岩《清代盐义仓》）。至于有些家族的仓谷救济族人，一般也广称义仓。

粮食运输是仓储供给、赈灾、平抑粮价的重要保障。雍正朝粮食运输主要依赖长江水系（四川、两湖、江西、安徽粮食外运）、运河（漕粮以及其他北上调运的粮食、北方豆类的南运）、海运（奉天粮食运往山东和直隶、台湾粮食运往福建、东南亚进口粮食年约30—40万石）、珠江水系（两湖、江西等地运往广东等地），诸多内河湖泊也发挥了辅助作用（郭松义《清代粮食市场和商品粮数量的估测》）。粮食运输的原则是产粮多的地方运往缺粮地方，价低的地方运往价高的地方。人均耕地面积是粮价高低、衡量产粮是否充裕的重要指标。据官方数据测算，雍正朝南方各省人均耕地面积顺序为湖北（人均30亩）、湖南（人均22.8亩）、四川（人均12.8亩）、贵州（人均12.5亩）、云南（人均10亩）、广西（人均10亩）、江苏（人均6.4亩）、安徽（人均6.1亩）、广东（人均5.9亩）、江西（人均5.5亩）、浙江（人均4.2亩）、福建（人均2.3亩）（《清雍正年间（1723—1735）的米价》）。总体而言，人均土地多的地方粮多价廉，粮食输出较多，反之则输入较多，如福建的粮食主要依赖外省和台湾。但也有复杂的情形：广东的田亩有不少种烟叶、龙眼等经济作物，因种粮面积少也推高了粮价，粮食需求量不亚于闽浙；苏州、杭州、广东等人口密集地方粮价居高；两湖产粮大省的粮价比西南地区略高，是因为汉口是重要粮食外运地，长江水道源源输出米谷，因外运需求推高了粮价。湖北的人均耕地面积不少，但为什么不像湖南、江西那样成为粮食输出大省呢？这可能与土地的肥沃程度、亩产量、人口密度等因素有关。王业建总结雍正朝南方地区稻米供需情况为：东南沿海米谷最缺乏；湖广、江西、四川多膏腴之地，为粮食输出大省；广西人少，所产粮食尚可接济广东；江苏太湖流域产米丰富，但人口稠密，米谷仍供不应求；台湾官方每年碾米83000余石运济福建。与此呼应，王业建研究十八世纪中国粮食运输时又总结说：从直隶到广东的沿海省份粮食不能自给；边疆地区的甘肃、云南、贵州大致自给；内地省份除湖北、山西缺粮外，粮食都比较充裕，尤其是四川、湖南、江西、安徽有大量余量输出；辽东半岛的大豆高粱运销关内和沿海各省。十八世纪的粮食运输特点在世纪初的雍正朝也有不少体现。由于粮食生产、仓储、运输等方面的积极政策，雍正朝米价虽有季节性变动，秋收时米价不高，青黄不接时米价贵，但长期趋势很稳定，没有长期上升或下降的趋势，说明雍正朝粮食有基本保障（王业建《十八世纪中国粮食供需考察》）。

粮价事关民生，清代皇帝十分关注，地方官时常向皇帝报告当地的气候和粮价。对哄抬粮价的行为，雍正帝严惩不贷。漕粮在平抑粮价、及时赈济方面也发挥了积极作用，这就是截漕行为。漕粮运输是受国家力量严格控制的，运送成本（特别是运河维护成本）极高。因为漕粮很充足，组织和调运高效，利用漕粮赈济沿途及附近州县、发赉（lài）平籴效果好。这类截漕数量有时高达数十万石，山东和江南一带发生较大粮荒时漕粮往往能及时抵达，巨大数额的漕粮对稳定局部地区的粮价作用显著。漕粮最终归到京通仓，京通仓对平抑畿辅地区的粮价也发挥了积极作用。

四、兴修水利、蠲免钱粮、保举老农等利农政策

这类事项分述如下：其一，兴修水利，减少洪旱灾害，是粮食生产的重要保障。清代水利最重要的为黄河、运河以及江浙海塘水利工程，其中对农业生产影响最大的为黄河和海塘工程。黄河洪灾最为严重，影响范围最广。康熙朝后期河政衰败，黄河泛滥较多，雍正初年受其影响黄河水患也不少。雍正朝大力治理，雍正五年至十三年黄河基本没有再决口成灾（曹松林、郑林华《雍正朝河政述论》）。江浙海塘工程直接影响江南广大地区的粮

食生产。江浙海塘由常熟、上海到杭州，全长约 400 余公里，潮灾和台风多。雍正朝海塘工程中比较著名的是华亭石塘。海宁塘耗资最大，雍正朝整修共用 420 余万两白银（王大学《皇权、景观与雍正朝的江南海塘工程》）。黄河、海塘主要水利工程外，其他如直隶水利营田、西北边疆引水开垦等等水利建设项目亦为数众多。据郑林华估计，雍正朝每年的河费总数约为 120—130 万两银（郑林华《雍正朝河政经费研究》）。

其二，减免田赋是提高农业再生产能力的重要政策。康、雍、乾时期大量蠲免田赋（即"钱粮"、地丁银），是传统"轻徭薄赋"思想的体现，对恢复和发展农业生产有一定的促进作用。蠲免使地主和自耕农直接受益，对佃农的减租也有促进作用。雍正朝是蠲免幅度较大的时期，遭受自然灾害地区、新开垦的地亩都在不同程度上免除钱粮，这类记录不胜枚举。雍正朝蠲免的一个重要特点是大规模核查后蠲免"民欠"。如明清时期江南钱粮偏重，积欠问题由来已久，顺治朝以拖欠钱粮为由将苏州、松江、常州、镇江诸府及江宁府溧阳县 13500 人革除功名，此即"江南奏销案"。康熙朝后期钱粮征收较前稍宽，但拖欠日益严重，自康熙五十一年（1712）到雍正元年，江苏一省积欠达 881 万余两，加上雍正二年应征额银，总数达 1234 万两，为全国拖欠最多省份。经雍正三年、七年两次清查，雍正九年底全面清查基本结束，查出康熙五十一年至雍正四年共积欠 1000 万余两，其中"侵蚀包揽" 470 万余两，"实在民欠" 530 万余两，即"官欠"约占总数的 47%，"民欠"约占 53%。雍正对"民欠"分作 20 年带征，每年还一部分，手段缓和，不像奏销案那样进行政治打击，雍正三年还减免苏松二府征收定额银 45 万两，这样江南积欠问题就得到了较为妥善的解决，有益于江南社会的稳定和生产发展。乾隆即位当年，即下诏将雍正十二年以前江南民欠钱粮概予宽免，不久又宽免了官侵部分（范金民《清代江南钱粮奏销与清查》）。雍正对福建的民欠钱粮蠲免较江苏更慷慨。杨文乾在清查福建粮仓时，还清理了福建省拖欠地丁银两的数目：康熙五十五年起至雍正四年止，共未完地丁银 434488 两，其中属于官方亏空的为 10357 两，已督催民欠银 66494 两，历年未完民欠银 367993 两，民欠占亏空地丁银的绝大部分。雍正六年，皇帝全部蠲免福建省的民欠（雍正《朱批谕旨》）。据笔者对《清实录》的统计，雍正朝至少蠲免正项钱粮 1000 万两以上，这还不包括灾害蠲免、开荒蠲免、边地蠲免等等情况。

其三，鼓励粮食进口，禁止粮食出口和酿酒。康熙六十一年，允许暹罗国（今泰国）运 30 万石米到福建、广东、宁波等处贩卖，并免船税。雍正二年规定暹罗米照广东时价出售，但后来又暂停进口暹罗米石，雍正六年又允许进口（吴建新《清代广东粮食政策述略》）。严禁粮食出口，但周边国家在灾年得到中国皇帝特许。在灾年粮食紧张时，禁止酿酒。雍正四年直隶水灾，禁盛京及口外地方酿酒，严查"内地人等出口烧锅"。

其四，保举老农、举行祈谷和耕籍礼，提倡重农风尚。"老农"本是对勤奋劳作农民的一种荣誉。"老"是尊称，并非指年老者（王跃生《清代老年人口政策》）。雍正元年"恩诏农民有勤于耕种务本力作者，令地方官不时加奖，以示鼓励。是岁又奉谕旨劝课农事，于每乡中择一、二老农之勤劳作苦者，优其奖赏"（《清朝文献通考》卷 23《职役考三》）。雍正二年令州县岁举一人为"老农"，给以八品顶带，但实际上各地保举数量多寡不一，数年来全国保举的数额至少在 2000 名以上。因有官品，老农在地方社会就产生了一定的政治影响，与绅士一道参加活动，出入衙门，在广西等边缘地区的老农甚至还为非作歹。因为老农的实际社会地位较高，在保举时蒙混假冒的现象就多了，一些根本不务农的人也被滥举。老农保举制度运作上负面问题多，雍正七年后改为三年一举，此后不了了之（王志明《雍正朝官僚人事探析》）。

祈谷和耕籍礼是古代皇帝重农的仪式和生产动员，雍正比顺治、康熙更重视这类仪典。雍正是很务实的皇帝，这一务虚做法一定程度上也反映了他对粮食安全的焦虑心理。祈谷礼在京南郊天坛举行，雍正除十年因重感冒未参加外，在位时每年必到，将此礼看得比朝贺还重要。雍正八年祈谷礼在正月初二（正月上辛日），与朝贺时间冲突，雍正停止元旦朝贺和筵宴，斋戒行祈谷礼。雍正朝耕籍礼未尝中断过，每年二、三月都率王公九卿到南郊先农坛致祭，而后到耕所行耕种仪式以劝农（刘桂林《雍正祈谷耕耤与"瑞谷""嘉禾"》）。

余 论

由上所述，雍正朝有关粮食安全的政策与措施最具其时代特点是清查常平仓亏空、直隶营田和在西北、西南等边地力行垦荒。其次，治理黄河和江南海塘卓有成效，粮仓管理和粮食储备、调运、平粜等工作井然有序，粮价得到较好控制。再次，大规模蠲免钱粮保护了生产积极性，保举老农以及举行祈谷、耕籍等礼节动员了全社会对农业生产的重视。总休而言，这些措施较为成功，耕地拓张虽略低于人口增长速度，但仓储充足，粮价平稳。由于粮食供给较为充足，人寿延长，老年人口增多。为粉饰盛世，雍正四年命赏赐全国 70 岁以上的老年男女人口（不含"仕宦、绅士、商贾、僧道"），得 1421625 人（《清世宗实录》），当然其中有虚报冒领的成分。据《实录》记载，该年"人丁户口"25579675 人，"永不加赋滋生人丁"811224 人，若以 1 丁等于 4 口计，则雍正四年 70 以上的人口约占 1.4%。

雍正朝粮食安全的保障，与吏治的整饬有很大的关系，如清查粮仓与整饬吏治是紧密相关的，黄河治理、粮仓管理、粮食调度等也是在较好的用人行政环境下运作的。雍正朝粮食安全有基本保障，与外在的大环境也有关联，如没有全国性的持久的战争，没有全国性的重大自然灾害等。

在粮食安全的相关政策中，也有错误和失败之处。尤其是直隶营田，动员全国之力，最后还是以失败告终。垦荒政策也有虚报苛民之处。社仓建设成效不大，保举老农政策最终异化为下层不法之徒籍此攀升的契机。这说明有些决策不科学，如直隶营田违背了北方水土习性。有些决策运作到基层会变样，如老农、社仓等，说明基层社会的运作需要依靠自组织（如家族）等自主参与方才有成效，行政干预往往行不通。这也从一个侧面反映了中国社会的特质，即国家和中央的干预力量十分强大，民间参与力量很微弱，雍正朝粮食安全主要是依靠国家力量和强大的官僚组织成就的。

雍正朝粮食安全总体有保障，但在某些边远或局部区域，粮食危机还不时显现。如在雍正末年，蒙古鄂尔多斯地方就有饥饿的蒙古族人乞讨，并典卖妻儿子女。据史贻直等人奏称，仅仅延绥镇一带的军民就买得蒙古子女 2400 余人，镇臣米国正率先买了 5 口。由于局部地区没有应对好粮食危机，也还存在抢粮、抗税的现象。如雍正二年，江苏太仓州大旱，赈济米被知州伙同胥吏非法占有，遭数千人哄抢（民国《太仓州志》）；雍正四年四五月，汀州府饥民在永定县抢夺粮船（转引自《康雍乾时期城乡人民反抗斗争资料（上）》）；雍正五年，直隶良乡驻防兵丁到县衙殴打知县索米（《雍正起居注册》）。

从康雍乾大时段看，雍正朝的粮食安全举措是对康熙以来政策的延续，但整饬、刷新和改革的力度较大。如黄河水利工程，由于严格管理整饬贪腐，取得了有清一代最好的防治效果。粮仓亏空问题得到很好解决，也与整饬相关联。由于管控有力，有清一代雍正朝粮价波动最小。雍正朝也有急功近利的"试错"行为，如直隶营田、垦荒政策过激等，在乾隆朝都得到适当纠正。雍正朝较好的粮食安全政策也为乾隆朝所延续，如社仓、义仓持续发展，缓征钱粮的办法、粮仓的监管政策等。雍正朝最大的特点是吏治振兴，国家力量加强，这为乾隆朝粮食安全和各项事业的发展奠定了重要根基。蠲免和垦荒政策在康雍乾时期一以贯之，但拓荒的空间变狭，而人口不断增长，气候有所恶化，大的水旱灾害在乾隆后期增多，加上吏治腐败，乾隆后期粮价飞涨，粮食危机日渐严重。

名词解释

常平仓：清代最常见、最普通的官仓，具有平粜、赈恤的功能。各直省州县，以及各地驻防军队的卫、所，都设有常平仓。在一般年景下，常平仓的基本作用是适时粜籴，调节平抑粮价，以稳定农业生产和人民生活。常平仓于秋获时买进新粮，刺激粮价适度上涨，而于次年春夏时将存粮卖出，平抑粮价。常平仓每年粜籴并不是全出全进，而是"存七粜三"。

社仓：清代社仓设于乡村中，由村人自行管理，属于民办性质，与常平等官仓有严格区别。兼具平粜、赈济功能。

义仓：设于市镇，民办。

水次仓：靠近运河以接运漕粮的粮仓。

作者简介

王志明，男，1964年生，安徽枞阳人。历史学博士，上海财经大学马克思主义学院教授。研究方向主要为清代政治制度史。著有《雍正朝官僚制度研究》《清代职官人事研究——基于引见官员履历档案的考证分析》《清代乡居进士与官府交往活动研究》等。

"三年准调、五年准升"之例：清代外官久任制度考论

张振国

在清代历史上，长期存在着京外地方官员更调频繁、官不久任的问题。为此，统治阶级相继采取了不少办法，试图解决这一问题。其中，"三年准调、五年准升"之例，就是清代诸多制度中最有影响的一项。具体规定为，凡地方官员，须任职满一定期限（历俸），才能升调迁转。平级调动者，须历俸满三年以上；由低向高迁升者，须历俸满五年以上。本文以中国第一历史档案馆所藏档案为主，并结合其他文献资料，全面探讨"三年准调、五年准升"之例制订的背景、内容、局限及修改的过程、结果，分析其执行效果及原因，以期更好地了解清代官僚体制的问题。

一、制订的背景

官员更替频繁，从清入关之初就开始存在，并引起朝臣和最高统治者的重视。顺治元年（1644），顺天巡抚宋权鉴于地方官员更替频繁，奏请应于各省实行"久任考成之法"。五年，清世祖谕吏部等衙门："督抚、总兵受封疆重寄，惟久任乃能成功，不得以细故轻更，致误地方。至道、府、州、县一应满汉官员，

必三年考满，方许升迁。"但因政局动荡，效果并不明显，官员仍轻于变更。顺治十三年，左副都御史魏裔介奏请宜令知府久于其任。十八年，魏氏又奏司道（见文末名词解释）大员久任之法："除拏解逃人及漕粮足额题有定例，此外非历俸三年不与迁转，庶久任在职，谙练民事。"吏部"议如所请"，奉旨"从之"。臣僚奏请官员久任，吏部议准久任疏言，皇帝颁布久任谕旨，既体现君臣对官员久任重要性的认识一致，亦说明清初官员更替频繁、未能久任。这一现象，在清初主要源于政局动荡、人心不稳。从康熙朝中期开始，官不久任则主要与铨法的变更有关。

清初，外官道府以下均由吏部选任，每月一次，掣签补授。这在一定程度上杜绝了选官过程中的暗箱操作和请托之弊，保证了选任的公平和便捷。但将人和缺的结合完全寄托于抽签者的运气，而不是根据官缺的实际状况和职务特点，为其选拔合适的人才，显然违背了量才授职的基本原则，不利于地方治理。为兼顾选任的公平性和适宜性，康熙朝中期以降，清廷开始尝试根据官缺的不同特性，对部分道、府、厅、州、县及所属佐杂官的选任方式进行调整。最初是将一些特殊地区或具有特殊职掌的官缺，诸如"烟瘴缺""苗疆缺""海疆缺""沿河缺""管河缺"等，定为"题缺"或"调缺"，改由各该督抚于属员中拣选谙练之人，具题补授。雍正七年（1729），清世宗谕令各省，将佐杂各缺中职掌紧要者查明具奏，遇有缺出，亦改由地方督抚拣选属员，"题请调补"（中国第一历史档案馆编《雍正朝内阁六科史书·吏科》）。雍正九年，又在金鉷条奏的基础上，确立了"冲繁疲难"制度，根据官缺所占"冲""繁""疲""难"四项之多寡，将道、府、厅、州、县分为五等，除二项、一项和无项者仍由吏部月选外，四项、三项者，道员和知府，由吏部开列名单，请旨钦定；同知、通判、知州、知县，由各该督抚拣选属员，具题调补。这样，题调缺的范围就从部分特殊官缺扩展至外省道府以下繁要官缺。相对于月选缺是由在京吏部负责而言，题调缺均由外省督抚选任，故又谓之"外补"。

外补制度的订立，确实起到了为要缺择人、利于地方治理的目的，但在执行过程中也暴露出一些问题。首先，开启了吏治败坏之门。外补制度将属员的升任大权授予督抚，督抚在题升调补时，或非"出于至公"，调剂私人，败坏铨法；或以"一己之好尚"，保题任其喜怒，易启属员迎合之弊（《清高宗实录》）。而属员"以己之进退在督抚"，或曲引旁通，冀望分发、效力、试用，以图尽快录用；或揣摩逢迎，希图预保、借补、超擢，"开种种进用之端"（朱批奏折，乾隆五年六月初九日《陈其凝奏为整饬吏治请敕部更定保题铨选之法事》）。其次，破坏了按资排序之法。清制规定，凡官员迁调，均以阶序和资历为准，佐贰升知县，知县升同知、通判、知州，进而升知府、司道，无不有序阶和资格限制。而外补制度订立后，各省皆有外补之缺，"缺出之时，不得不就本省人员拣选升调"，"到任或半年，或一二年，即可越次擢用"，而"升调所遗之缺，又复辗转需人。是以每一缺出，前擢后推，此更彼调，以致属员不能久于其任"（朱批奏折，乾隆十三年十二月二十六日《张廷玉奏为遵旨酌定守令久任之例以收吏治事》）。

"官不久任，则无固志；无固志，则无实心；无实心，则施之政事，皆因仍苟且之"（汪铋《遵奉钦依条陈时政疏》）。这样一来，原本就近择才之良法渐被频繁更动造成的恶果消磨殆尽。于是，官员们纷纷上奏，或提议完善外补制度，规范督抚的选任权限和行为；或建议制定连带责任，追究督抚所举非人之责；更有人奏请取消外补制度，将官缺尽归部选。与此同时，清高宗对官不久任现象亦深有感触。如雍正十三年，高宗即位不久就戒谕督抚："近见道、府、州、县员缺，督抚多题请更调，有二三岁而更，或一岁而更者，如此则虽有循良，不能从容展布，民何由被其休泽？"指出频繁更调的危害，予以警告。乾隆八年（1743）再谕群臣："朕君临天下，勤求治理，小民生养之源，无日不为深计。而劝谕之术，尤在久道化成。""虽朝廷用人量才审器，必酌人地之宜，自不能一无更调，而欲吏与民相接，俾气协而情通，究以久任为常法。"明确提出官员久任之理念。

不过，这两次上谕仅停留在警告和理论层面，"未定有成例俾得遵循，是以未见实效"（朱批奏折，乾隆十三年十二月二十六日《张廷玉奏为遵旨酌定守令久任之例以收吏治事》）。随着统治经验的丰富，乾隆十二年，高宗认识到从制度层面限制频繁更调的重要性和必要性，谕令制定条例，予以规范。正是这次上谕，促成"三年准调、五年准升"之例的最终出台。

高宗认为，外官更调频繁有两方面的危害。一方面，从地方治理而言，官不久任不利于移风易俗、教化安民；另一方面，就频繁更调的实际后果而言，优加升调易启官员逢迎奔竞之心，不谙实政安民之道，有碍地方治理。两方面都危害不小，非改不可。但若一味地限制其晋升之道，亦非良法。因为"荣进之念，人情不免，若非定有成规，示以奖励，则岁月淹久，必致自隳（huī，毁坏，崩毁）志气。而吏民无识，亦谓其不为上司所物色，或启疲玩之习，不足以鼓舞人才，振起治术"。因此，外省官员选任既要定以年限，令其久于其任、教化安民，又要给那些"实能为地方兴起教化、劝课农桑、兴利祛弊、发奸摘伏、阜安闾里者"以鼓励，"或予以纪录，或加级，或加衔食俸"，令存荣进之途。这样，"在恬静自守者，既得从容展布，以收绩效；即躁进之人，亦知格于成例，不致视一官为传舍。并可潜消奔竞陋习，于吏治人心不无裨益"（《清高宗实录》）。可谓一举两美。

至于"如何酌定年限，示以优叙，俾可久于其任之处"，高宗并未考虑成熟，传谕"大学士会同九卿详议具奏"（朱批奏折，乾隆十三年十二月二十六日《张廷玉奏为遵旨酌定守令久任之例以收吏治事》）。在此背景下，"三年准调、五年准升"之例迅速出台。

二、制度的确定

大学士九卿接到谕旨后，经商讨认为，酌定年限之事应分两步进行：第一步，确定题调缺的额数及分布；第二步，商定年限、优叙之法。

"冲繁疲难"制度在雍正九年确定后，因时间推移和地方形势变化，分别于雍正十二年和乾隆七年对各官缺的所属等级进行过两次大规模的调整，而在乾隆七年以后，各省"仍有陆续奏请更改者"。同一地方，同一职守，所注繁简前后互异，变化不定，足见制度未尽完善。而外补制度是年限政策的基础，前者的变化不定无疑会影响后者的制定和执行。故在酌定年限之前，大学士九卿认为，应先"通行各该督抚，将现在所定道、府、同知、通判、州、县应题应调各缺，悉心详核，逐一更正，造册奏报"，"统俟各省覆齐之日"，"再将更定各缺作何补用，并如何酌定年限，示以优叙之处，一并详悉妥议，请旨施行"（朱批奏折，乾隆十三年十二月二十六日《张廷玉奏为遵旨酌定守令久任之例以收吏治事》）。奉旨依议，并令督抚重新核查题调缺的分布及额数。

各省督抚接到谕旨后，于乾隆十三年十一月之前，陆续造册上报吏部。迨各省奏案汇齐，大学士九卿再议定限之事，并于乾隆十三年十二月二十六日，将商定结果具奏请旨。据档案记载，大学士九卿商定之内容主要有个四方面：

（一）区别题缺和调缺，分定历俸年限："应题缺出，必本任内历俸五年以上，方准拣选题升；应调缺出，亦必本任内历俸三年以上，方准拣选题调。"以五年、三年作为题缺、调缺的年限，"三年准调、五年准升"之例正式出台。

（二）无合例人员，则题请拣发："如该省一时无历俸合例之人，即于题本内声明，遵照定例，请旨拣发。""拣发"，即"拣选发往"，由吏部于候补、候选人员中拣选引见（皇帝），经钦定后发往各省补授。新例的制定，提高了候拣官员的限制条件，可能会出现拣选乏人的情况。如遇此种情形，由督抚题请，吏部拣发。

（三）鼓励久任，分别加级、加衔，予以荣升之途："嗣后知府、直隶州知州、府属知州、知县，应令该督抚每于年底细加访察，将曾经升调各员在任又满三年，才守兼优，政绩卓著，实系民心爱戴，大有益于地方者，保题到（吏）部，以贤员注册，准加一级。俟在任共满六年，果能称职，保题到部，知府加副使道衔，直隶州知州加知府衔，知州加同知衔，知县加通判衔注册，遇有应升缺出，准其即行题升。"如果说第一条规定是官员久任得以实现的前提条件，那么此条规定则是官员久任得以维持的后续保障。其鼓励官员以六年为限，三年期满加级，六年期满加衔，在保障名誉和利益的同时，又给予"即升"奖励，一举两得。

（四）遇违例处罚或吏部推升时，加衔可以顶替、折算："此等加衔注册之员，任内如有降革留任之案，例有展参者，自不准题升外，其例无展参者，原可带于新任，接算年限开复，应准其一体声明题升。如此等加衔人员，有缘事降调及开复服满候补，准即照伊加衔降调补用。若照衔降调之员，而所降之级尚在现缺以上及与现缺相当者，均毋庸令其离任，惟将所加之衔查销，庶几不失久任之意。倘该员内有卓异以及即升俸深者，遇应升月分，仍照旧升用，所加之衔，于推升后改为加一级。"升、改、降、调、转是官员任职过程中的必然经历。久任之例确定后，先前因久任所得之加衔并不因自身的升降而被取消。降调者，在加衔的基础上予以降调；升迁者，改加衔为加级。

综上可见，大学士九卿议复之内容，融年限、衔级、救急、折算为一体，不仅规定了升调的历俸年限，还制定了加级、加衔之法，是官员久任得以实现并能持续存在的制度基础。同时，对人选不足、升降黜陟等情况亦有所考虑，订立了折合办法。其内容全面，规定详细，保证了高宗先前提到的"年限"和"优叙"两方面均能得以落实。既能使"守令自知历俸有年方能题调，不致粉饰目前，希图躁进，而本任之事，可以实心实意，从容展布，日积月累，官与民相习，民与官相安矣"，又可通过加级、加衔等途径，使其政绩得到肯定，利益得到保障，名誉得到提升，令"贤能之员因褒嘉而益思自奋，久道化成，于吏治大有裨益"（朱批奏折，乾隆十三年十二月二十六日《张廷玉奏为遵旨酌定守令久任之例以收吏治事》）。

奏上，高宗认为可行，旨令"依议"。这样，"三年准调、五年准升"之例正式确定。

三、问题的出现

"三年准调、五年准升"条例实施不久，新的问题就出现了。

外补制度订立的目的，是为要缺择人，使人缺相宜。所以，有才有能与人缺相宜两点，是各省督抚在拣选人员时首要考虑的因素。而为规范督抚的题调行为，乾隆三年规定，凡题升人员，"有降级、革职留任及承追、督催停升征收之案者，一概不准保题"（光绪《大清会典事例》）。四年又规定，各省题调官员，凡"有降革留任例应展参，及督催分数钱粮未完，并承追亏空、赃罚等项"，概不准行（朱批奏折，乾隆四年正月二十二日《张廷玉奏为公同详酌定议各省官员题升题调章程请旨交与律例馆载入铨选事》）。迨新例订立后，外补制度又增加了历俸时间限制。这样一来，再遇外补缺出，候拣官员至少须符合人缺相宜、无参罚案件、历俸满限三个条件才能被吏部和皇帝认可。如果说第一条规定尚比较模糊，那么第二、三条均是有案在册，不容督抚有半点含糊。

相对于严格的制度规定，外省官员的自身条件远没有决策者预想的那样乐观。清代从开始就以律例繁密著称，各类处罚规章数不胜数。外任官员中，除碌碌无为不胜繁缺者和历俸时间较短之新任人员，其余或背负降级革职留任，或有承追督催之案，而历俸已久又无展参事件之人，"往往通省难得"。不得已，各督抚只能具题请旨，令吏部拣发人员补授。故在"三年准调、五年准升"之例颁行不久，各地奏请拣发者络绎不绝。乾隆十四年三月，浙江巡抚奏请拣补山阴县知县。五月，江西巡抚奏请拣补湖口、赣县、清江等三县知县。九月，湖广总督奏请拣补天门、钟祥、潜江等三县知县等。江苏省更甚，仅五、六两月，奏请拣补之缺就有泰州、高邮二知州和崇明、铜山、上元、元和、上海、阳湖、江宁、长洲八知县。

大量拣发案例的出现，对外补制度冲击很大。因为二者是两种不同的制度，在选任方式、选任权力及拣选对象上迥然有别。外补，由各该督抚拣选人员，具题补授，选任主导权掌于督抚；拣发，由吏部拣选人员，请旨发往，主导权掌于吏部。不仅如此，遇缺外补时，督抚拣选的对象是本省属员，这些人员熟悉地方情况，有较丰富的行政阅历，驾轻就熟，易于进入工作状态；而吏部拣发的对象则是在部投供之候补人员，随着各省奏拣遽增，候补人员不敷拣选，又多以候选人员充数。候补人员，是曾经出任实缺，因某种事故离任出缺，待事故消除后，重新等待补缺之人。虽曾任过外官，有治理地方经验，但未必才识敏达；即使前任政绩可观，迁地后未必能适宜新缺。候选人员，是通过科举、荫叙、捐纳等途径新拔取之人，初膺民社，大都无行政经验。以这两类人骤任"政繁赋重、俗悍民刁"之要缺，"诚恐难免竭蹶"。"迨至涖事后，或材质庸钝，不克振刷，该督抚不便听其因循废弛，复请调补简缺，而地方已多贻误"，为害不浅矣（朱批奏折，乾隆十四年六月初六日《袁铣奏请酌为通融拣发要缺州县定例事》）。这便显然违背了原定外补题调制度的初衷。

有鉴于此，在京御史们纷纷上奏，请求放宽外补限制条件。先是掌广东道监察御史袁铣以人才不可多得，题请适当变通条例："现今格于成例，虽有堪膺繁剧者，非历俸未久，即多展参事件。窃思人材难得，而地方攸关綦重，请嗣后除年限未久，仍遵定例不准调补外，倘历俸有年，实能著有成效，此等人员原属不可多得，虽有展参事件，查非关系督催钱粮及承追亏空赃罚等项，准于疏内声明，题请调补。既于定例无碍，而要缺亦可得人，于地方民生实有裨益。"（朱批奏折，乾隆十四年六月初六日《袁铣奏请酌为通融拣发要缺州县定例事》）奏请放宽题补条件，准以"历俸有年"之展参事件人员调补，以模糊三年、五年之限。

与袁铣委婉的提议相比，随后掌四川道监察御史欧堪善的矛头则直指新例："查近例各省州县必需历俸三年始准调繁"，各省要缺往往因"通省难得合例之员"，"屡请在部拣发"。而拣发不仅"需延时日，有误要缺，且拣发之员亦非驾轻就熟，一时难得胜任"，"到任数月，或被参处，或才不胜任，复请调简，辗转周章"，殊非事体。若能变通条例，"嗣后遇有四项相兼要紧缺出，准督抚于通省州县内，不拘三年俸满，拣选干练之员调补，至升转仍照部议定例。如此，则地方得人，而要缺亦不致贻误，似于吏治稍有裨也"（朱批奏折，乾隆十四年十一月初四日《欧堪善奏为遇有四项相兼要紧缺出应于通省州县内拣选调补事》）。这实际上是否定了"三年准调"之例。

面对各省频请拣发和御史不断条奏，高宗一边追溯新例订立的缘由和过程，一边又数落督抚和御史近来的失当举措："前因郡守县令当久于其任，而督抚题调题升徒开竞进之门，能员惟事逢迎上司、希心速化，于吏治无补，经朕降旨，命大学士九卿详议，定以历俸三年始准调繁，宜其吏习民安，举得从容展布，以收绩效矣。乃近来凡遇冲繁疲难四项相兼之缺，该督抚往往以格于成例，调补无人为说；而言官条奏，亦谓俸满者才非干练，干练者历俸未久，不得已题请，在部拣发，需延时日。拣发之员亦非驾轻就熟，难于胜任，仍请不拘三年俸满之例，原议所称限年准调者，又扞格而难行，将见久任之效未著，而要地之缺易悬，岂为官择人之道耶？"究竟如何变通，御史的条奏又如何处理，高宗谕令"此事着大学士九卿一并详悉妥议具奏"，又谕令吏部"行文直省各督抚，令其各就地方情形，如何方于吏治实有裨益之处，切实定议奏闻"（朱批奏折，乾隆十五年四月十九日《雅尔哈善奏为遵旨核议繁缺郡守县令升补章程就地方情形如实奏复事》）。这样，经御史发起，皇帝批准，从中央和地方双管齐下，"三年准调、五年准升"之例进入修改调整阶段。

四、修改调整

大学士九卿接到谕旨后，经公同商议后认为，根本问题不在制度，而在制度执行时间尚短：前定"久任之例，立意未尝不善"，而各省之所以会出现调补乏人的局面，"止因从前未经定有年限，升调较速，是以立法之初合例之员甚少"。如果执行时间"行之二三年后"，历俸已满者就会逐渐增多，"自足敷拣调之选"。譬若今天"因一时调补乏人，遽议更张，将守令皆视一官为传舍（舍为旅店，传舍意为随着旅途而住不同的旅店。欧阳修有名句：置君犹易吏，变国若传舍），要结取誉，以祈速化，而求其吏习民安、茂著循良者，不可概见"，亦"殊失从前立法之本意"（朱批奏折，乾隆十五年正月二十六日《准泰奏为遵旨酌议东省拣选升调要缺事》）。当然，针对存在的问题，大学士九卿也提出了调整的意见：

三年准调、五年准升之例，应仍遵照办理。至员缺果系紧要，非干练之员不能胜任，而年例不符，实有不得不为变通者，准令该督抚将其人其地实在相须之处，或应调补，或应升署，详悉声明，专折奏闻。除奉特旨准行外，如交部议，俟奉旨后，吏部查明该员委无别项不合例事故，请旨准行。其升署人员，仍照久任之例，接算前后俸次，扣足五年之限，题请实授（朱批奏折，乾隆十五年二月二十八日《鄂昌奏为遵旨核议吏治章程据实复奏事》）。

与乾隆十三年所定之例相比，调整后的条例规定，"三年准调、五年准升"之基本规定仍然遵行，若遇合例人员匮乏、不敷拣选时，则由督抚"专折奏闻"，不再是"题请拣发"。那么，在外补制"具题补授"的基础上，为何又订立"专折奏闻"，二者之间有何不同？为何改"题请拣发"为"专折奏闻"就能保障"三年准调、五年准升"之例顺利执行？以下分别论述。

首先，"具题补授"与"专折奏闻"，在公文形式、运作程序及决策环节等方面均不相同。遇有缺出，由督抚向皇帝具题补授，使用的公文是题本；专折奏闻，则由督抚向皇帝具奏补授，使用的公文是奏折。按照清代文书定制，题本和奏折的运行程序和处理过程迥异。使用题本时，题本到京后，先由通政司核查、登记，转交内阁票拟，再呈皇帝裁决。而改为专折奏闻后，所奏之折直达皇帝，中间不经过核查、票拟等环节，不仅内容保密，且皇帝作为第一拆封人，不受到内阁等衙门的影响。可见，改为专折奏闻，目的是把督抚的外补行为直接交由皇帝监督和裁决。这是清代君主权力在外官选任过程中进一步强化的重要体现。

其次，改"题请拣发"为"专折奏闻"，不仅仅是名称上的调整，更重要的是选任方式、选任权力和选任对象上的变化。前文已述，题请拣发，由吏部拣选人员发往补授；候拣人员是在吏部投供的候补、候选人员，行政经验较少，难与要缺相宜；拣发之主导权在吏部。专折奏闻则不同，其与题调一样，仍由各该督抚于属员内拣选，请旨补授；候拣人员具有较丰富的行政阅历，易与官缺相适；拣选的主导权在督抚。可见，与题请拣发相比，专折奏闻不违外补制度精神，有利于地方治理和权力运行。

调整办法商定之后，又担心地方形势复杂，考虑不周，大学士九卿于议复结尾补充道："各省地方情形不同，督抚职任封疆，察吏安民乃其专责，其如何于吏治实有裨益之处，应令各督抚遵旨切实定议具奏"，迨各省"复奏到齐，再行详议画一"（《清高宗实录》）。

在大学士九卿第三次会议的同时，各省督抚陆续接到乾隆帝谕旨，着手商量对策，只是未等商议出结果，吏部就将修改后的条例咨达各省。这是经皇帝首肯的，且可操作性强，毋庸也不容另作他议。所以，包括直隶省在内的十九省（包括奉天府）均予认同。但也有一些省份在认同的同时，又结合本省实际，稍作补充。

各省意见汇总后，大学士九卿再次遵旨议复，并于这年七月十三日具题请旨。其结果分为两种，对于完全认同者，议复"毋庸另议"；对于稍作补充者，均以是否有利于新例的贯彻执行，以定准驳。有利于执行者议准，否则议驳，在准驳之间，保证新例——"三年准调、五年准升"和旧例——调繁、计俸等能够尽快融合、顺利实施（内阁吏科题本，乾隆十五年七月十一日《傅恒题为遵议直省各督抚调补郡守县令各官缺事》）。这样，经过大学士九卿和各省督抚的调整，"三年准调、五年准升"之例得以修改完善，同时也增添了新的内涵。

五、执行效果及原因

"三年准调、五年准升"之例订立后，终清一直存在。然其执行效果如何呢？刘凤云根据《宫中档乾隆朝奏折》统计，在乾隆四十四年三月这一个月时间内，各省督抚所上有关题调官员的奏折有 13 件，其中，"因历俸未满五年奏请升署、历俸未满三年奏请调署的专折，就有 6 件"，"还有一件是将部选缺题请以试用候补人员补用"，能够符合"三年准调、五年准升"之例者不足总额的 50%（刘凤云《清代督抚与地方官的选用》）。李国祁等通过统计"十八省府州县地方志 434 部"得出，地方官任期不超过三年者，知府为 76.1%，直隶州知州为 80.5%，散州知州为 77.1%，知县为 78.8%；其中，又以"一年以下者所占百分比最大：知府 46.7%，直隶州知州 51.3%，散州知州 49.3%，知县

49%"。故"整个清代基层地方官不能久任，调动频繁，任期极短，而且多数的情形均短至一年以下，亦即在任尚不足煖席即已他调"（李国祁、周天生《清代基层地方官人事嬗递现象之量化分析》）。根据以上统计结果，可知执行效果并不理想。

为何条例如此"完备"，执行效果并不理想？笔者认为，应从修改后的"三年准调、五年准升"之例自身寻找原因。

该条例包含三层含义：第一层——"三年准调、五年准升之例，应仍遵照办理"，决定继续执行。这是制度基础，没有疑问。第二层——"至员缺果系紧要，非干练之员不能胜任，而年例不符，实有不得不为变通者，准令该督抚将其人其地实在相须之处，或应调补，或应升署，详悉声明，专折奏闻"，允许将年例不符之人专折奏闻，是新例不同于旧例的主要内容，亦无问题。关键是第三层——"除奉特旨准行外，如交部议，俟奉旨后，吏部查明该员委无别项不合例事故，请旨准行"，则与"三年准调、五年准升"之例自相矛盾。

由第三层表达的含义，并结合奏折的处理程序可知，遇督抚专折奏闻，是准许还是驳回，最终取决于皇帝。究其结果，不外乎三种：第一种特旨驳回，第二种特旨准行，第三种交吏部议复。

第一种，就目前所掌握的史料来看，笔者还未发现仅因官员历俸不合例，被皇帝直接驳回者。所以，此种结果可以忽略不计。第二种，意味着即使拣选人员不合条例规定，皇帝亦特恩准许之。这等于不存在历俸年限之限制，实际上否定了"三年准调、五年准升"之例的基本精神。第三种，交吏部议复者，吏部先行查核，如若该员只有历俸不合例，亦请旨准行。同样等于不存在历俸年限之限制。

在三种结果中，除特旨驳回不计外，特旨准行和交吏部议复两种结果，都将"三年准调、五年准升"之例抛却在外了。这样一来，准许专折奏闻后，费时费力订定的条例等同失效，并非像大学士九卿和各省督抚所宣称的那样，新定之例"仍于（与）原定久任之例相符，而紧要各缺亦得人地相宜，不致悬待贻误"，于吏治民生均有裨益。在冠冕堂皇的规定背后，隐藏的是对制度本身的否定。

在具体执行时，由于准许督抚遇紧要员缺，"可以以人地相需为由专折奏请"，故各省在升调属员时，"多以'年例未符'专折疏奏，相率成风"（刘凤云《清代督抚与地方官的选用》）。这大大影响到条例的实施效果。若皇帝能进行有效监督，还有补救的余地，可实际情况却恰恰相反。乾隆五十七年谕："向来各省督抚奏请调补、升署人员，有与例不符，经吏部议驳者，朕或因其人地实在相需，特降旨仍如该督抚所请行。"嘉庆十一年（1806）谕："各省督抚因州县员缺紧要，拣调需人，往往将不合例之员奏恳补用，朕节次发交部议。部中皆照例议驳，并将违例保题之上司一并奏请议处。部议上时，朕每有仍照该督抚所请，准其升调者，并将该上司处分宽免。"道光二年（1822），江南道监察御史曹熊奏："近年以来各督抚违例专折奏请升调者，除因参罚案件过多，奉旨饬驳外，余俱节次钦奉特旨准行"。无论乾隆朝，抑或嘉庆、道光朝，最高统治者均是放宽条件，特旨准行。这更使督抚无所顾忌，"违例保奏者渐多，明知部议必驳，部驳之后仍可邀准，而一经恩准，则处分亦无不宽免，遂尔心存玩易，任意保题，积习相沿，成为故套"（光绪《大清会典事例》）。长此以往，一代甚于一代，"三年准调、五年准升"之例沦为形式，官员久任也就沦为空想。

官不久任，缘于制度不能有效执行；制度不能有效执行，缘于违例奏请。那么违例奏请根源于何处？这是分析"三年准调、五年准升"之例执行效果的关键所在。

首先，当时紧张的题调环境是直接原因。清代法令繁密，条例众多，官员轻者罚俸，重者降革，合例者少之又少。如嘉庆四年，福建巡抚汪志伊奏，闽省所属知县共 62 缺，其中以银粮处分应停升转及命盗盐课杂项处分在十案（因罚俸过于频繁，乾隆二十九年放宽题调条件，规定官员罚俸十案以内者均可拣选）以上者 39 员，甫经到任历俸未满者 13 员，又吏部选授、在外题补等项尚未到任者 10 员，无一人合例。一旦遇有题调缺出，只能以违例人员专折奏请。

再如山东省，嘉庆八年六月，胶州、濮州两知州缺出，巡抚铁保遍查全省 105 州县，其中降级革职留任者 26 员，降俸降职停升者 51 员，遗缺未补者 8 员，题选尚未到任及因事离任者 14 员，到任未及一年者 6 员，"非年限不符，即有处分，实无一人合例"，只能以"现有降职处分"之平度州知州邱矞调任胶州知州，以"历俸未满五年且有降级革职留任处分"之滋阳县知县孙良炳升署濮州知州。唯恐吏部议驳，铁保又附片补充说："臣现在升调各缺，止好就不合例之中拣选出色人员，明知与例不符，实无办法，将来即奉部驳，亦再无人可换。"（朱批奏折，嘉庆八年六月二十一日《铁保奏为饬令藩司开具通省官单分项核计附呈御览事》）

其次，无限扩大的候缺人员队伍与官缺肥瘠不均亦是重要原因。清代选举途径繁杂，除科举、学校外，还有捐纳、荫子、议叙、荐举、世爵世职为官，以及满洲特色的笔帖式授官、武官改文官等。科举每三年定期举行，学校、世爵世职为官则按年考录，捐纳、议叙、荐举不时行之，笔帖式授官、武官改文官也有制度规定，从而"生产"了大批具有任官资格的待缺人员。尤其清中期以后，政局动荡，战事频发，财政危机，从而使各类捐纳常年不辍，待缺人员急剧增加，远远超出了仕途正常的代谢速度，致使有限的官缺与无限扩大的待缺官员队伍之间的矛盾越来越尖锐。为疏通仕途，缓解授官压力，朝廷将大量的待缺人员分发各省，以致各省候补人员激增，少者数百人，多者数千人。于是，各省督抚转以"人地相需"为名，突破题调成例，借"委署"以代实授，成为"自行任用人员的一个重要途径"。各省委署，"本来各有章程，但晚清由于捐班候补人员太多，督抚'穷于调剂'，委署往往陷于混乱，各种腐败也随之而生"，任用"陷于一片混乱"，遑论官员久任。

各地官缺肥瘠不均，又进一步强化了"调剂"之法。各省官缺，"优者岁入七八万金，瘠者岁入一二千金，优者终任而归即成豪富，瘠者竭蹶从事尚虑亏赔"。于是"属员以此为要求"，"处膏腴则不使久据，曰须让他人也；处硗薄则日冀量移，曰不堪赔累也"。作为疆臣，"势不能不为调剂之策，瘠者既不能使之久处于瘠，优者自不能任其久处于优，非是即无以鼓舞人材，驱策群力"（录副奏折，光绪三十四年五月三十日《呈纬炳奏为拟请匀定州县公费以期久任事》）。受肥瘠不均之制约，调剂成了各省标榜"选任公平"的不二法门，上至皇帝、中央各部院，外至督抚布按、各级属员，皆以为然。在这种情况下，各省显然无法恪遵定制，使州县久于其任。

最后，受个人私利的驱动，属员曲徇贿赂，督抚公然卖官，更使局面一发不可收拾。据魏光奇研究，清后期官员选任过程中的腐败形式多种多样：一些有权势的督抚藩臬，"明目张胆地卖官鬻职"，或为了收受贿赂，"将'肥缺'州县频繁更调"；也有一些官员，"公然以优缺相互交易"；至于督抚藩臬的亲信，在选任时挑东拣西，"挑肥拣瘦，指名要缺"等，手段不一而足。其结果，"各省州县无论实缺、署事，往往一岁一易其人，甚或一岁而数易其人",到后来更是"无月无之,每牧令一人,多者历十余缺,少亦四五缺,罕有始终任一缺而不移动者。甚或补实缺后,东西历署,终其身未履本任"(录副奏折,光绪三十二年十一月初七日《恽毓鼎奏为官缺肥瘠不均请旨均匀州县公费以期专心吏事久任责成事》)。

这不仅有碍铨法之执行,还败坏了地方吏治。"在任既不能久,则一切兴利除弊之事,自不能责效于一人之身,为州县者亦遂视如传舍,但求敷衍塞责,不复为久远之谋。"其中"得优缺者,知其不能久也,则但思亟肥囊橐,而不暇恤民生";得瘠缺者"又以为上将调剂我也,则且营竞窥探,更无心于民事"。即使有实心任事之人,"而胥吏意其将去,亦且呼唤不灵"。至于"民间之视官,亦知其为五日京兆,凡地方利益,苟非旦夕可以奏功者,皆不敢望之于官"。而"豪奸巨蠹"之徒,"更或肆行无忌","偶遇强健之吏,只须暂避他境,待其去而后归,年复一年,任复一任,而地方之积弊、宵小之潜滋,遂以日甚一日"(《呈纬炳奏为拟请匀定州县公费以期久任事》)。久而久之,腐败蔓延,渗入肌体,严重侵蚀了清朝的统治基础。

六、结语

总之,"三年准调、五年准升"之例从想法酝酿到制度订立,再到修改调整,无不经过缜密筹划。其订立背景既急切又合理,订立过程既谨慎又周到,决策模式既审慎又灵活,制度规定既全面又具体,理应能够顺利执行,起到良好的规范效果。然而事与愿违,紧张的人事环境、腐败的官场生态,兼之制度自身的问题,使条例成为一张空文,远未达到官员久任之期许。追根溯源,所有这一切又与当时的政治体制有关。黄宗羲在《明夷待访录·原法》中所言：

"后世之法，藏天下于筐箧者也；利不欲其遗于下，福必欲其敛于上；用一人焉则疑其自私，而又用一人以制其私；行一事焉则虑其可欺，而又设一事以防其欺。天下之人共知其筐箧之所在，吾亦鳃鳃然日唯筐箧之是虞，故其法不得不密。法愈密而天下之乱即生于法之中，所谓非法之法也。"

一言以蔽之，高度集权的专制体制是一切弊病之根源。"三年准调、五年准升"之例本为预防督抚滥题滥调而定，但在执行过程中，督抚恰恰可以无合例人员为借口调剂私人，为人择缺，不仅有违制度本意，亦对清代铨政造成不小的冲击。如果说专折奏请是"非法之法"，那么执行的结果则导致"法之非法"，从而紊乱专制体制和国家统治。当然，"三年准调、五年准升"之例并非一无是处，无论其效果如何，它确确实实为清廷和吏部在外省推行久任制度制定了一套标准。特别是，它将监督外补人员是否合例的权力赋予吏部，无疑会在一定程度上约束督抚的题调行为，限制督抚的选任权限。从这一意义而言，"三年准调、五年准升"之例还是能起到一定的功效。

名词解释

司道：源于明朝三司制。明朝将地方省级官员一分为三：布政使，管理民政；按察使，负责监察；都指挥使，管理军事。三司之官概称司官。其中，布、按两司的副职分别为布政使参政、参议，按察使副使、佥事。这些官员往往分守该省各地，参政、参议称分守道，副使、佥事称分巡道。清继承明朝这一制度，但自乾隆中期以后，分守、分巡各道，不再挂参政、议政、副使、佥事衔，只称道员，为地方封疆大吏。以上诸官概称司道官。

作者简介

张振国，男，1981年生，安徽临泉人。历史学博士，安徽师范大学历史学院副教授。研究方向为明清政治制度史。著有《清代文官选任制度研究》。

清政府对流行疾疫的应对

潘洪钢

清代是中国流行疾疫多发的时期，仅《清史稿》记载，自顺治元年（1644）到同治十一年（1872）的 228 年中，即发生较大的疫情 300 次（《清史稿》）。在对疾疫的应对中，清代并未形成制度性的规制，仅有约定俗成的惯例，有一定规律可循。本文仅就清王朝最高统治当局对疾疫的应对，作一点初步梳理。

其一，各地出现疫情，原则上必须及时上报中央。

清初以降，清廷亟于了解、掌控地方实际情况，逐渐形成、完善了秘密奏事的奏折制度，而地方官员因公出差或赴外地上任，按惯例须将沿途地方的天气、农业收成、物价及当地官员的官声等情况，及时奏报给皇帝。在任的地方官员，当然也须将所在地方情况上报中央。在这一类报告中，各地疫情是重要内容之一。很多时候，这种报告制度，成为官员的基本职责，即康熙帝所说的，"督抚为地方大吏，凡水旱灾伤及疾疫之处，即应据实陈奏，屡有明旨"（《清圣祖实录》）。有时候，官员遇疫不报，朝廷也会下旨查问，如康熙四十八年（1709）九月，谕令查问江南与浙江两地，"今年两省疾疫盛行，人民伤毙者甚众。虽该省督抚未经奏闻，而朕访知灾病之状，深用恻然"。乾隆元年（1736），下旨查问陕西灾疫，"又闻陕省亦不为大收之年，而且牛疫盛行，汝等何无一言奏及耶。将此谕与查郎阿、刘于义并观之"（《清高宗实录》）。

疫病奏报形成惯例，清代文献中此类报告数量很大。甘肃巡抚报告雍正六年（1728）五月西宁等地"因雨水稍觉愆（qiān）期，疫疠流行，兵民皆有传染。臣仰体皇上敬天勤民之至意，随行令布政使率同文武官弁，虔诚祈雨，一面配合太乙避瘟丹，广行施济。臣又配合祛疫丹茶，在宁分发。各营弁兵凡有传染者，三五日即皆痊愈"（《朱批谕旨》）。很多时候，不仅百姓疫情要上报，与生产密切相关的牛畜疫情也是报告的内容。如乾隆三年三月，"四川巡抚硕色奏，川省牛疫，请酌借仓谷，为买牛之需。得旨，知道了。牛疫之灾，川省每有，当思何以消弭方好"。

应当提到的是，疫情上报在清代只是惯例而不是或者不完全是一种制度，因而隐匿或忽视、不上报疫情的官员，有人会受到惩治，也有人未受到惩处。康熙四十八年九月，"安徽巡抚刘光美，于地方灾伤，隐匿不报，应照溺职例革职。得旨，刘光美着降五级调用"。而许多隐匿疫情的官员并未受到惩治。

其二，疫情多发时期或季节，清廷往往会检查刑狱。顺治时即有此类检查刑狱的情况，到康熙时形成惯例。康熙七年，云南道御史黄敬玑奏称雨水不济，应当清理刑狱："刑狱一节，上关天心。自今春徂（cú）夏，雨泽愆期，则清理刑狱，诚第一要务也。请敕内外问刑衙门，凡一应刑名，早为审结。除狱中重囚照旧监锢外，其余一切情轻罪薄及牵连等犯，即行保释。务令狱无冤滞，则和气可以致祥。"并引顺治时成例为依据，"又查，世祖章皇帝时，曾有热审之例，原虑暑天狱囚易致疫毙，故减等速结。今当此亢旸，尤宜举行，以答天心"。所奏立即得到批准，康熙帝立即清理刑狱，同时下令将此做法推广至各省。这种做法为清代历朝遵循，也成为清代的常态。如嘉庆二十三年（1818），云南建水等地发生监狱因犯死亡五十一人事件，下令"该督抚务饬该州县官，督率夫役埽除秽恶，散给药饵。上紧清理，人命至重。不可稍有怠忽。至该管狱官，查明并无凌虐情弊，俱着免其开参"（《清仁宗实录》）。直到同治时期，清军与太平军已激战十数年，天灾人祸并行，严重的瘟疫导致人口锐减，皇帝下令顺天府、步军统领衙门和刑部等立即减等审结各案，"前因京师时疫未除，谕令在京问刑各衙门，赶紧清厘庶狱，迅速次第结案。现在星变频仍，上苍垂儆，弥灾之法，尤重恤刑。允宜格外推恩，以承天戒"（光绪《大清会典事例》）。

其三，关注军队疫情，有时也会由中央直接采取措施进行防治，并赏恤因疫而亡的将士。

军队是国家统治的柱石，而战争环境残酷，在旧时医疗条件下，战争双方极力征战，也极易引发疾疫。有的时候，朝廷也会直接派出医务人员赴军中控制疫情。康熙二十年八月谕，"闻云南官兵疾疫甚多，彼地苦无良医，其令太医院医官胡养龙、王元佐驰驿前往调治"。有时军方将领甚至也会直接向皇帝开口讨取药物，以保证军队的战斗力。乾隆五年，带兵进剿湖南城步少数民族地区的将领直接向乾隆帝讨取药物，"再乾隆元年贵州古州之役，皇上赏赐官兵平安丸，治山岚时气甚效。今适当暑月，恐有时疫。仰恳赏赐，以备不虞"。对于军中因疫而亡的官兵，中央政府允许按照阵亡条件予以赏恤，"其有因瘴身故者，均着奏闻，照阵亡例交部赏恤"。

其四，最重要的一点是，疫情发生后，清廷一般会责成当地官员施药救治并开展赈济。灾疫通常并行，大灾必有大疫，因而清廷对疾疫的关注与救治往往与救灾并行。

救治条件较好的是京师及京畿地区，由朝廷指派京师官员及相关机构救治，有时也会由清廷直接指派太医院等机构配合治疫事宜。康熙十九年，京畿大饥，灾民聚集京师地区，廷议"其饥民内有患病者，应令太医院及五城医生诊视、遣员管理"。在灾情持续的情况下，"命五城粥厂再展三月，遣太医官三十员分治饥民疾疫"（赵尔巽《清史稿》）。京畿地方发生疾疫，以京师为中心并由步军统领衙门及顺天府等机构处置相关事宜，也成为传统。如道光元年（1821），"京城内外时疫传染，贫民不能自备药剂，多有仓猝病毙者"，"着步军统领衙门、顺天府五城，慎选良方，修和药饵，分局施散，广为救治"。有时候救治款项甚至会由内务府拨出，"以时疫流行，发广储司银二千五百两，分给五城，为制备药料棺槥（huì，小棺材）之用"。这相当于从内廷或者说从皇帝的口袋里开支治疫经费。京师重地，天子脚下，步军统领衙门和顺天府为首，加上京城本身较好的医疗条件，有时甚至有太医院的支持，其应对疾疫的能力确实远胜于地方。

在地方则由当地官员直接负责救治与赈济。康熙十八年初，"河南巡抚董国兴疏言，陈留等二十一州县，灾疫并行，请发州县存贮米粟赈救。得旨，着先差往汝阳等处赈济官员，会同该抚，速行设法赈济"。救治疾疫，系地方官员基本职责，一旦地方上发生疫情，朝廷都会查问地方官员的救治措施与效果。地方官员捐资不足，动用官帑也成为一种常态。道光七年，"浙江疫疠，制备丸药，两年内约用银五千余两，刊刷救急方五万余部，约用银四千余两"（《清宣宗实录》）。

疾疫流行往往与水旱灾荒并行，因疫而蠲免也成为清代应对疫情的重要内容。康熙七年，"以甘肃宁州、安化等五州县及庆阳卫，康熙六年分，民遭疾疫，将丁银豁除，并免地亩赋额一年"。乾隆六年谕，福建闽县侯官等地，"乾隆三年、五年，该地方又值歉收疫气，民力输纳维艰，是以悬欠至今未楚，朕心轸念。着将此项银谷全行豁免。俾闾阎无追呼之忧，得以肆力于春耕"。

地方上参与治疫的士绅人等，也往往受到朝廷表彰。雍正十一年，江南沿海地方水灾并有时疫，"绅衿等复捐施方药，资助米粮。似此拯灾扶困之心，不愧古人任恤之谊。风俗淳厚，甚属可嘉。着该督抚宣旨褒奖。将捐助多者，照例具题议叙；少者给与匾额，登记档册，免其差徭，并造册报部"（《清世宗实录》）。实心治疫的地方官员也往往赢得好官声，而以医术闻名者亦复不少。福建长乐人陈念祖，乾隆末举人，多有医书著述，"嘉庆中，官直隶威县知县，有贤声。值水灾，大疫，亲施方药，活人无算。晚归田，以医学教授，门弟子甚众，著书凡十余种，并行世"（《清史稿》）。是即所谓青史留名者，与清廷依赖地方政府治疫的政策相辅相成。

总体上看，在长期的统治中，清政府形成了应对疾疫的措施与惯例。这类应对举措，有时是有效的、及时的，也有很多时候，是浮于表面和做样子的。许多时候地方官员在疾疫过后才向朝廷报告，甚至是事后被中央发现并查问时才报告疫情，而这类官员也并未受到相应的惩治与处理。专制时代的统治阶级所谓关心民瘼，不过如此。

作者简介

潘洪钢，男，1960年生，满族，湖北武汉人。湖北省社会科学院文史研究所研究员。主要研究方向为明清社会史、民族史等。主要著作有《明清宫廷疑案》《细说清人社会生活》《官商两道——中国传统社会中的商人与官场》《清代八旗驻防族群的社会变迁》等。

清代北京是如何防疫的？

刘仲华

在历史上，被称为"疬疫"的瘟疫疾病在北京几乎常年发生，只是轻重不同。作为封建王朝的首善之区，统治者历来重视京城防疫。清代北京的防疫卫生体系经历了从传统向近代的过渡阶段。在清前期，京城防疫卫生事务主要由官办的太医院、临时设立的五城药局，以及民间的善堂、药铺承担。至清末，清政府在参酌西方经验的基础上，初步建立了近代防疫卫生体系。

一、京城疫情期间的防疫举措

其一，太医院施医给药。每逢京城疬疫流行，太医院往往奉旨承担京城的医治和防疫任务。清前期，太医院在五城设有医药局。顺治十一年（1654）奉旨，"于景山东门外筑房三间，由礼部奏派太医院官施医给药"。康熙二十年（1681），"设厂十五处，于五城地方，派金都御史督同五城御史，发内帑办理。施医由太医院奏派，每厂医官、医生各一人"。二十一年，"改设东、西、南、北四厂，照旧办理，奉旨以为常例"（任锡庚《太医院志》）。后来，五城药局于乾隆五十八年（1793）奉旨裁撤。

此后，每逢瘟疫发生，清政府仍在京师五城分别设立临时药局、棺局，疫情消失，则随即停止。例如，道光元年（1821）七月，"京城内外时疫传染，贫民不能自备药剂，多有仓猝病毙者"，清政府命步军统领衙门、顺天府、五城"慎选良方，修和药饵，分局施散，广为救治"（《清宣宗实录》）。二十七日，五城各按地面设一总局，"贮药备棺，仍间段分设小局二三处及三四处不等，分派员役前往巡视，先以赍药救生为重。其药慎选著有成效良方，赶紧多制，遇病即施"。当天，五城领到随方药四千丸，每城分领八百丸散放。二十八日早，"民间闻风而至，五城顷刻散竣"。八月初一日，又散放药四千丸（录副奏折，道光元年八月初二日《都察院左都御史那清安等奏为遵旨酌议分城设局救治时疫章程事》）。经过五城药局多次散放药丸，当年秋季的疫情很快得到控制。

直至清末，太医院及其在五城分设的临时药局一直是京城防疫的主要医疗力量。除此之外，京城诸多善堂施药，也在防疫中发挥着不可替代的作用。例如，广宁门外的普济堂，就是清代京城一家著名的民间医疗慈善机构，"每年冬月，堂内收养贫病之人，堂外每日施粥，穷民藉以存活者甚众"（《清高宗实录》）。除了普济堂等善堂之外，京城一些商民药铺也往往为京城百姓和来往行人免费施药。

其二，隔离病人，防止传染。清初京城一带天花流行，为避免传染扩散，清廷命令："凡民间出痘者，即令驱逐城外四十里，所以防传染也。"但由于"所司奉行不善，有身方发热及生疥癣等疮概行驱逐者，贫苦小民移出城外，无居无食，遂将弱子稺（稚）女抛弃道傍（旁）"。见此情形，巡视南城御史赵开心认为这种做法不妥。他建议在城外东、西、南、北分别建四处隔离点，"其城外四十里，东、西、南、北各定一村，令彼聚处，庶不致有露宿流离之苦"。顺治帝采纳其言，随后谕令："民间男女

果系真痘，自当照例移出，令工部择定村落，俾其聚居得所。至身方发热、未见痘疹者，毋得辄行驱逐。"（《清世祖实录》）

其三，取消或推迟大型活动。顺治初年天花在京城流行，为避免传染，顺治帝先后取消多个重要活动。例如，顺治二年十一月初四，"以京城出痘者众，免行庆贺礼"。三年正月二十九日，万寿圣节，"以京城痘疹盛行，免朝贺"。九年正月初一，顺治帝"避痘南苑，免行庆贺礼"。康熙二十一年十一月，京城痘疹盛行，当年朝贺元旦的蒙古王公等"已出痘者许其来朝，其未出痘者，可俱令停止"（《清圣祖实录》）。为防控疫情，道光帝曾谕令将道光元年顺天乡试推迟一个月再举行。

其四，通过粥厂散放药饵，医治患病饥民。康熙十八年京师大地震，因此造成流民甚多，清政府在开办粥厂、赈济灾民的同时，也散放药剂，防止瘟疫发生。康熙十九年四月，康熙帝谕大学士："天气渐向炎热，老幼羸弱聚之，蒸为疾疫，转益灾沴（lì），朕甚忧焉。"如果饥民内有染疾疫者，令太医院及五城医生诊视。

其五，为防止疫病传染，遣送或劝返流民。每年清明前后，五城粥厂停止，为便于饥民回籍，凡是没有能力回去的，由清政府出资遣送，尤其关注老病者，以防疠疫传染。饥民回乡途中，如果患病，由沿途地方官"留养医治，俟病痊，再行转送"。为预防疫病扩散，清政府也时常劝阻流民进京。乾隆八年十一月，京师流民日多，为避免"薰蒸成疫"，乾隆帝命直隶总督高斌饬各州县，将来京就食灾民，"沿途劝阻回籍，领赈安业"。

除了粥厂这类流动人口聚集的场所之外，即便是平时没有疫疾流行，清政府在一些重大活动、有外来人口聚集时，也都会特别关注疾病的诊治。例如，康熙五十二年三月，各省为祝万寿来京者甚众，"其中老人更多，皆非本地人"，且"时届春间，寒热不均，或有水土不服"。康熙帝命"倘有一二有恙者，即令太医院看治，务得实惠"。

二、京城平时的卫生防疫措施

其一，洁除之制。清制，京师内外城街道都有看街兵、街道衙门负责管理，以及日常的清扫。对于事关宫禁、皇帝出行所经御路的清扫更加严格，大清门、天安门、端门由步军负责洒扫。其大城内各街道，如遇车驾出入，令八旗步军修垫扫除，大城外街道由京营负责修垫扫除。皇帝出行时街道和御路的清扫，除了安全防卫之外，实际上也不乏卫生防疫的考虑。

其二，禁止沿街居住铺户倾倒污水、煤渣。清政府规定，城内八旗地面不准开设车店、粪厂，禁止沿街居民、铺户任意堆积炉灰、粪土。各街巷的管理，责令各旗协副尉分段监督负责，而且"每届月底，加结呈报衙门"（《金吾事例》）。外城街道由街道衙门负责，同时，五城司坊官配合监管。

其三，掩埋尸骨。清代京城街头常有因饥寒、疾病而倒毙的贫民。"京城为五方聚集之所，孤客穷黎肩摩踵接，保无有卒病身故者，此等之人一旦倒卧路旁，不惟无亲属收埋，亦并无友朋认识"（朱批奏折，乾隆元年七月二十一日《巡视东城陕西道监察御史萧炘奏请酌拨官地收埋无名尸骨事》）。为及时掩埋尸骨，同时也是为防止疫气传染，清政府规定由五城正副指挥分管各地面尸骨掩埋之事。乾隆六年议准，专门拨地作为义冢。其中，中城义冢位于永定门内香厂；东城义冢二：一设崇文门外文昌宫前，一设东便门外核桃园；南城义冢在广渠门外；西城义冢在广宁门内报国寺后地方及潘家地内；北城义冢在宣武门外黑窑厂。

其四，暑天散放冰块。清代京城多处设窖藏冰，除了供应内廷使用之外，另一个重要用途就是暑天在各城门为行人发放冰块。例如，雍正十年（1732）闰五月，"现今天气炎热"，雍正帝命步军统领衙门"在各门设立冰汤，以解行人烦渴"。又如，乾隆八年六月，"今年天气炎热，甚于往时，九门内外，街市人众，恐受暑者多"。乾隆帝命赏发内帑银一万两，分给九门，每门各一千两，正阳门二千两，"豫备冰水药物，以防病喝"。

三、清末近代防疫卫生体系的出现

清末推行新政后，京城防疫卫生开始出现重大变化。首先在管理上，防疫卫生开始成为城市管理的重要内容。光绪三十一年（1905）清政府设立巡警部，分设 5 司 16 科，其中警保司下设有卫生科，负责街道清洁、防疫以及医学堂管理等内容。光绪三十二年民政部成立后，巡警部归并其下，卫生科改为卫生司。相应地，北京内、外城巡警总厅下设立卫生处，主管清道、防疫、食物检查、屠宰、考核医务等。其次是官医院的设立。光绪二十八年，经给事中吴鸿甲奏准，在京城设立官医局，总局设在外城沙土园，内外城各有一处分局。

更重要的是，北京开始出现了专门为民众服务的近代公立医院。光绪三十二年九月，清政府在京城设立内外城官医院（《清德宗实录》）。这是北京卫生防疫从传统向近代转变的标志。根据宣统元年（1909）八月民政部核定的《内外城官医院章程》规定，官医院内除了设有挂号室、男候诊室、女候诊室、普通养病室、特别养病室之外，还设有专门的传染病室、癫痫病室等，而且特别规定"传染病室及癫痫病室均与其他房屋互相隔离"。内外城官医院的看病挂号、就诊、住院流程几乎与现代医院别无二致，而且"所有来院诊治之人概不收费，惟住院诊治者饭食费须由本人自备"（田涛、郭成伟整理《清末北京城市管理法规》）。

与此同时，清政府开始参酌西方，制定了一系列涉及卫生防疫的城市管理法规。其中，《预防时疫清洁规则》主要涉及街道马路公共卫生、污水倾倒、垃圾投放与处理、沟渠维护、厕所扫除等内容。例如，第七条规定："沟渠不准投弃芥土、灰石、粪溺及动物皮毛、肠骨及其他鼠、猫、犬等死体。"《厅区救急药品使用法》则主要介绍了亚莫尼香酒、哥罗定、时疫药水、泻油、吐药、亚莫尼水、烫灼药油、加波力水、止血药水、海碘仿散、辟瘟粉、辟瘟水的功用和使用方法。《管理种痘规则》则是针对善堂、医生开局种豆的管理办法。清末有关卫生防疫的各项规章，为北京城市卫生防疫走向近代新的历史发展阶段奠定了重要基础。

作者简介

刘仲华，男，1973年生，新疆焉耆县人。北京市社会科学院历史研究所所长，研究员。从事清史、北京史研究。主要著作有《世变、士风与清代京籍士人学术》《汉宋之间：翁方纲学术思想研究》《清代诸子学研究》。

清代京师疾疫、医疗与防疫

张艳丽

　　传染病在历史上被称为"疫""疠""疠疾"，统称为"疾疫"，是对各种流行性传染病的统称。清代北京城市规模较大，人口密度提高，且流动性加快，更容易暴发各种传染病，天花、霍乱、白喉、鼠疫等烈性传染病曾相继流行。在前期，清代抗击疫情基本以隔离、施药为主，至清末逐步建立起较为合理的医疗、卫生防疫体系。

一、避疫与施药

　　天花是流行很久的一种传染病，清代又称其为"痘疹"。清初痘疹多次流行，传染性强，致死率高，"满洲兵初入关，畏痘，有染辄死"。清初面对天花，厉行隔离制度。隔离是中国传统社会应对传染病的一种重要措施。早在秦朝时期，政府设"疠迁所"安置麻风病人。宋代熙宁八年（1075）夏，吴越大旱，第二年春发生大疫，资政殿大学士、右谏议大夫、越州知州赵抃，"为病坊，处疾病之无归者。募僧二人，属以视医药饮食"，病亡者，"使在处随收瘗（yì，掩埋）之"。为防止时疫传染，清廷强制命令出痘者出城居住。"凡民间出痘者，移之四十里外，防传染也。有司奉行不善，露宿流离，稚弱多道殣（jìn，饿死）"。在尚未充分认知天花致病原理的情况下，隔离是避免疾疫大规模暴发的有效措施。针对地方官执行过程中出现的种种问题，清廷采纳巡城御史赵开心的建议，"须痘已见方出城"，并选定临时村落，安置患者（吴振棫《养吉斋丛录》）。

尽量远离传染源，隔断传播途径。清初每逢北京城内暴发天花，皇帝多选择前往南苑避痘。十七世纪著名史学家谈迁，清初来到北京，所著《北游录》对他在京期间的见闻经历进行记载，其中谈到顺治十二年（1655）皇帝避痘南苑。"乙未冬十一月，中宫出疹，上避南海子，惜薪司（清内务府所属机构）日运炭以往。十二月，命惜薪司环公署五十丈，居人凡面光者，亡论男女大小，俱逐出。"（谈迁《北游录》）附近没有出过痘的居民必须强制搬离。

暂停大规模庆典活动，避免密集人群的近距离接触。顺治三年，因京师痘疹流行，停止万寿节朝贺。正月初一为元旦，皇帝一般接受百官朝贺。顺治六年、顺治九年和十三年，因皇帝避痘南苑，免行庆贺礼。冬至日皇帝要去天坛祭天，百官上殿向皇帝表示祝贺，因此，冬至也被称为冬至节。顺治二年十一月冬至，因京城出痘者众，免行庆贺礼。元旦、万寿节、冬至在清代被称为三大节，疾疫流行期间，为避免百官聚集交叉感染多次被取消。顺天府乡试多在八月举行，除非发生重大事件，一般考试时间不会变动。道光元年（1821）京城内外时疫传染，顺天府乡试推迟一个月进行，这正是避免聚集人群传染的措施之一。

控制京内外人员流动。清代每年蒙古、青海、西藏少数民族各部王、贝勒、贝子、公、台吉等轮流进京朝觐皇帝，即年班。但在京期间，喀尔喀郡王出现患痘病亡的情况。为减少来京被传染的风险，清廷将年班部落首领分为已经出痘者和未出痘者，已经出痘者分班轮流来京朝觐，未出痘者不必来京，而是改为前往热河觐见，或轮流前往木兰围场跟随皇帝行围狩猎，在风景优美的塞外草原被接见。

除隔离外，清前期应对疾疫的措施主要是设立药局救助贫困患者，免费提供棺木及掩埋病亡者尸体。顺治时期，在景山东门外建三间施药房。康熙十五年（1676）在五城设十厂，二十一年又设东西南北四厂，为百姓免费提供药品。光绪年间时疫流行，再次设厂。官府还派人散给棺木或掩埋被感染者尸体，阻断致病源的继续传播。道光元年京师霍乱流行，贫民不能自备药剂，多有仓猝病亡者，"京师至棺木尽，以席裹身而葬"。八月，清廷命发广储司银二千五百两，分给五城，为制备药材、棺木之用。

清代前期应对疾疫的措施，基本沿袭前代举措，以隔离、施药为主，在医疗方面的进步主要体现在对天花疫苗的不断探索。清初太医院设痘疹科，专门探究致病原理。康熙帝聘请名医为皇族种痘，并在蒙古地区推广。嘉庆时期牛痘种植术传入中国后，先在东南沿海一带推广，后在京师南海会馆设立种痘公司，夏季搭凉棚，冬季安装暖炉，给愿意传浆的儿童发放酬金，鼓励更多的儿童接种疫苗。

二、医疗救治的新进步

传染病的发生看似突然，实际上有迹可循。清代北京城社会经济日益发展，人烟稠密，车马云集，由此产生的生活垃圾，茶肆酒楼等商业污水对空气、水源造成污染，直接危害人们的身体健康，更容易导致传染病的暴发。光绪二十七年（1901）六月京师再次流行霍乱，每天因该病死者百余人。"当局有所悟，告示人民曰：刻下霍乱症颇多，该痘以显微镜窥之乃因么虫而发者。此虫发生于不洁污物之场所，喜存于生果蔬菜及生水等中。故土地房屋洁净，蔬菜类煮食，饮开水，这样可无患病之忧。"提醒居民注意起居、饮食卫生，切断霍乱弧菌的传播途径。传染病发生时，一般家庭会将患者隔离在一个单独的房间，但是患者与家人的餐具一起清洗，患者与家人的衣物一同洗涤，不能阻断病原体的继续传播（张宗平等译《清末北京志资料》）。

庚子战乱造成的陈尸街头，使得疫情更加严重，"京师数日内疾疫甚盛，死人无算"，"有顷刻死者，有半日死者"。光绪二十八年五月，给事中吴鸿甲奏请安置流民，设立医局。清廷下旨拨银一万两，由吏部尚书张百熙、都察院左都御史陆润庠会同顺天府、五城办理。官医局设总局及分局四处。第二年，慈禧太后懿旨将户部万寿节例进银一万两，移交医局，作为经费。在官府经费的支持下，在有识之士的捐助下，京师官医局每月诊治施药，为普通贫困患者提供免费医疗，与清初太医院在治疗对象方面已有根本不同。

庚子事变后，清廷陷于内忧外患，为挽救岌岌可危的政治统治，光绪二十六年十二月初十日，清廷颁布谕旨，命军机大臣、大学士、六部九卿、各省督抚参酌中西政要，就朝章国政、吏治民生、学校科举、军事财政等，各抒所见，实施新政。新政时期中央和地方行政机构发生了很多变化，不仅设立新机构，机构职能也更加细化。京师卫生防疫机构的设立是在官制改革的背景下进行的。光绪三十一年九月，中央设立巡警部，下设警政司、警保司等五司，其中警保司下设卫生科等五科。第二年巡警部改为民政部，卫生科升为卫生司，"掌核办理防疫卫生、检查医药、设置病院各事"。地方官制方面，光绪三十一年十二月初，京师内外工巡总局改为内外城巡警总厅，设总务处、警务处和卫生处。卫生处设清道、医学、医务、防疫四股，分别负责包括卫生防疫在内的各项事务。内外城巡警总厅制定《管理种痘规则》，对善堂或医生开局种痘进行规范和管理。种牛痘单位或个人必须具备一定的条件，获得巡警官署审批后，才能开种。善堂应具体写明地址、管理人、医生、经费、号资、痘浆及日期，医生需具体开列地址、姓名、号资、痘浆和日期。痘苗用新制痘浆，不得强迫患病期间的小孩种痘。内城巡警总厅还通过制定市场营业规则，整顿市场内的卫生状况。

筹设官医院是晚清医疗事业的重要举措。光绪三十二年民政部尚书善耆奏请在东城钱粮胡同成立内城官医院，在宣武门外梁家园设外城官医院。医院各设中医和西医两部，"经费充裕，设备颇为完善"（《北京市志稿·民政志》），在清末应对鼠疫过程中发挥了很大作用。

三、卫生防疫的初步确立

东北鼠疫暴发后，迅速蔓延。东北地区南下的火车、轮船在便捷交通的同时，也加快了病菌的传播速度。宣统二年（1910）十二月初，奉天旅客在三星客栈疫发身亡，京师出现鼠疫病例。客栈内三人被传染后先后病亡。三星客栈有伙计及家人也染病亡故，鼠疫已经开始在京蔓延。内城巡警厅颁布捕捉鼠令，每捕一只活鼠给铜圆二枚，死鼠给铜圆一枚。

为应对鼠疫，由民政部发起，与中央各部联合成立中央卫生会。关于教育上之卫生，则归学校；交通上之卫生则归邮传部；国际上之卫生则归外务部；军队上之卫生则归海陆军部；关于属地之卫生，则归理藩部；关于实业工厂之卫生，则归农工商部。卫生会第一次会议讨论了传染病的认定范围及预防经费的具体来源等。同时，顺天府设立检疫局，并令各州县克日成立。

宣统二年十二月二十七日，民政部仿效日本大阪鼠疫期间经验，成立京师临时防疫事务局，负责内外城预防鼠疫事务。京师防疫局分设五科，专司检菌、捕鼠、诊所、检验、清洁消毒等事。京师内外城患者无论已故未故，均须报告该管警区转报临时防疫局，派遣医官前往诊断检查。如有疫病嫌疑，立即将病人送往防疫病室，原住房屋消毒封闭，并封闭交通，所有同住者送往隔离室，仍派医官逐日诊察，以免传染。每日寻常病故者也须经医官检验，验明确无鼠疫，由该局发给执照，才可棺敛埋葬。内外城旅店、饭馆、茶楼、市场等处人群较密集，属于重点防控地区，医官每日检查以期预防。临时防疫局特设卫生警察督察清道夫认真扫除，并派卫生警官随时稽查（《民政部奏办胪陈防疫情形折》，《申报》1911 年 3 月 17 日）。

京师防疫局于内外城设立总分局四所，并在永定门外设防疫病室、隔离室。内外城官医院在应对鼠疫方面发挥了很大的作用。有鼠疫症状或疑似症状的居民、学堂学生、工厂工人，可以前往医院接受诊治。为应对鼠疫，王文藻奏请筹设传染病医院。内务部选派人员购置东四十条正白旗护军营房，并用土木工程司库存木料开始兴建。北京鼠疫在短短三个月内得到控制，与隔离、消毒、医疗、防疫等措施的综合实施是分不开的。

作者简介

张艳丽，女，1976 年生于河北。历史学博士，北京市社会科学院历史所副研究员。主要研究中国近现代史、灾荒史、北京史等。曾参与教育部研究基地重点项目《清代灾荒研究》、国家清史编纂工程《京师志》、北京社科院重大课题《整合北京山区历史文化资源研究》和《北京专史集成·宗教卷》等课题，发表论文多篇。

清代宗族的自治与国家治理

常建华

宗族作为由共同祖先界定出来的父系群体，是一个有组织的系统，以祖先崇拜聚合族人，强调共同体意识和互助精神，并有相应的规范。宋明以来的宗族制度包括祠堂、族长、族谱、族田等内容，其核心是祠堂族长的族权，宗族凭此实行一定程度的自治。"尊祖故敬宗，敬宗故收族"，宗族的凝聚，强调孝敬祖先。宗族的大规模组织化与普及化始于晚明，至清代进一步发展。这既是宗族自身的演进，也与清朝对宗族的治理密切相关。

一、孝治宗族

清朝皇帝虽然是满族，但对内统治以儒学为官方意识形态，奉"以孝治天下"为既定国策。清承明制首先表现在教化体系方面，早在顺治九年（1652），就将明太祖的"圣谕六言"颁行八旗及各省，即"孝顺父母，尊敬长上，和睦乡里，教训子孙，各安生理，毋作非为"。康熙九年（1670）向全国新颁"上谕十六条"，前两条即为"敦孝弟以重人伦，笃宗族以昭雍睦"，强调孝治与宗族的重要性。"上谕十六条"模仿并超越"圣谕六言"的做法，标志着清朝统治者将教化作为治国重点。雍正帝则对

"上谕十六条"逐条解释，写成洋洋万言的《圣谕广训》，于雍正二年（1724）颁行天下，并在全国大力推行宣讲，形成了有特色的教化政治。

推行孝治离不开宗族，《圣谕广训》指出"笃宗族"与"讲孝弟"的关系是"宗族由人伦而推，雍睦未昭，即孝弟有所不尽"，把贫富、贵贱等矛盾的原因归结成"忘为宗族"，告诫人民都是祖宗的子孙，不要视为途人。《圣谕广训》还指出"笃宗族"的具体措施包括"立家庙以荐蒸尝，设家塾以课子弟，置义田以赡贫乏，修族谱以联疏远"。

清代各地特别是南方地区多聚族而居，强宗大姓皆有祠堂（又称宗祠、家庙、公堂等），供奉祖先牌位以行祭祀。祭祖为尽孝道，使族众凝聚在祖先庇佑之下。祭祀以昭穆世次为序，起到强化尊卑等级关系的作用。祠堂又是处理宗族事务的地方，一般由族长负责，族众繁衍，下设房长（或支长、分长）分别管理族众。

"国有宗庙，家有宗祠。"清代提倡士大夫修建家庙，规定品官于居室之东建家庙，一品至三品官，庙五间，中三间为堂，阶五级；四品至七品官，庙三间，中为堂，阶三级；八、九品官（在籍进士、举人视七品，恩、拔、岁、副贡生视八品），庙三间，无堂，阶一级，奉高曾祖祢四世，每年四季择日祭祀。官员们身体力行，纷纷修建家庙，以为民先。

宗族一般都有一定数量的公有财产——族田，用作祭祀、赡族和修谱、助学之用，于是有祭田、义田、书田等名目。清朝通过旌表乐善好施来提倡宗族设置族田，对"捐赀赡族"加以奖励。官府为宗族设置族田立册存案，载入志书，给予执帖，勒石保护。清律禁止盗卖盗买义田祠产，而且有祠产例不入官的规定，并给予赋税方面的优待。

宗族的义庄（义田的管理机构）、宗祠常设有族学（又称家塾、义塾、义学），用族田收入充当经费，接收族中贫寒子弟免费入学，并奖励学有所成的宗族子弟，以推行孝治，维护伦理纲常。族学教学内容，童蒙阶段以《三字经》《百家姓》《千字文》《千家诗》等为主，其后则教以"四书""五经"等内容，为科举考试作准备，希冀族人得取功名后为官作宦，光宗耀祖，以扩大宗族影响。在旌表乐善好施中，义学作为善举也被表彰。

清朝大力倡修族谱，族谱成了孝治教化的重要工具。有人认为，修谱有"五义"：报国恩、述祖德、敬宗收族、训子孙、有无相通，"使子孙能推孝弟之心，以睦姻任恤也"。族谱通常将"上谕十六条"载于篇首，作为族人的总指导，并载有族规家训这些宗族的成文法，以管束族人，维护族权。

宗族也表现为同居共财的大家庭，是以孝治家、宗族敦睦的一种象征。《圣谕广训》第二条中，号召人们学习唐代张公艺九世同居，宋代江州陈氏七百口共食。清朝旌表同居共财的大家庭，以此支持宗族制度，风教天下，实现孝治。累世同居即六世以上同居的家庭，实际是宗族共同体，旌表一般给银三十两，建立牌坊，常赐御书匾额"世笃仁风""敦睦可风""敦本厚俗"等，有时还赐以御制诗，加赏上用缎匹，以示优异。笔者统计嘉庆至同治四朝旌表的累世同居53例，略高于前代。五世同堂实际是家族共同体，比较普遍，清代将其单独旌表。清代旌表五世同堂始于乾隆朝，《清实录》从嘉庆到同治四朝的年终汇题中，留下了旌表五世同堂的纪录，累计3217家，年平均41家。

二、宗族审判权与处死权

祠堂族长订有族规家训约束族众。一般来说，训范多从抽象的儒家伦理纲常方面教化族众，规约则是对族人具体行为的要求，体现祠堂一定的司法权力。族规家训的第一条往往是讲孝，要求族人移孝作忠，做官的族人平时工作要恪尽职守，不贪污，不结朋党，不苟和他议，公而忘私，到了国难临头，为君视死如归；对大多数普通族人来讲，则要忠君为国，遵守《圣谕广训》与法令，早完国课。

清廷希望宗族法规在国家法律框架内生效，对于宗族制定法规有所监督。有的地方，宗族法规须经官府批准，既承认祠堂对族众的管理，也防止族长滥用族权，一般以前者为主。如安徽合肥县杨氏曾于乾隆十九年（1754）建好祠堂，旋修宗谱，立有条规，并置祭产。后相传而下，习俗移人，不孝不弟、无视谱列规条、以少凌长、以卑犯尊之事屡有发生，不能合宗睦族，于是该族生员数人赴县求援。嘉庆十五年（1810）知县批复："嗣后务遵祠规，父训其子，兄戒其弟，如敢不遵，许该族户祠长等指名禀县，以凭究治，决不宽贷。"随后该族将知县条示祠规刻石勒碑。杨氏祠规还有诸如祠长对匪类、不安分者率众牵入祠内责罚的规定。

江苏常州庄氏祠堂乾隆时所定宗约，反映出宗族祠堂拥有的审判权。该约规定："族人相争，大干法纪，自难解免，倘属田土口争、一切家庭细故，族人可为调处者，不得遽行兴讼，先以情词具禀宗祠，听族长、分长暨族之秉公持正者传集两造，在祖宗神位前论曲直、剖是非，其理屈与不肖者，当即随事惩罚，甚则绳以祖宗家法，令其改过自新。若再顽梗不灵，轻则鸣鼓共攻，解官求治，重则祠中斥革、谱内削名，断勿徇纵。"祠堂的审判权，是由在祖宗牌位前论是非的审理权和依据家法的判决权（包括将族人送官惩治、开陈宗籍）组成。祠堂族长在官府支持下，藉此审判权来实现对族人的管理。宗族秩序，是政府通过倡修祠堂、批准祠规以及对祠堂审判权的承认得以形成的。

清朝政府对祠堂族长行使族权的支持，还表现在族长依据族规惩处族人的相关法律政策上。祠堂族长对族众可以惩罚，甚至可以处死族人。清人魏禧认为，对于不肖者，"举族鸣其罪，纳诸竹笼，沉诸海而不为过"。据刘献庭《广阳杂记》记载，镇江赵氏宗族"有干犯名教伦理者，缚而沉之江中以呈官"。

雍正五年，江西永新县发生朱伦三同侄致死其弟案件，雍正帝认为："从来凶悍之人偷窃奸宄，怙恶不悛，以致伯叔兄弟重受其累，本人所犯之罪，在国法虽未致于死，而其尊长族人剪除凶恶，训诫子弟，治以家法，至于身死，亦是惩恶防患之道，情非得已，不当按律拟以抵偿……嗣后凡遇凶恶不法之人，经官惩治，怙恶不悛，为合族所共恶者，准族人鸣之于官，或将伊流徙远方，以除宗族之害，或以家法处治，至于身死，免其抵罪。"于是九卿详议，定出凶人为尊长族人致死免拟抵偿之例。

清廷承认祠堂族长运用私法惩治族人以致处死的权力，尽管又对族权略加限制，规定"族人之诬捏殴毙者，将为首之人，仍照本律科断"。但在实际执行过程中，仍导致族权的膨胀与滥施。如在江西一些地区，"私立禁约、规条、碑记，贫人有犯，并不鸣官，或裹以竹篓、沉置水中，或开掘土坑、活埋致死，逼勒亲属、写立服状、不许声张"，草菅人命，危及地方社会秩序。

乾隆帝即位后，下令禁止宗族滥权，并于翌年"定停族人致死族匪免抵之例"，将"旧例"删除。以后还有可否处死族众的讨论。乾隆二十四年，西安按察使杨缵绪鉴于宗族首领及尊长不能有效控驭族人，建议恢复雍正五年旧例。乾隆帝命刑部讨论，刑部以生杀大权不能操之族尊之手，应防籍口滥杀，否定了这一提议。乾隆帝限制宗族审判权，是要族法服从于国法，宗族不能随意处死族众，但对于族法是承认的。乾隆五年，他要求各省督抚稽察游民，"凡有此等无所事事、不守本业之人，其有父兄族党者，令父兄族党严加管束，单丁独户，令乡保多方化导……不遵约束者，量行惩治"。"量行惩治"并没有严格标准，等于承认了族长对族人行使除致死之外的一切惩治权力。总而言之，清廷准许宗族依据族规惩处族众，表明清朝承认并支持祠堂族长的法律权力。

三、宗族的保甲乡约化

清朝是通过乡约来推行"圣谕六言"和"上谕十六条"的。顺治十六年严行设立乡约，每遇朔望，宣讲六谕原文。设约正、约副为讲解人员，由乡人公举六十岁以上，行履无过、德业素著的生员担任；若无生员，即以素有德望、年龄相当的平民担任。康熙帝新颁的"上谕十六条"，也在很大程度上借助乡约推行，如于成龙在黄州知府任上，汤斌在江苏布政使任上都着力推行乡约制度。

清朝也借助保甲维护基层社会秩序。早在顺治元年，清廷就令州县编置户口牌甲，规定"州县城乡十户立一牌头，十牌立一甲头，十甲立一保长，户给印牌，书其姓名丁口，出则注其所往，入则稽其所来"。顺治时期推行的保甲制，主要针对垦荒、逃人、海防、民族等问题，带有权宜之计的性质。

康熙帝"上谕十六条"其中一条即为"联保甲以弭盗贼"。康熙四十七年又重申保甲法，"弭盗良法，无如保甲，宜仿古法而用以变通。一州一县城关若干户，四乡村落若干户，户给印信纸牌一张，书写姓名、丁男口数于上。出则注明所往，入则稽其所来。面生可疑之人，非盘诘的确不许容留"，继续编立牌、甲、保十进制的保甲系统。

雍正朝不仅重视宣讲圣谕，也强化保甲制度的实行。雍正元年四月，巡视北城浙江道监察御史罗其昌上折奏陈京畿宜设保甲。具体七条建议中，第四条即将讲约作为保甲一环，并建议详加注解"圣谕十六条"，使百姓易知易晓。第七条还表达了将保甲与乡约合一的意愿。八月，雍正帝密谕各地督抚整饬营伍情弊、举行社仓备荒、设立保甲弭盗，决心力行保甲。推行保甲与设立社仓一起推行，反映出登基不久的新皇帝教养治国的理念，即以社仓养民，以保甲（包含乡约）管理教育人民。推行保甲是雍正初年的新政，有三年的试行期。

此后，很多地方官上折汇报推行社仓、保甲的情况。其中，雍正二年八月浙闽总督觉罗满保在福建的弭盗举措值得注意，反映出地方官推行保甲、乡约与治理宗族相结合的情况，这可能是导致雍正帝推行族正制度的重要原因。

满保所上第一篇奏折探讨以乡约教化约束宗族。针对当时福建盗贼问题比较严重的情况，满保提出应该"擒元恶而革风俗"。他认为，当地族大丁繁者无人管理，任其游惰，以致好勇斗狠；小族百姓互相依附，流为贼盗。故此，"消弭贼盗之源，全在责成教化，豫革其向恶之心而潜涤其已往之习"。具体措施有五点：各大姓人家俱为设立家规族约；选择二三纯谨善良人，令其每月朔望各率其一族长幼在各宗祠宣讲圣谕之后，即将家规族约反复劝谕，严加教训；如有不循教者，即会族众在各家宗祠以法处治，若再不遵，则送官严究；倘教化不先，仍纵族人为非，有犯则将其族房长一并枷责究处，另选充当；如能约束同族，改恶迁善，族风渐淳，无有败类，俟年终之时，地方官秉公考核，详请地方官给匾褒奖，赏给花红，以示鼓励。满保的做法是在当时雍正帝推行宣讲《圣谕广训》基础上提出的，实际上是在贯彻雍正帝移风易俗的理念与宣讲令，并因地制宜与福建弭盗结合起来。

第二篇奏折则是从保甲角度讨论宗族治安。当时福建山区乡村聚族而居地区游民增多，出现治安问题，族人不敢报官，互相容隐，为此建议"聚族而居者则责成房族长之稽查，杂姓分居者则严编保甲邻佑之连坐"。满保在雍正初年建议将乡约、保甲与宗族治理结合起来并不是偶然的，出于他对福建民情的认识与实践经验。

雍正四年试行保甲三年已过，清廷强力推行保甲，特别制定了在宗族中推行保甲的族正制度："凡有堡子、村庄聚族满百人以上，保甲不能编查者，拣选族中人品刚方，素为阖族敬惮之人，立为族正。如有匪类，报官究治，徇情隐匿者与保甲一体治罪。"从雍正二年皇帝与满保交换意见至此，历经一年多的讨论与实践，自然会想到用保甲治理宗族，可以说雍正四年推行族正方案的出台，是水到渠成。雍正七年，严令全国遍设讲约所，宣讲《圣谕广训》。总体而言，雍正时期宗族受到保甲、乡约的影响而得以强化。

为维护地方社会秩序，加强政府对地方的控制，乾隆年间曾在福建、广东、江西较大规模地推广族正制，其原因是这些省份聚族而居，宗族械斗、健讼严重。乾隆朝以后，一些地区仍然程度不同地实行族正制，如嘉庆、道光时期福建延平、建宁、邵武三府实行联甲之法，各县村庄有聚族而居者，议立族正、族副。嘉庆末、道光初宗族械斗十分严重，刑部新定两条刑律：一条是针对纠众互斗之案，分别对纠众人数和致毙人数定出重惩规定；另一条是根据乾隆三十一年皇帝应广东巡抚王检的请求，决定除对宗族械斗本犯投律严惩外，将祠田分给族人的事例入律，并增加了惩办不检举械斗之族长、乡约的内容。道光时期，鉴于吏治不清、族正不得其人的实际情况，决定依靠原来的宗族组织和绅士，以稳定社会秩序，于是赋予族长、绅士以"捆送""匪徒"

的权力。

清朝推行族正制,使保甲、乡约进入宗族,宗族被进一步组织起来。而且,清代保甲与乡约二者本身也有融合与渗透的倾向。因此,我们不妨把这种情况称之为宗族的保甲乡约化。

作者简介

常建华,男,1957年生,河北张家口人。南开大学历史学院教授、博士生导师,教育部人文社科重点研究基地南开大学中国社会史研究中心主任。主要研究清前期史,著有《清代的国家与社会研究》《乾隆事典》《清朝大历史》,合著《清人社会生活》,辑录《乾隆帝起居注巡幸盘山史料》,主编《清嘉庆朝刑科题本社会史料分省辑刊》。

清代乡居进士都做了什么

王志明

进士是清代科举的最高功名。有清一代，共有文进士约两万七千人，由于人数少，他们几乎都能选官任职。所谓"乡居"，一般是指进士不担任官职而居住在故乡生活。清代进士的乡居原因主要为休致（退休）、候选以及休假，少数终生不仕的进士也多是托假乡居。假期主要有丁忧、终养、病假等事项。丁忧又称"丁艰"，意为遭逢父母丧事。清制丁忧守孝期为 27 个月，即一般所说的三年守孝。但旗人（满洲、蒙古和汉军）例外，他们实际离职丁忧仅百日。由于军政大事的特殊需要，他们往往可以"移孝作忠"，缩短服丧期或特许不丁忧，这种情况在清代后期逐渐增多。"终养"是指辞官回籍奉养孝敬年老的父母或祖父母。在制度执行上，"终养"没有"丁艰"严格，"终养"多是辞官的借口。大多数进士任职一般都有几年甚至十多年的候选期，这期间他们也以"乡居"自诩。休致即"告老还乡"，享受退休生活。明清时期绅士称"乡居"，还有标榜不攀接权贵的含义。省城、府城、县城都是官衙所在地，很多城市又是商业贸易中心，与权、钱密切相关。因为追求权势和金钱与儒家文化传统相悖，故而绅士乐于称"乡居"。明末清初易代之际，"乡居"兼具不与清廷合作的引申含义。

可见，乡居进士所称的"乡居"，并非实指生活居住在农村。狭义上的"乡居"，是指与"城居"相对的概念。学界普遍认为，宋代以后，中国精英已经表现出城市化的倾向。特别是在明代，乡间地主选择城居已较为普遍，这在江南地区表现尤为突出。据笔者统计，嘉庆以后，各朝进士在中式（考中）前就生活在城区的占半数以上，他们入仕为官后，更倾向于迁居城市，享受高品质的生活。所以从实际居住地看，大部分乡居进士实际上都生活在城区，晚清以后，城居者更多。

乡居进士往往以"不入城市""不入官府""居乡安静"相标榜，其实他们中的一些人与官府的交往是比较密切的。为禁止乡居官员的交结营私活动，康熙二十五年（1686），皇帝曾谕旨："其告假、终养、丁忧之科道官员，有不安分自守、包揽钱粮、干预词讼、侵害小民，并遍游各省生事、晋谒督抚、挟诈有据者，令该地方官申报督抚题参。"科道官多是进士出身，此谕不是空穴来风，可见乡居进士中必有一些劣绅。如湖北大冶人余国柱，顺治九年（1652）进士。康熙时与大臣明珠结党，曾官至江苏巡抚。后因明珠受冷落，他被"放归田里"。被黜后，余国柱并未回湖北故里，而是"挟辎重往江宁省城，购买第宅，广营生计，呼朋引类，垄断攫金，借势招摇"，最后被赶回原籍。为表示"安静"，有些乡居进士甚至故意躲避交往上级，如山西榆次人郝琪由知县辞归后，同年进士蒋洞上任山西布政使，初来时顺道见他，郝琪"辞不见，匿暗室。蒋公搜出大笑，语竟日乃辞去"。山东掖县进士张恕琳由编修归里，"守令慕其品，或造庐请谒，率谢不见"。

一、清代乡绅在协助地方官管理地方事务，特别是在教育、团练、慈善等方面发挥了一定作用

事实上，清廷在一定程度上许可地方官与乡绅的往来，但交

往原则是"礼法兼备"。雍正朝权臣田文镜、李卫编纂的《州县事宜·待绅士》开宗明义地写道，"绅为一邑之望，士为四民之首"，但对于"凭借门第、倚恃护符、包揽钱粮、起灭词讼、出入衙门、武断乡曲"者，则要绳之以法。对品行尚可的绅士，则可与之咨询、协商地方政治。

清代县级以下的在编制官员很少，而且府、县地方官的任期很短，大多不足三年期满的时限。各种非编制的隶属人员虽然数量不少，但声望、操守和决策能力显然不敌绅士。不少地方官不了解地方民情，甚至连方言都不懂，所以往往选择咨询地方上有影响力的绅士。如潘大璘，江西新城人，康熙二十四年进士，归里后"闭户却扫，不至公庭。邑令李璋、杨嗣汉每造庐谈邑利弊"。乡居进士与地方官协商办理水利工程建设的事例较多，如四川金堂进士张吾瑾，由行人司行人致仕归，请求地方官借都江堰水利之便，修建三伯洞古埭，增强了金堂县的防洪灌溉能力。乡居进士凭借自己的政治资源和声望，敢于为下层百姓的利益和地方官及地方权贵斗争，其事例主要表现为制止横征暴敛、改革和减少漕粮征收、减省田赋、减省和均平差役、抑制侵占民田等方面，但这类为民请命型的乡绅比较少见。

乡居进士较多参与教育类活动。他们多乐于凭借自己的知识专长和人脉资源到书院讲学，生徒在取得功名、选官任职后，其"受知师"的荣誉地位也会随之上升。书院本用以补官学之不足，但清代的书院官学化程度却很高，省级书院的师资力量和办学资金最为雄厚，府、县级书院稍稍逊色。书院讲学待遇优厚，据统计，乾隆二十八年（1763），岳麓书院山长年收入为 465 两银；嘉庆十五年（1810），福建鳌峰书院山长年收入为 871 两银。府、县级书院教师的待遇相对较低，如四川什邡县的方亭书院山长光绪十六年（1890）的年薪为 200 余两银，但也大大高于平民做工的年收入（约 10 两）。进士选入庶吉士后，清闲而俸禄少，部分人"实因资斧不给"，托病假回籍营生，有的到书院讲学，获取较多报酬。可见，任书院教师实际上是以"教"为"养"，是国家"养士"的一种方式。

除教育活动外，清代乡居进士还乐于参加团练活动。清代由乡绅组织的地方武装团练在嘉庆朝镇压白莲教时开始有较大发展，在太平天国和捻军运动时发展到巅峰，其防卫和打击对象主要有"三藩"（吴三桂等三个"藩王"）叛军、太平军、捻军、海盗等盗匪以及外国军队等。在这一系列团练活动中，乡居进士大多积极参与。

嘉庆朝以前，清朝国力处于上升时期，国家军队战斗力强大，较少依赖地方武装。此时乡居进士的地方武装活动主要是反抗"三藩"、镇压白莲教等农民暴动及零星的抵抗盗匪活动。如康熙时名臣、进士出身的福建安溪人李光地，在省亲乡居时对平定耿精忠在福建的叛乱功勋卓著。清朝末期，国家军队战斗力下降，为镇压太平天国起义，政府鼓励民间地主组织武装团练，曾国藩便是在丁忧乡居时响应这一号召组建湘军的。清廷还选派本籍官员作为"团练大臣"回故里督办、指挥、协调地方团练。这种临时性的、不回避本籍任职的、具有差遣性质的团练大臣，实际上具有"乡居"的某些特征，团练大臣有不少都是进士出身。在浙江、江苏、安徽、湖南、湖北等太平军活动频繁的地方，乡居进士统帅的团练很普遍，战死的也为数不少。

慈善活动的思想意义、政治意义和社会意义使清代乡居进士乐于慈善，部分人还获得了"乐善好施"的赞誉。在清代，国家和官府是承办慈善事业的主体，私人承办慈善为辅。灾荒时期，乡绅往往广泛参与慈善事业。清代乡居进士所涉慈善事业的事例，以水旱灾害时期赈济为多，其次是办粮食仓储以备荒，养老恤孤、访贫问苦等类的慈善事例相对较少。

乡居进士对家族的贡献往往并不太突出。一般而言，清代家族组建的核心要素是经济条件，只有那些达官贵人或富商大贾才有可能贡献族产，普通家族成员最看重的是从族产中得到益处。族产为家族共同所有，即家族公产。最主要的族产是田地，田租收入支持家族各项活动的开销。乡居进士有雄厚的经济实力且乐于奉献家族的事例并不多见，他们参与的家族事务多为道德教化和仪式类活动，如修家谱、主持祠堂祭祀、讲家教家规等。

乡居进士对地方文化建设和道德风尚的塑造也发挥了积极作用。如修方志、组织文会、修祠庙、支持地方科举事业、主持乡饮酒礼、息讼、化俗等方面。很多地方官热衷于编地方志，使大量的省志、府志、州县志流传至今。方志编纂一般由地方官聘请相关人员开馆采访，编写人员享有一定的物质待遇，因而开馆编志也是"养士"的一种方式。在乾嘉学派的陶冶下，乡居进士的修志活动提升了志书的学术品质。如浙江会稽进士、著名史学家章学诚乡居时期曾主修不少方志，他的修志理念受到梁启超充分肯定。乡居进士还乐于参加各种以文会友的诗文创作和诗词唱和活动，这在明清易代之际和晚清社会变迁时尤多。

二、清代乡居进士有其局限性，难以获得真正的独立法人地位和地方自治的国家法理保障

清代乡居进士的社会活动具有绅权性质。中国乡绅是官僚的末端，乡居进士本身就是官僚队伍的精英，他们离开职场之后的活动，依然具有对官府的依附性和自觉协助性。他们从事的武装团练和慈善赈济活动主要是协助官府，实际上是准官方的行为。

乡居进士地方倾向性较强的活动，主要集中在清初和清末。

在顺治和康熙年间，国家各项政策和措施并不周密完善，因此有赖于绅士大夫的襄助。这期间的著名案例，如江苏高邮州进士孙宗彝，顺治十六年由道员归里，乡居二十五年，对高邮的里役均差、赈济及慈善、诉讼与刑案、河道治理等地方活动都有广泛的影响力。

雍正、乾隆以后，地方管理制度较为严密，而且朝廷对绅士的控制也日益严格，乡居进士具有地方倾向性的活动减少。太平天国战争后，清朝中央权威逐渐下降，地方绅士的活动空间有所延伸。清末新政以后，社会变革加剧，进士的生活空间更多地集中在大城市。他们在职官生涯外，还创办新学和实业等。新的社会分工催生了教育家、实业家、政治活动家等新兴职业，因此他们的活动也不能再被视为简单的"乡居活动"。

晚清乡居进士活动的主要特点，一是推动教育现代化，很多乡居进士都由原来的书院教授转为新式学堂的教师；二是推行地方政治建设；三是兴办实业和现代文化事业，如江苏南通状元张謇就是很有影响力的企业家，浙江海盐进士张元济是著名的出版家，江苏江阴进士缪荃孙是现代图书馆事业的重要开拓者。

从事例类型分析，也可见乡居进士对官僚阶层的依从性和自利性。在笔者所涉猎的约 2000 个乡居进士活动案例中，文化教育类活动过半，可见乡居进士的第一要务是"谋馆谷"，靠教书的收入补贴家用；团练和慈善类案例占四分之一，他们办团练、协助赈济、做幕僚、策划工程等，大多也能得到收入；不计个人收入，如建设家族、为民请命、资助慈善和文化事业等举措，为例较少。团练、慈善、公共工程建设类活动稍有"地方自治"的倾向，是地方绅权的主要体现。但大量案例表明，这类活动都是在官方主导下进行的，乡居进士只是从旁协助。这类体现地方绅权的活动，一般得不到常规性的制度保护，只是在突发情况下、政府不能周旋时，才委权乡绅办理，如抗敌、赈灾等，并且事过权收。

从本项研究所得案例分析，我们不可夸大绅权的作用。进士基本都能选官任职，其人生舞台主要在职场。很多进士在任时期，都能在任职地尽心尽力办教育、搞慈善，为百姓利益而奔波，这类事例充斥地方志的《职官》《循吏》卷，是乡居进士事迹的数倍或十几倍。但这类人却很少有造福桑梓的记录，这至少说明进士阶层的乡土意识不太强，他们主要是以天下为怀，而不是以乡土为怀。

进士以下的举人和贡监生，任职比例更低，而数百万的生员则几乎不能任职，这些较低功名者"乡居"的比例自然逐级增多，基层社会的绅权主要由他们构成。但他们的人生目标是取得更高的功名，进士是所有士人追求的目标。可见科举制将士人绑在了国家官僚机器上，追名求官成为其人生指向。功名利禄是士人所认同的，下层乡绅向上流动的渠道主要就是通过获取功名，他们的乡居活动也围绕这一轴心转动。即使是晚清的绅权，也不可能导出民权，因为他们没有真正的独立法人地位和地方自治的国家法理保障，最终只能被无情地扫入历史的垃圾堆，成为"最后的乡绅"。

清帝苦热与园林避暑

阚红柳

夏天的北京炎热多雨。夏至三庚入伏，暑热即至，天气如蒸如煮，令人胸闷气短，选择定都北京的清代帝王，也不得不面对炎炎夏日。清帝苦热与营建园林避暑，亦成为皇家园林研究的一大话题。

帝京酷热天下无

清人关于京城夏日的文字描述充斥了"晴热""燥热""赤日杲杲""热甚"等字样，而身体的反应则是"汗出如浆""热不可耐""郁蒸殊不可耐"。清初诗人施闰章有《苦热行》一诗，真切反映了帝京夏日的酷热程度：

帝京酷热天下无，谁言白日寒幽都。往时昼汗夜拥被，朝昏爽气生肌肤。今年日夜如釜甑，赤身卧地仍狂呼。庞眉父老称怪事，人喝马喘死载途。辇冰如山塞路衢，千家买尽争须臾。去冬苦寒今苦热，天气过差偏有馀。江南炎暑常胜北，关情故里当何如？近闻太白复昼见，忧来侧足重踟蹰。

北京属典型的温带季风性气候，四季分明，春秋短而夏冬长。意大利传教士马国贤于康熙、雍正年间在北京生活十余年，他谈到，"北京坐落于一块往南旅行十日也不见沟壑的平原上，同时，往北走不出很远，就有无数的崇山峻岭。就因为往南是广阔的平原，往北是许多高山，北京就显得夏日酷热，冬天严寒"。

高温往往会招致灾难，明清以来的史料均记载了一些北京因暑热成灾的情况。《明实录》记载，正统三年（1438）六月，"炎暑炽热，都城门外少见路人，（护城）河水减半，草木遍黄，无以生机"；成化十六年（1480），"暑热难耐，燕地皆赤日"，顺天大兴、宛平因中暑毙命者达百余人。《卢龙县志》记载，康熙十七年（1678）六月"炎热异常，自京师至关内外，热伤人畜甚重"。乾隆八年（1743），据法国传教士宋君荣记载，老北京人从未遇到像这一年七月这样炎热的天气，"贫民和其他一些人，主要是胖人中暑或热死，死者躺在街道或屋内……为此皇帝和大臣们专门开会研究采取措施，以解除人们的痛苦。另在每条主要街道和城门洞，也都在发放降暑药品及冰块"。该年的实录也反映出乾隆帝的忧虑，"近日京师天气炎蒸，虽有雨泽，并未霑足。若再数日不雨，恐禾苗有损，且人民病暍（yē，中暑）者多"。为预防和减少百姓病暍的发生，乾隆帝下旨发内帑银一万两，分给九门，每门各一千两，正阳门二千两，并预备冰水药物，以防病暍。

以上情况表明，要想在京城平安度夏，必须做好避暑准备。

怕热的清代君主

满族崛起于山海关外，曾长期生活于白山黑水之间，体质抗冷而不耐热。努尔哈赤、皇太极统率八旗将士南北征战时，经常趁天冷出兵，逢溽暑天气则修兵停战。《太宗圣训》即载："当此六月酷暑，挥扇纳凉尚不能堪，岂能摽甲而战乎？"

顺治七年（1650）七月，因难耐京城酷热，摄政王多尔衮准备在边外择地建城避暑。他指出，"京城建都年久，地污水咸。春秋冬三季犹可居止，至于夏月，溽暑难堪。但念京城乃历代都会之地，营建匪易，不可迁移。稽之辽金元曾于边外上都等城为夏日避暑之地。予思若仿前代造建大城，恐糜费钱粮，重累百姓，今拟止建小城一座，以便往来避暑，庶几易于成工，不致苦民"。尽管建城一事未见工成，但京城酷暑让人难以忍受则是事实。

康熙帝也因为京城的暑热而不得不减少政务活动，甚至为此暂停过经筵进讲。康熙十二年五月底，讲官傅达礼等进谏，"先因夏至，奏暂停进讲。奉旨，至六月大暑时再行请旨。皇上勤学如此，虽古帝王未之多见。臣等叨侍经幄，不胜忭舞。但今值炎暑，且皇上日理万几，恐圣躬过劳，谨遵前旨奏请"。康熙帝准奏："今既溽暑，姑停数日。"

对于身处酷暑的狱中囚犯和驿卒等底层人民，康熙帝也给予关心，防其暑热伤身。他曾下令，将在京监禁罪因少加宽恤，令狱中多置冰水，以解郁暑；九门锁禁枷号的人犯，暂行释放，俟暑退后"仍照限补枷"。他还传旨谕兵部，"今值酷暑，驿递人马交困"，故减缓应到期限，允许缓至第二天日出前递到即可。

雍正帝曾经中暑，为此，他提到"每至盛暑之时，心中稍觉畏怯"。雍正一朝，出现"畏暑"字样的史料很多。按礼制，每年夏至有祭地的习俗，皇帝要亲率文武百官祭祀地坛，祈求灾消年丰。雍正五年（1727）四月二十七日，因担心中暑，雍正帝下谕旨给内阁："今年夏至，为祀地方泽，太常寺具奏。朕见天气尚凉，是以降旨亲诣行礼。日来天气甚觉炎暑，若勉强前往，转为不诚。朕一举一动皆本于实心，并无一毫矫饰，何况祭祀大典。此次停止亲诣行礼，着康亲王崇安恭代。"对于朝中大臣，雍正帝也格外体恤。雍正三年六月初七日，下令紫禁城内六十五岁以上的领侍卫内大臣、前锋统领、护军统领、护军参领、侍卫班领、侍卫以至护军校等，停其值宿之班，由年少之人代为值宿。此外，紫禁城内凡守门看堆子之护军等，有年龄超过六十岁者，亦停其值宿之班，由年少护军代为值宿。过三伏后，再令六十岁以上各官值班。同时，雍正帝还特别提到，早晨大臣等奏事出入之际，看门之护军等可照常穿衣，至午后，因天气太热，护军可以脱袍系带，稍为纳凉。

对于炎炎夏日，乾隆帝曾专门以《热》为题赋诗：

清和方上旬，袷衣尚嫌凉。过望数日间，酷热顿葛裳。凉谓夏临缓，热云夏来忙。芒种五月节，其实十六当。炎炽固为宜，不常中之常。人情多所憾，率鲜安分偿。我虽知是理，筹农仍蜀望。三春膏泽霑，满冀二麦穰。弗雨过半月，虑旱心徬徨。即曰晒麦宜，禾黍才吐秧。弱植根未固，歊蒸能无伤。烦绪触怀吟，不觉言之长。

因此，夏至过后，难耐京城酷热的清代君王，就要为避暑做准备。这大概是各朝清帝政务活动之外，每年必须面对的问题。

避暑胜地属园林

园林嘉木成荫，水景丰富，是纳凉避暑之胜地。雍正帝有《舟中纳凉》诗，写道："开遍芙蕖水为香，疏槐鸦影乱昏黄。停舟待月寻佳句，卷幔吟风纳晚凉。渔笛数声飘远岸，茶烟一缕飏修篁。畅舒心志逢清夏，寂寂花阴漏正长。"另一首《园中即景》诗云："林亭幽静晚风凉，水气侵衣荇藻香"，生动形象地描绘了水气给人们带来的凉爽。

紫禁城内的三海（中海、南海、北海），水面广阔，自然清凉，是避暑的好去处。康熙帝避暑，早期多选驻跸瀛台。比如，康熙二十年七月初四日早晨，帝诣太皇太后、皇太后宫恭请避暑，太皇太后移驻五龙亭，皇太后移驻紫光阁，而皇帝则在瀛台听政。而必要时暂离京城，到温度较低、较为凉爽的口外去，也是避暑的一种选择。如康熙二十二年六月，康熙帝曾出古北口避暑。次年，再行出口避暑。康熙二十四年，皇帝圣体违和，太皇太后认为是天气太热所致，曾劝皇帝到口外避暑静摄。

当瀛台不能完全解决暑热问题，而口外避暑又有不便之时，京城西郊的自然山水就成为清帝避暑的又一选择。

北京的西郊，西山蜿蜒若屏，清泉汇为湖沼，是天然的避暑佳地。康熙帝在《萼辉园记》中曾写道："京师西北隅，地旷而幽。西山叠巘（yǎn），近可指瞩。清泉交流，淳泓于其间。林木茂密，禾黍芊绵，有古鄠（hù）杜之风焉。"这一处天然风景绝佳的所在，自康熙朝以后，经雍正、乾隆几朝营建，终于形成以畅春园、圆明园、万寿山清漪园、玉泉山静明园、香山静宜园为代表的皇家园林带，形成西郊"三山五园"的宫苑格局。

康熙帝曾明确说明建造畅春园之用意，"每以春秋佳日，天宇澄鲜之时，或盛夏郁蒸，炎景烁金之候。几务少暇，则祗奉颐养，游息于兹。足以迓清和而涤烦暑，寄远瞩而康慈颜。扶舆后先，承欢爱日，有天伦之乐焉"。春秋佳日，可以观景怡心，盛夏酷热之时，则可以一解烦热。他的《避暑畅春园雨后新月》一诗写道："园亭气爽雨初晴，新月朦胧透树明。漏下微眠思治道，未知清夜意何生。"

乾隆帝统治时期，对三山五园的功能性加以整体部署："畅春以奉东朝（指奉太后颐养），圆明以莅恒政，清漪静明，一水可通，以为敕几清暇散志澄怀之所。"夏日，乾隆帝或驻圆明园，或泛舟清漪园，或驻静明园、静宜园，活动愈加丰富。他在《夏日香山静宜园即事四首》其一诗中写道，"别业非遥便往还，兰椒迤逦辟云关。看山延得半斋爽，逭（huàn）暑权因一日闲。鹤领雏来调弱羽，鹿希革后长新斑。书帷何必韦编展，大地羲爻注此间"，这说明三山五园因距紫禁城不算遥远，给皇帝避暑带来很大便利。

当然，延爽纳凉更专业的园林，则是建于热河的避暑山庄。康熙四十二年，避暑山庄建于热河西岸，山清水秀，密林幽深，夏季气候显然更优于京城的西郊，且离京城不远，故山庄建成后清帝经常至此避暑。康熙五十一年五月，康熙帝出京前往避暑山庄，"畏暑乘舆出凰城"，为了躲避京城夏热而奔赴热河。乾隆帝年迈后更加畏惧暑热，"老来畏暑意饶前，方泽祭过启跸旃"，夏至一过就要离京避暑。他在文集里写道，"且余年已望七，迩年觉畏暑，园居稍得清凉，可以精勤庶务"，避暑的同时亦不废政务。清帝避暑、理政两不误，这是三山五园和避暑山庄成为仅次于紫禁城之政治中心的一个重要原因。

作者简介

阚红柳，女，1973 年生，辽宁人。历史学博士，中国人民大学历史学院副教授，清史所副所长，清代皇家园林研究中心常务副主任，中国人民大学人文北京研究中心研究员。主要从事清代学术思想史、历史文献学研究，著有《清初私家修史研究——以史家群体为研究对象》，主编《海外三山五园研究译丛》《畅春园研究》《民国香山诗文精选》等。

盛世繁华：清前期紫禁城的修缮与扩建

郑永华

北京故宫旧称"紫禁城"，汇集了中国古代宫廷建筑文化的精华，为世界上现存规模最大、保存最完整的木质结构古建筑。1987年，故宫列入世界文化遗产名录，被誉为"世界五大宫之首"。著名文物专家罗哲文先生曾赋诗"五百余年多少事，风云幻变日纷争。繁华梦散笙歌静，宫阙巍峨紫禁城"，说明紫禁城作为历史实物见证的文化价值。紫禁城的建造，遵循中国古代《周礼》"前朝后市，左祖右社"的都城营建原则，自明初永乐年间初创，迄至清末宣统逊位，历经五百余年的历史沉淀。其间保养、维护经常进行，上规模的修缮、翻新也从未停止，或数年一次、或十数年一次。总的来看，紫禁城的发展历经明初永乐到正统时期的创建、明中叶嘉靖到万历时期的巩固、清代前期的繁荣等重要阶段，其中以康熙到乾隆时期的修缮与扩建，对后世的影响最为深远。

一

明末李自成撤离时，紫禁城仅剩武英殿、建极殿、英华殿、南薰殿、皇极门及角楼等少数建筑侥幸未毁。清朝定鼎北京后，即逐渐展开修复工作。顺治元年（1644），为迎接即将从关外前来的清世祖，开始整修乾清宫等建筑。二年，又复建由明代皇极、中极、建极三殿改称的太和、中和、保和（后因世祖养育其中，称位育宫）三大殿，三年底竣工，基本恢复了明代的外朝规制。十二年，再次大规模修整乾清宫。加上此前重建五凤楼，改承天门为天安门，建皇城北门并命名为地安门等等，紫禁城的整体风貌逐渐恢复。清初重建时，部分建筑体现出新主人的文化特色，典型者如坤宁宫，即仿盛京清宁宫"口袋房"而建。奉先殿、上帝殿（建成后称"昭事殿"），也不太合明代"往制"。紫禁城外，又于玉河桥东兴建了极富满族特色的"堂子"，凡此等等。不过顺治年间对紫禁城的修复，大部分是在明代遗址上重建，总体上反映出"清承明制"的文化特点，《清宫述闻》谓为"九重殿阙、大内规模，皆仍胜朝之旧，惟因阅年既久，时加葺治而已"。这也为康乾时期的进一步繁荣，初步奠定了基础。

随着"康乾盛世"的到来，紫禁城修缮迎来最为辉煌的历史时期。康熙改元之初，工程尚少。迨其亲政，大规模修缮随即展开。具体进程大致以"三藩之乱"平定为界，分康熙八年（1669）至十三年、二十二年至三十七年两个大的阶段。康熙八年初，清圣祖以太皇太后名义，命工部修缮乾清宫、交泰殿，以供自己成年后"移居"。外朝太和殿等建筑的修缮，也同时展开。十一月，乾清宫、太和殿竣工。开始亲政的清圣祖，遂由暂时移居的武英殿，正式迁入乾清宫。他在太和殿举行庆贺大典，诏告天下，称"进御宫殿"，当祭告天地、宗庙、社稷，显示亲政的新气象。此后又陆续对三大殿周边及其他宫殿进行修缮、装饰。到十一年夏，三大殿及其围房、走廊、门窗等油饰彩画次第完成。十二年，交泰殿、坤宁宫等竣工。紫禁城为迎接圣祖亲政而集中进行的修缮，至此大体告一段落。

　　康熙十八年十二月，太和殿被大火焚毁，清圣祖主导的第二阶段修缮由此提上议事日程。十九年底，大臣称大殿未营，临朝"止于御门"，宜早日动工。清圣祖以连年用兵，两广、西南军需浩繁，下令暂缓。不过小的工程则陆续展开。十八年，东路先在明代奉慈殿基址上为皇太子允礽兴建毓庆宫，正殿命名惇本殿。又以不合礼制，重修顺治年间所建奉先殿。二十一年，在武英殿之西改建咸安宫。是年冬清军攻入昆明，"三藩之乱"平定，不久台湾亦纳土内附。政治形势的稳定，使紫禁城的修缮进入新的历史阶段。二十二年，重修西六宫中的启祥宫、长春宫、咸福宫。二十五年，重修东六宫中的延禧宫、景阳宫。二十七年，在明代仁寿殿等旧址上兴建宁寿宫，以供皇太后颐养天年。随之竣工的，还有景福宫、宁和宫，以及其北的三宫、十二所等多所建筑，紫禁城内廷至此逐渐齐备。

　　此期备受关注的，还有文华殿的修缮。明代文华殿本是太子东宫，后成为帝王经筵之所，明末毁于大火。顺治九年动议重建，因故停工。圣祖亲政后尊崇儒学，康熙十八年又诏征博学鸿儒，专供帝王经筵的文华殿遂于二十二年开工重建，"一切规模，殆依明制为之"。二十四年，在文华殿以东建传心殿，正中设皇师、帝师、王师神位（皇师：伏羲氏、神农氏、轩辕氏；帝师：陶唐氏、有虞氏；王师：夏禹王、商汤王、周文王、周武王），殿东祀周公，殿西祀孔子。二十五年，文华殿告成，圣祖非常重视，谕称"经筵大典，于文华殿初次举行。先圣、先师道法相传，昭垂统绪，炳若日星"，决定亲赴传心殿祭告孔圣，"以彰景仰之意"。二月，经筵大典隆重举行，大学士、九卿、詹事等朝廷百官济济一堂。讲毕又在殿内设宴，以示清廷"崇儒重道"的文化意义。

　　兴建中难度最大、也最具象征意义的，是前朝三大殿的主殿太和殿。康熙二十一年二月，工部以太和殿"为天下万国之观瞻，必应修造"，疏请筹办物料。九月，清廷派员赴江浙、湖广、四川等省采办楠木，开始备料。二十二年，国家统一大业基本完成，太和殿的兴修具有了全新的政治意义，筹建进一步提速。四川、湖广、江浙等地将所需木料通过水运北输至通州木厂。至三十四年，物料齐备，遂于二月择吉动工。圣祖非常重视，称其兴工"事关紧要"，特命工部郎中江藻任主管，并于开工日派大臣前赴天坛、太庙、地坛、社稷坛等处祭告。据江藻《太和殿纪事》，到三十四年底，大殿已上梁构架。三十七年正月，工部题请赏赐，表明主体工程基本完成。七月十八日，太和殿装饰一新，正式宣告落成。

太和殿此次重建，以"掌尺寸"的匠头梁九贡献最大。据说梁九为顺天府（今北京）人，明末师承工部负责宫殿监造的匠师冯巧，"尽传其奥"。由于技艺精湛，清初"大内兴造，梁（九）皆董其事"。太和殿兴工时，梁已年届七十，仍"手制木殿一区，献于工部尚书所，以寸准尺，以尺准丈，不逾数尺许，而四阿重室，规模悉具"，提供了直观准确的施工图样。据《太和殿纪事》，太和殿明间梁、次间梁的彩画，也来自梁九的建议，基本恢复了明代的彩画风格。可见康熙年间重建的太和殿，大体维持了明代旧制。太和殿建成后，成为紫禁城内体量最大、等级最高的建筑。不过出于木材所限，清代将原来的九间改为十一间，改变了明代"面阔九间，进深五间"的传统格局。为了符合体现皇权的"九五之数"，设计者独具匠心，在东西尽间各砌砖墙，形成独立夹室，一方面保留了大殿主体的"九间"古制，同时也更符合中国古代的宗庙形制。

二

康熙时期两个阶段的大修，奠定了清代紫禁城的基本规制。典型者如外朝三大殿，此后一百多年内，除乾隆一朝曾经重修外，未再有大的修缮。康熙帝之后的世宗"以勤先天下"自许，重于整饬吏治，在位十三年工程较少。迨高宗继位，经济繁荣，财力充裕，国势达到"康乾盛世"的高峰，紫禁城内再次大兴土木。不但康熙时期的原有建筑得到维修，新建筑也不断增多，重要者如寿康宫、重华宫、建福宫及花园、雨花阁、中正殿、寿安宫、慈宁宫及花园、宁寿宫及花园、文渊阁、毓庆宫、乾清宫等等，一举奠定了清代紫禁城的全盛风貌。

乾隆朝紫禁城修缮的第一项工程，是高宗即位后为生母所建的寿康宫。寿康宫位于慈宁宫西侧，高宗继位当年动工，次年落成，崇庆皇太后随即迁入，宫联"庆叶瑶图，融和开寿域；祥呈阆苑，熙皞乐康衢"，为高宗御题。寿康宫内的"龙凤和玺"彩画，以龙凤纹样居主导地位，并使用沥粉贴金，是宫廷彩画中的最高等级。自此以后，直至高宗于太上皇时期重建乾清宫，各项修缮、改建、增建工程，连绵不断。

高宗即位之初，将成婚时其父赐居的西二所升为重华宫，谓"舜能继尧，重其文德之光华"，以显示自己的治国安邦之志。与此同时，西一所改建为漱芳斋，其前殿戏台为重华宫宴集演戏之所，年节常有演出。1922年梅兰芳应邀进宫，即在此演戏。其旁的西四所、五所被挪至东边重盖，原址则兴建了著名的建福宫与附属花园。这是高宗修造的第一处宫内园林。建福宫始建于乾隆七年（1742）春，很快竣工，高宗称"未费司农之帑，何劳庶民之攻。经之营之，募千夫而齐力。如松如竹，阅数月而成功"。

不过同时动工的花园，则费时耗力，直到乾隆二十二年才完成。建福宫花园以延春阁为中心，有静怡轩、妙莲华室、凝晖堂、积翠亭等建筑十余座，高低错落，游廊相连，木石相映。其中凝晖堂南室额题"三友轩"，悬挂宋、元《十八公图》《君子林图》《梅花合卷》，与窗外所植松、竹、梅相映成趣。建福宫花园融皇家园林与江南私家园林艺术特色于一体，充分体现了高宗"奉慈闱而承欢"的造园主旨。

乾隆十四年，于西六宫以西改建雨花阁、中正殿。此处明代有玄极宝殿等建筑，入清后进行了较多的改建、增建。雨花阁出自三世章嘉呼图克图的建议，系仿西藏阿里古格的托林寺坛城殿而成，依照藏密的四部（事部、行部、瑜伽部、无上瑜伽部）设计。建成后供奉西天梵像，成为藏传佛教的密宗佛堂，是宫中唯一的汉藏合璧建筑，也是西路宫殿建筑群中最高的一座。中正殿及附近的淡远楼、中正殿东西配殿、香云亭、宝华殿、雨花阁、雨花阁东西配殿、梵宗楼等十座藏传佛教建筑，清代多以"中正殿"为总称。此地康熙三十六年设"中正殿念经处"，主管宫内喇嘛念经与造办佛像等事。乾隆年间重修后，作为宫中藏传佛教中心的特色更加突出。主殿供奉无量寿佛，又供奉大量来自西藏、蒙古的佛像与绘画。每届岁末，轰动宫中的"打鬼"活动亦在此举行。中正殿藏传佛教建筑群，成为清代"兴黄教即所以安众蒙古"国策在宫廷建筑上的具体体现，在维护国家统一方面发挥了特殊作用。

乾隆十六年，高宗将慈宁宫西北的咸安宫官学迁出，改建为寿安宫，以贺其生母六十大寿。寿安宫建成后，院落三进，后院叠石为山，东西各有福宜斋、萱寿堂。孝圣宪皇太后六十、七十大寿，高宗均率皇后及皇子、皇孙等，至此进茶侍膳，并于堂前跳"喜起舞"以贺寿。二十五年，又在宫内添建三层戏台，成为

"孝亲"的主戏台，直到四十一年，才逐渐为宁寿宫新建畅音阁戏台替代。三十三年，为迎接生母八十寿辰，高宗又于明代仁寿宫的旧址上改建慈宁宫，次年十月竣工。此处明代为大善殿，清代慈宁宫建成后，作为太后居住的正宫，后殿供奉佛像，又称"大佛堂"。在此稍前，已动工改建慈宁宫西南的花园。慈宁宫花园始建于明，是太皇太后、皇太后及诸多太妃嫔游憩礼佛之处。乾隆年间进行了大规模改建，形成主次相辅、左右对称的规整格局。花园揽胜门内，山石叠起，起到"开门见山"的布景作用。建筑集中在花园北部，包括慈荫楼之南的主殿咸若馆，东西配以宝相楼、吉云楼，其南建含清斋、延寿堂为游园休憩之所。花园南部相对平坦开阔，叠石垒池，种花植树，晨昏四季情趣不同，使年迈孤寂的太后、太妃们不费跋涉，于深宫幽院而得山林观赏之趣。

乾隆三十五年，高宗下谕改建宁寿宫，以便将来自己当太上皇时"颐养天年"。此项工程自三十七年兴工，至四十四年完成。改造后的宁寿宫荟萃了清代宫廷建筑的精华，有"城中之城"的美誉，宛如紫禁城的缩影。其南半部以皇极殿、宁寿宫为中心，北半部以养性殿为中心，宛如紫禁城中的前朝、后寝之分。其西北角的宁寿宫花园，俗称"乾隆花园"，景致多仿自建福宫花园，有古华轩、遂初堂、符望阁、倦勤斋等建筑。花园分为四进，结构紧凑而不失灵巧新颖，曲直相间，大小相衬，假山重叠，玲珑剔透，是清代宫苑中公认的精品。园中禊（xì）赏亭，为北京四处著名的流杯亭之一，四周栏杆彩绘秀竹，以应"茂林修禊"之古韵。宁寿宫西侧安放大炕，设萨满教神位以及跳神用的法器。高宗在《宁寿宫铭》补记中称"余将来归政时，自当移坤宁宫所奉之神位、神竿于宁寿宫，仍依现在祀神之礼"，表明了他于宫内设置萨满神位的初衷。这使宁寿宫成为继坤宁宫之外，紫禁城中另一处体现满族民俗文化的重要建筑。

乾隆三十九年，于文华殿之北兴建文渊阁，成为清代紫禁城中极具标志意义的文化建筑。文渊阁之名始于明代，为宫廷藏书、编书之处，也是"天子讲读之所"。明末毁于战火，清初沿设"文渊阁大学士"之名，却无文渊阁之实，"第仍其名，而未议建设之地"。乾隆三十八年，高宗下诏征书，开馆编纂《四库全书》。次年又诏于文华殿以北预建藏书楼。高宗以宁波范氏天一阁闻名于世，特谕杭州织造前往详询，"取其阁式，以构庋贮之所"。四十一年楼成，高宗赐名文渊阁，"兹以贮书所为，名实适相副"，并移此举办经筵活动。四十七年《四库全书》告成，第一部精抄本即庋藏于此。高宗同时于阁内大开盛宴，赏赐修书人员，盛况空前。文渊阁内藏《古今图书集成》《四库全书》等清修大部丛书，成为紫禁城内最大的皇家藏书楼。

毓庆宫是乾隆末期的较大工程。毓庆宫原系康熙年间为皇太子所建，高宗成婚前曾居此。仁宗年幼时，亦与兄弟子侄居此宫。乾隆五十九年，高宗以归政在即，添建大殿一座，修缮游廊、抱厦。六十年高宗"禅位"，但未迁出养心殿，名义上已承大统的仁宗遂暂居毓庆宫。其院落共四进，正殿惇本殿在第二进院落，其后毓庆宫，再后殿匾曰"继德堂"。藏书室"宛委别藏"，书房"味余书室"，及东侧"知不足斋"等匾，均出自仁宗御笔，体现出其"初逢训政，恭谨无违"的守成性格。不过毓庆宫内的装修极为考究，新修的后殿等建筑构思尤其精巧，素有"小迷宫"之称。仁宗亲政后，嘉庆六年（1801）又有所扩建，规模继续增加，后来成为同治、光绪、宣统三帝的读书之处，在晚清历史上持续发挥影响。

康乾时期紫禁城修缮的最后绝响，是高宗以太上皇身份对于乾清宫等建筑的重建。嘉庆二年十月，乾清宫突发大火，延烧宏德、昭仁、交泰数殿，损失惨重。面对宫内废墟，太上皇痛心疾首，亲自祷告，"虔诚礼谢，以答灵贶"，并颁发"罪己诏"。当年腊月动工，次年春天兴建宫殿，仲秋竣工。对在大火中被毁的藏品，太上皇下令收集配补，又将御花园藏书移入修复的昭仁殿内。但建筑可以重建，世祖御书"正大光明"匾额等珍贵文物，却不可再生。尤其是荟萃于昭仁殿中的大量善本，即因此次火灾，"宋本俱烬"。大量精华之作毁于一旦，给中国文化典籍造成了不可估量的损失，一定程度上也预示了清代国运从全盛走向衰亡的历史转折。

嘉道以降，内忧外患频繁，国势日衰，清廷对紫禁城基本上以维持为主，再无重大作为。从康熙到乾隆一个半世纪的大规模修缮，遂成清代紫禁城最后成型的关键时期。其原因，一方面在于"康乾盛世"稳定的政治局面和充实的经济力量，另一方面，不断发展的技术力量也不可忽视。明代蒯祥之后，又涌现出梁九、雷发达、张涟、张然等名师巨匠供奉宫廷。由他们培养、组织的宫廷营造匠师，技术精湛，分工细密，代代相传，为紫禁城的兴修与繁荣提供了可靠的技术保证。故宫现今名满天下的精美建筑，绝大部分都经过康乾时期的大修，或是此时期重修、改筑、添建的。也正是基于此点，罗哲文先生提出，故宫的保护、维修与利用，应以康乾时期的总体布局和重要建筑作为故宫历史文物的整体"原状"，尽量再现中国宫廷建筑史上的盛世繁华。

作者简介

郑永华，男，1968 年生，湖南邵阳人。北京市社会科学院历史所研究员。研究领域主要包括中国秘密社会史、清代史表编纂、宗教史事与民俗文化、明代北京史、历史地理专题等。撰有专著《清代秘密教门治理》《姚广孝史事研究》，主编《北京宗教史》，参与合著《近代以来的会道门》等。

清代京官的经济生活与社会交往

——以《王文庄日记》为中心

李　娜

　　家庭经济是社会经济生活的重要组成部分。中国古代历史上家庭经济情况，由于时代久远、资料缺失而研究成果较少。本文以《历代日记丛抄》中《王文庄日记》为史料基础，对清代户部尚书王际华在乾隆三十九年（1774）中的家庭收入与支出进行分析，借此探讨其经济生活和人际往来，真实描绘18世纪清代民众的生活图景，进而对清代官员的生存状态及当时的社会经济发展情况有更深入的认识和了解。

　　王际华，字秋瑞，号白斋，别号梦舫居士，浙江钱塘人。生于康熙五十六年（1717）七月二十五日，卒于乾隆四十一年三月十六日。他是乾隆十年一甲第三名进士，授编修，三年后升侍读学士。乾隆十四年，奉命入值南书房。后充湖北考官，擢内阁学士、礼部侍郎，辗转任职，乾隆三十四年升礼部尚书，乾隆三十八年充《四库全书》正总裁，后迁户部尚书。乾隆四十一年三月卒，赠太子太保，祀贤良祠，谥文庄。

　　《王文庄日记》，王际华自撰，为乾隆三十五年（时为礼部尚书）和乾隆三十九年（时为户部尚书）所记日记，国家图书馆藏有手稿本,《历代日记丛抄》(学苑出版社,2006 年) 第 30 册影印收录。该日记逐日记录,通常依次记录时间、天气、工作、交际等情况和重要家庭事务,其中还记录有每日的经济活动,包括家庭收入、支出的情况。关于经济方面的记录,在乾隆三十五年日记中记录较少,在乾隆三十九年日记中增多。下面从王际华乾隆三十九年的家庭收入、支出等方面进行探讨。

一、家庭基本情况

在《光禄大夫赠太子太保户部尚书文庄王公墓志铭》里,清楚地记载了王际华的家庭情况:"初娶夫人陈氏贤而知书,能庀(pǐ)内政。继娶夫人彭氏,有兹孝声。皆先公卒。子四人。长朝梧,贡生。次朝飑,礼部司务。次朝葵,出为公弟际丰后。次朝兰。女四人。孙男二人。孙女三人。"日记与墓志铭的记载既可佐证,又有补充。当时,王际华长子王朝梧、次子王朝飑已成人娶妻,两子曾参加科举未中。直至乾隆四十六年,王朝梧在皇帝恩典下考中进士。王际华先后娶的陈夫人、彭夫人都已早逝。两位夫人去世后,王际华没再续弦,有姜氏。在日记中有相关记载,二月二十三,"晚与三姜及女儿饮"。王际华有四个女儿,在日记中经常出现的有两个女儿。乾隆三十九年十月,发冬碳钱,其中大小姐一两二钱、二小姐六钱。总体而言,王际华家庭结构比较清晰。

二、收入情况

王际华收入主要有几个方面:俸禄、饭银、房租和馈赠。
清代官员的俸禄,清初承袭明制实行低俸制度。京官正从一品俸银 180 两，禄米 90 石，依照品级而递减。雍正朝，外官建立养廉银制度，待遇大幅提升。

乾隆朝京官俸禄改为双倍发放，但是仍明显低于外官。那么，王际华的俸禄与官书中的记载是否一致、是否还有其他收入呢？

王际华日记中没有直接出现俸银字样，却有禄米的记载。"十月初七，发领米一百十八石、豆六十石，盘费共廿一两六钱三分。"

王际华当时主要收入是饭银。饭银，是清代京官俸禄之外的补贴，各部之间并不一致，名目也有区别。王际华日记中还出现了各种"饭银"的记载，如：

正月廿八，收铜批银二百三十二两。

二月十二，收正月开印后八日捐纳库平银三十六两一钱一分零。

三月廿四，收铜批二百三十八两三分，库平，本应二百二十五两，分与永公十四两五钱七分。又扣吃饭二两四钱。

五月初一，收四月分封贡饭银四十三两四钱二分，监生饭银五十四两四钱二分五厘。收端节饭银实七百四十二两五钱一厘。

五月十三，收铜批饭银二百。

五月十九，三次分得头卯饭银共三千六百八十一两二钱，后七月朔又分四次银七百。

六月廿七，收肃州以西捐监饭银四百零三两二钱。

七月初一，收头卯饭银七百。

以上各种"饭银"，名目多样。铜批银，也称为铜批饭银，是"饭银"的一种，时间较为固定，基本上是每两个月记录一次，全年共 6 次，每次二百余两，总计约一千三百两。其余的饭银总计约七千六百两，其中以头卯、二卯等饭银为最多。各类饭银全年总数约近九千两，远远多于俸禄的数额。

清代外官经过雍正朝养廉银制度的实施解决了后顾之忧，京官的养廉问题在乾隆朝提出。乾隆帝即位伊始，体恤京官的艰辛，特意在户部余银中拨款养廉，通常以饭银的名义从地方征收并发放，如有剩余兼做办公之用。"给京员养廉，谕总理事务王大臣：国家命官分职，亮采宣猷，固欲各矢公忠，共襄国事。然必俯仰无忧，而后可以专心效职。朕临御以来，洞知京员俸禄所入，未足供其日用，深为厪（jǐn）念。祗以量入为出，国有常经，必须筹画周详，始可施行久远。今查得户部有平余银两，系各省与正供随解之项，每年约有十六七万金不等。此项银两，在内在外，原存贮以备公事之用者，若即以分给部院办事之人，作为养廉，于情理亦为允协。着总理事务王大臣等，查明部院各衙门事务之繁简、官员之多寡。其原有饭银，已足敷用者，无庸赏给。其不敷者，酌量加添。其向来并无饭银者，酌量给与。至翰詹京堂等衙门，虽事务不繁，而淡薄较部院更甚，均当令其一体沾恩，可按数分派。详悉妥议具奏。"在《王文庄日记》中出现的头卯、二卯、三卯等饭银，从其字面意义上理解，似乎就是因当时卯时当差而发放的津贴。

京官因所在部门不同，饭银的收入会有很大的区别。正如乾隆帝所说，"查明部院各衙门事务之繁简、官员之多寡"而制定发放的标准。乾隆七年故刑部尚书刘吴龙遗疏内称："在京部院衙门，皆有饭银，而户部银库养廉，尤为丰厚。惟内阁、吏部、礼部等衙门，未获一体邀恩。"王际华所在户部是为优渥，铜批饭银似是户部发放的饭银。

王际华在北京有数处房产，包括乾隆帝赐给的官房，自己的老宅、新宅和若干铺面，如：

正月廿二，收彭宅房租四十两。

三月廿六，收广谊园租六十两。

九月十六，朝梧交上彭宅八九月租屋银八十两。

王际华每年出租的房产有彭宅、广谊园、铺面和门首等处。总体上而言，王际华房租收入每年约有数百两。

官员馈赠。远离中枢的外放官员为仕途顺畅，对皇帝身边的京官会有所馈赠。外官的馈赠，数目不大。有时是以实物的形式出现。应该说，王际华收入情况应该比我们上面明确列举部分还要多些。

三、支出情况

王际华的支出主要包括交际、房产、宗族事务和日常性消费。因户部尚书的身份，王际华的人际交往占据了他较多精力、时间以及财力。从日记上看，王际华除政务外，经常拜访或是接待访客，还与友人通信联络，相互宴请和馈赠礼物，此外在祝寿、生子、嫁娶、丧葬等所谓人情世故上，也礼尚往来。

交际，特别是与同僚的交际较为频繁。正月廿九，"是日予送菜五器请金坛"。金坛，此处指金坛人于敏中。于敏中，乾隆三十八年升文华殿大学士兼户部尚书、首席军机大臣。

除与同僚、学生、故旧之间的交往，王际华为维护与乾隆帝的良好关系也煞费苦心。在公务之外，每年王际华还要多次向皇帝供奉精心准备的礼物，以古玩字画为主。皇帝对其也会不时赏赐。乾隆三十九年，王际华修葺房屋，花费甚巨。修葺的房屋，即是乾隆帝赏赐的住所，日记中"自十五日起命收贵修葺赐庐"之句。

王际华身为高官，在宗族事务上颇有担当。广谊园，位于北京城南，是王际华为收殓"乡人客死而无所归者"而购建的。王际华因其资历成为同乡中的领袖之一，八月二十日日记中亦有"予忝为乡人首"之句。因此王际华除兴建广谊园，还经常参加浙江籍同乡的活动，并承担相应的责任。

王际华日常生活消费，主要集中在衣食住行等方面。衣的方面，主要是裁缝和布料。王际华常用的裁缝姓任，一年内共有记载六次，每次少则三十两，多则六十两，总计达到了二百零二两。所做衣服，不仅自用，还包括家人和馈赠。食的方面，家庭饮食支出在日记中没有明确记载，主要记录的是应酬和高端食品。王际华经常宴请或是赠人酒席、菜品。王际华赠送或购买的高端食品有燕窝、海龙等。住的方面在前文已有涉及。行的方面，主要是轿夫费用。轿夫的工食银是每月二十两，后涨到了二十二两。轿夫除工食银外，在超出正常工作量外，还要另外赏钱或赏赐。王际华日常性消费方面，包括买酒、买煤、剃头等。"雇林姓剃头人，先付一季工食银三两"，一年大约十二两。

在重要节日时，王际华要给宫内的太监、官署的部下、家中的长幼、寺庙等支付节仪。其曾在春节仅"红包"打点就花费了将近三百两白银。从其各项支出所占比例来看，王际华的社会交往和应酬占总花费的八成以上。

四、结语

以上是王际华日记中关于家庭经济生活的考察，从中也能引起我们几点思考：

一、王际华撰写的《王文庄日记》中的经济史料，具有若干特点。一是史料真实性。《王文庄日记》中记录的有关经济的数据和事项真实可靠，尤其是日记私密属性使其比一般官方文书记录更真实。二是史料代表性。王际华科举出身，曾入值南书房，辗转升迁至礼部尚书、户部尚书，是清代京官群体的一个代表。他所记录的经济生活也可以成为这一群体官场生活的缩影。三是史料珍贵性。该资料还原了数百年前一个京城官员的日常经济生活，银钱往来之间折射了清代乾隆朝社会经济的方方面面，从古玩字画到宴请，从房租到日常的衣食住行，一幅真实的清代乾隆时期社会经济生活画卷在记录者的字里行间徐徐展开。四是史料完整性。《王文庄日记》中记录了乾隆三十九年一整年情况，基本上是逐日记录，连贯而完整。

二、此份没有局限于日常生活的记录，提供了一个观察清代乾隆朝社会经济发展状况的视角。日记中记录的基本家庭消费不多，大量数字反映的是王际华身为官员在社会交往和应酬中所体现的银钱往来，包括购买服务（如轿夫、购买婢女）、交际消费（如宴请应酬）、投资收藏（如购买古董字画）、高档消费（如购买燕窝、滋补品）和装修居所等，消费层次高、消费能力强，这与普通民众的消费有很大的区别。例如在普通节日进奉乾隆皇帝价值数百两的礼物，与朝中重臣之间的馈赠也以古玩字画为主，清朝统治阶层的生活逐渐追求精美、奢侈的物质享受。这也从一个侧面反映出清代乾隆朝政治环境的稳定以及社会经济的发展情况，清朝的统治阶层君臣之间从清朝创建之初的励精图治进入到了一种平稳享乐的社会氛围之中。

三、王际华的经济收入和支出情况代表的是清代品级较高京官的经济情况。王际华年收入在万两白银以上，他的收入支出远高于清代同时期平均水准。王际华的轿夫，每年的收入大约在六十两左右。由此可见王际华作为户部尚书与普通平民之间的收入存在无法逾越的差距。

王际华以同僚、师生之谊，乡党、亲友、宗族之情构建了一个多元存在而又相互交织的社会交往空间，而雄厚的财力、频繁的经济往来是这个社会交往空间得以维系的有力支撑。户部尚书的身份决定了他的交往层次比较高，"谈笑有鸿儒，往来无白丁"。在同时期清代平民家庭的经济交往和应酬中，更遵守地方礼俗，以血缘关系和姻亲关系为主导，社会交往具有局限性。而《王文庄日记》中所呈现的恰是王际华的社会交往繁多，其花费大量的精力和财力来拓展自己的社会交往空间，体现出清代较高社会阶层在满足基本生存需求之后对更多利益和更大生存空间的追逐。

四、通过《王文庄日记》中所记录的经济资料，有益于对清代雍乾时期的经济制度和财政制度的形成过程有更直观的认识。其中尤其值得重视的是王际华关于"铜批银""饭银""头卯银""二卯银"等项收入的记载，这些京官除了俸禄之外的额外收入就是乾隆时期"养廉银"发放的一种形式。"养廉银"自雍正朝财政改革设立，其设立之初的本意是为了防止官员腐败，补贴外官的俸禄不足。乾隆元年提出京官的"养廉银"问题，但京官的"养廉银"是以什么名目发放的呢？数额是多少呢？王际华的日记就是最真实的答案。王际华收到的多种名目的补贴收入数额远远高于自身品级所应得的俸禄，这与他身担户部尚书要职，所得待遇更比其他京官优厚有关系。

王际华的经济活动记录也体现了清代政治经济的变迁。雍正朝外官实行"养廉银"，乾隆元年京官的"养廉银"问题提上议程。京官的"养廉银"从乾隆元年的"酌量给予"到乾隆三十九年王际华记录的基本定时、定额发放，形成惯例。这些真实、具体的数字反映出清代统治者雍正帝和乾隆帝在财政改革和政治治理方面的探索轨迹。马克思曾说："君主是国家中个人意志的、没有根据的自我规定的环节，是任性的环节。"但是在"养廉银"的设立和发放过程中，两位清朝统治者体现出一种审时度势的谨慎态度，清代雍乾时期的政治氛围和环境也可从中探知一二。

王际华关于自身经济生活的记载从个人角度对乾隆时期的"养廉银"政策进行了印证和解读，而且，王际华的这些合法的额外收入也在一定程度上起到了防止腐败、弥补俸禄不足的作用。国家的财政政策在个人的经济生活上得以体现。

五、通过王际华日记中所记载的经济资料可以看到清代社会经济发展的不平衡性。仅以日记中出现的物品的品种和物价而言，就远非一般平民所能消费，清代不同阶层的社会生活空间形成差异化的社会经济生活特点。

作者简介

李娜，女，1975年生，辽宁人。历史学博士。现任职于中国社会科学院古代史研究所。研究方向为清代政治史。发表论文《南书房撤销时间考订》《清代乾隆朝重臣王际华考述》《明清时期海上西洋丝绸之路再探》《清代南书房研究30年》等。

清代道光时期南苑内部管理的整顿风波

刘仲华

南苑位于今北京市丰台区和大兴区境内，是辽、金、元、明、清时期的皇家苑囿，因苑内有永定河故道穿过，形成大片湖泊沼泽，草木繁茂，鸟兽聚集。在不同的历史时期，南苑承载了封建社会都城的部分政治功能。辽代，长于骑射的契丹统治者在南苑举行捺钵（契丹语，指辽帝的行营）围猎活动。金代海陵王常率近侍"猎于南郊"。元代同样以"下马飞放泊"作为游猎和训练戎马的重要场地。清代，南苑是历任统治者讲武习勤、操练兵马的御园理政之所。

道光十八年（1838）三月二十七日，道光帝在南苑例行行围后，发现苑内牲兽稀少，大为恼怒："围猎之时，一无牲畜，尚复成何事体？"（《清宣宗实录》）立即命军机大臣会同管理奉宸苑大臣对南苑内部管理进行调查，随后掀起一波整顿风潮。

一、制定南苑新章程

作为直接责任人，时任奉宸苑管理大臣的禧恩于闰四月十二日自请议处，同时向道光帝建议明确南苑现有管理人员的职责分工。禧恩列举了南苑现有管理人员：郎中一员、员外郎二员、主事一员、委署主事一员，四官苑丞四员、苑副七员、委署苑副六员、三旗苑丞三员、苑副六员、八旗总领章京一员、防御章京八员、骁骑校二员。各级管理人员不能算少，如果"能各勤职守"，"足敷治理"，但存在的问题是"责任未专，观望推诿"。为厘清各项管理职责，禧恩奏请此后南苑行宫、庙宇、围墙、庄头、地亩、稽核、门牌、十甲等管理事项，凡是人员差役，"归郎中等官管辖"；九门、围场、八旗、兵丁、牲畜、缉捕等项归总领章京、防御等管辖；三旗、草甸、道路、树株、载补荆棘、挑挖淤沙等项，则归三旗苑丞、苑副等管辖，"于司员中择其熟悉谨慎者一员，值年稽查，内务府卿员专司其事"（录副奏折，道光十八年闰四月十二日《禧恩等奏为遵旨会议南苑章程并自请议处事》）。管理南苑大臣统辖一切事务，其余公务会同办理。禧恩还就南苑八旗章京的奖惩提出了建议。禧恩奏请明确南苑各级管理人员职能分工的建议并非没有道理，但道光帝未置可否。

同一天，军机大臣、定亲王载铨奉命奏呈《京师南苑管理章程》。与禧恩奏请明确管理人员的责任分工不同，军机大臣载铨等人所提出的整改措施主要针对的是"群相剿伐，私带鸟枪，影射偷打，不知防范"等问题，同时也提到了"开垦之田亩日增，则生草之荒地日少"的原因。

次日，即闰四月十三日，经御前大臣等会议，道光帝批准了载铨等人所奏请的新南苑管理章程。首先是规定皇帝行围驻跸南苑时，对官兵、侍卫、扈从官员所携带枪支进行严格管理。其次，是加强对皇子在南苑学习行围时随从人员携带枪支的管理。再次，严查苑内私垦草地。最后，是补充南苑内日益稀少的野生动物，命盛京将军每年向南苑解送活獐（录副奏折，道光十八年闰四月十二日《定亲王载铨等奏为遵旨会议京师南苑管理章程事》）。

嘉道以来南苑破败，一方面有国运时势的因素，但另一方面而且更重要的是管理松懈，内部贪污腐败丛生。道光帝意识到了这一问题，斥责曾长期担任奉宸苑管理大臣的禧恩"漫不经心，废弛疏懈，咎实难辞"。道光帝命禧恩不必管理奉宸苑事务，以定郡王载铨、内务府大臣裕诚管奉宸苑事（《清宣宗实录》）。

二、清查违规私垦

在载铨的五条系列建议和措施中，还提出了彻查私垦，以保证苑内有足够草地的建议。载铨奏称南苑存在开垦地共 510 余顷，但并未明言这是经奏准后的合法开垦还是不合规定的违规私垦。南苑作为皇家苑囿，有别于畅春园、圆明园等以"避喧听政"为主要功能的苑囿，因其承担着"讲武习勤，操练弓马"的"祖宗旧制"，清代统治者始终禁止南苑垦种。但这并不意味着南苑内部没有任何耕种之处，按照定例，苑内小部分土地是允许分配给护苑的苑户、海户及庄头垦种的。以乾隆时期计算，南苑中苑户 90 名，每名 28 亩，共垦种地 2520 亩；庄园 5 所，每庄 18 顷，共 90 顷；果园 5 所，共用地 15 顷 69 亩；海户以最多的 2200 名计，每名 28 亩，计垦种地 61600 亩，以上共合 746 余顷。但载铨所反映的垦种地亩完全是超出以上定例的违规私垦。

正是发现了这一问题，道光帝命奉宸苑新任管理大臣定郡王载铨和内务府大臣裕诚于十五日到任后便立即着手查看南苑开荒地亩、草甸、牲只，并清查南苑各项钱粮。

四月二十日，载铨、裕诚奏报南苑开垦地亩的调查结果。经统计，当时南苑内征租地共计 659 顷 23 亩有余，其中丰绅殷德任内未经奏明招佃租出地 19 顷 4 亩；英和任内奏明招佃租出地 107 顷 52 亩、未经奏明招佃租出地 9 顷 71 亩 5 分；那彦宝任内奏明开荒地 300 顷 1 亩 6 分 6 厘、未经奏明招佃租出地 25 顷 62 亩 6 分 3 厘；文幹任内未经奏明招佃租出地 11 顷 74 亩 3 分 5 厘；苏楞额任内奏明开荒地 153 顷 48 亩 5 分 9 厘；禧恩任内丈量各项地亩余地，当时并未抛荒，也没有专折奏明，仅于丈量地亩折内笼统具奏增租地 32 顷 9 亩余。从以上载铨、裕诚奏报所查明的南苑开垦地亩详情来看，在丰绅殷德、英和、那彦宝、文幹、苏楞额和禧恩等历任管理大臣任内浮开地亩（包括已奏明招佃租出地和未经奏明招佃租出地）屡有发生，而且数量不少。面对如此严重的私垦现象，道光帝没有直接追究南苑管理人员的失职之处，而是谕令将这些历年所开垦的地亩限期两年内陆续抛荒。

三、清理钱粮亏欠

清查私垦地亩的同时，此次南苑整顿还清理了历年奉宸苑钱粮挪移挂欠情形。根据载铨所奏，道光帝于二十七日谕令内阁："奉宸苑欠交无著利银，前降旨著历任该管大臣等分别赔交，所有原借本银亦著历任管理奉宸苑大臣、奉宸苑卿分别代交，以归帑项。其道光十七年正月起，至本年闰四月止，欠交无著利银，并著该大臣等分别赔交。以后奏销，务须年清年款，不准再有牵混。至南苑本年春季岁修工程，不敷放钱一万六千四百八十六吊零，查有前任郎中毓泰等挂欠、长用、占用等钱一万六千六百二吊零，著即责令各员分别交纳，无庸归款，即作为补放工程不敷钱文之用，余存该苑备用。嗣后遇有岁修等工，著仍照向例分别请估咨领，以符旧制。该苑应领马乾银四百八十七两零，著即在稻田厂租银项下支给，毋庸由羊草项下动用。"

面对南苑如此严重的钱粮挪移挂欠情形，道光帝认为曾长期兼管奉宸苑大臣的禧恩负有很大责任，"挪移挂欠种种弊窦，岂得诿为不知？乃竟一味因循，毫无整顿，辜恩丧良，莫此为甚"。禧恩是道光继位以后就颇为倚重的大臣，自道光初年，即曾管理奉宸苑事务，"迨后缘事撤退，旋复令其兼管"。因此，禧恩"历任最久，受恩深重"。按道理，应将禧恩"重治其罪"，但道光帝"姑念事隔多年，逐款追究，亦属烦琐，姑不为已甚之举"，仅命将禧恩从宽革去经筵讲官、领侍卫内大臣、阅兵大臣、管理理藩院事务、都统、总管内务府大臣等职，"以示薄惩"（《清宣宗实录》）。

除了将禧恩革职之外，道光帝又命载铨查明历任管理奉宸苑大臣及奉宸苑卿在任年月，然后再分别议处。六月二十六日，吏部尚书朱士彦奉旨，根据历任奉宸苑管理人员和载铨所上奏的历任名单及在任时间，拟定处罚办法。根据吏部的建议，开垦租出地的处罚标准以面积大小为等差，挪移挂欠钱粮的处罚标准则以在任时间长短为依据，即"开垦租出地亩，按照亩数多寡，并失察挪移挂欠钱粮，按照在任年月久暂，分别议处"（朱批奏折附单，道光十八年六月二十六日《吏部尚书朱士彦等呈历任管理奉宸苑及奉宸苑卿开垦租出地亩数及失察那移挂欠钱粮按分别处分清单》）。

四、禁止私砍滥伐

为逐步恢复南苑的自然生态，道光十九年正月，经载铨、裕诚奏请，又叫停了例行的干枯树木砍伐惯例。按照惯例，南苑内树木或两年或三年芟（shān）锯一次，所砍伐下来的干枯树木交与南苑内四处行宫，用于冬季熏炕处取暖。此前，乾隆元年（1736）五月奏准，所砍伐木柴除了留作四处行宫供熏炕之外，其余木枝存贮四宫，以备每次皇帝驻跸南苑时使用。按理说，定期将干枯生病树木加以砍伐，对于维护南苑树木的健康生长，是非常有必要的，但由于内部管理混乱，以至于贪劣人员借每次砍伐枯树之际，徇私舞弊，将很多并未枯死的树木也加以砍伐，并从中谋取私利，结果造成"近年来苑内树木渐形稀疏"。载铨等人在调查后奏报，这其中的缘由"未必非由历届芟锯回干时，将未回干者亦行映射芟锯之所致"。既然每次砍伐大量树木，按照规定这些木柴应该能够足量供应行宫使用，结果反而是"每遇皇上临幸时，本苑木柴仍系不敷应用"，还需要"向地租项下动用钱文采买"。为彻底杜绝砍伐过程中的徇私舞弊，保障南苑苑囿禁地"必须林木茂密"，道光帝不得已谕令"嗣后将芟锯回干一节暂行停止"（朱批奏折，道光十九年正月二十六日《理奉宸苑事务内务府载铨、裕诚等管奏为南苑树木渐稀请暂停芟锯回乾并请由内务府营造司理皇上临幸应用木柴事》）。

经过道光十八年的这次整顿，南苑的管理稍有起色，"渐复旧规"，在一定程度上遏制了自乾隆朝末年以来愈演愈烈的私垦现象。二十二年三月，道光帝再次行围，"以南苑牲兽众多，草木繁茂"，予管奉宸苑事定郡王载铨等议叙，赏南苑管围总领章京等银币有差；又赏赐南苑看守各行宫苑户一月钱粮、海户银一千两（《清宣宗实录》）。二十六年三月行围时，亦称赏"南苑草木繁茂，牲兽尚多"，赏赐定郡王载铨加一级俸禄。

不过，终道光一朝，查禁私垦地亩并予以抛荒的政策虽然一直在实行，但始终是禁而未绝。这里面，除了管理松懈、有关人员蒙混腐败之外，更重要的原因是现实的变局，即社会生产与人口激增的矛盾。道光朝从立国之本的政治高度强调"谨遵祖宗旧制"而予以查禁、整顿的地方尚不止于此南苑一处，面对人口激增，流民无数，粮食生产亟需解决的变局，清廷继续恪守祖制、维持南苑作为皇家苑囿的前景不容乐观。时至清末，南苑逐步放垦的趋势最终难以避免。

作者简介

刘仲华，男，1973 年生，新疆焉耆县人。北京市社会科学院历史研究所所长，研究员。从事清史、北京史研究。主要著作有《世变、士风与清代京籍士人学术》《汉宋之间：翁方纲学术思想研究》《清代诸子学研究》。

破除积习，实心任事

——庚子之役后京城修缮中的张百熙

王立新

张百熙（1847—1907），字埜秋，湖南长沙人。光绪二十六年（1900）七月，八国联军侵入京师，慈禧太后携光绪皇帝出德胜门逃亡太原，之后又逃到西安。九月，身在广东的张百熙被任命为都察院左都御史，十二月奉命前往西安行在。此后历任工部、刑部、吏部、户部、邮传部尚书。国事艰危之际，张百熙力主革除积弊，提出增改官制、整理财政、广建学堂等项建议。而在庚子之役后的京城修缮工程中，张百熙切实践行了破除积习、实心任事的责任担当。

一、承修跸路，破除积习

光绪二十七年四月二十一日，身在西安的慈禧、光绪通告天下，定于七月十九日回銮（后又改为八月二十四日），命各衙门"先期敬谨豫备"。

然而，此时京城损毁严重：

正阳门城楼、箭楼以及地安门均被烧毁。永定门城楼及东华门城楼角梁坍塌。西华门、神武门、东西安门以及天桥等处均有毁坏情形。午门、天安门、太庙、社稷坛中炮处所密如蜂巢，东华门内蓬蒿满地，弥望无际。

大高殿洋兵盘踞最久，毁坏情形最重，自大门牌楼起至大高殿后檐及东西配殿，第二层乾元阁、坤贞宇及围墙、门扇，均有毁坏，各处神像及祭器陈设等全部佚失。显佑宫毁于兵燹，城隍庙年久倾圮，先医庙、昭忠祠基址业已无存。

自上年八国联军入城，各部院衙门大半皆被占据，不仅署中器物多被劫掠，而且建筑门窗俱多损坏。如礼部署内只有大门、二门、大堂、二堂、三堂及南北廊房尚存间架，此外房屋全行拆毁，库存各项档案书籍试卷并养廉地租银钱等均已荡然无存。光禄寺库存之爵盘、金银铜器、银两并铜印两颗全部遗失。

四月二十七日，身在京城的庆亲王奕劻电奏：京城被兵之处多有残破，现在回銮有期，应对跸路所经地方提前进行修葺，并提出，如果由工部照例勘估，不仅速度慢，而且工费浩繁，建议特派大臣择要兴修，以期妥速。慈禧、光绪当然也不愿回到京城时满目疮痍，当日即下旨，命张百熙与桂春、景沣、陈夔龙一起切实估修。五月初三日，张百熙"恭请圣训"，随即起程，于五月二十九日赶到京城。

工程领域历来是贪腐的高发区，清代也是如此，对于某些陋规，承办工程之员甚至习以为常。此时的京城，一方面是百工待举，一方面却是经费奇缺。要想以有限的款项兴办更多的工程，势必要破除积习。四月二十七日的谕旨特意强调：当此库款支绌、物力艰难之际，张百熙等务必严督司员，破除积习，核实办理，总期工坚料实，不得稍涉虚靡。五月初三日召见张百熙之时，又谆谆以尽除积习为勖（xù）。

张百熙深知，京师办理各项工程，看似程序严密，实则积弊颇多。他在奏折中指出：京师兴办各项工程，算房书吏往往与木厂商人朋比为奸，高估工价。户部知道其中多有浮冒，于是奏定，各项工程按照估价的四成结算，皇帝钦派的工程则按照五成结算。这一规定出台后，算房知道实际上会减成发放工程款，于是在做估价时，就将减成所短提前计算在正价之内，这样一来，厂商拿到手的工程款仍不少于从前。"节省"这一名目由来已久，就是各厂商将多拿的工程款分送给承办工程的官员人等，惯例是每领实银一万两，堂官共得节省银一千两，司员等共得银一千两，算房暨本衙门所派之房书茶皂以及私宅之家丁轿夫等所得银两为数甚多，尚不在此数之列。他认为：办工之员中固然有廉正自持、不肯收受者，而相沿旧习者亦复不少，如此办理，哪还能指望工坚料实、款不虚糜？

光绪二十七年六月初十日，张百熙等会奏承修京城跸路工程除弊核实大概办法，主要内容如下：

一是破除积习，裁去一切陋规。张百熙等申明："当此时事艰危、库储奇绌之秋，重以诰诫煌煌，臣等皆受国厚恩，即所派司员亦皆各具天良，必不敢苟蒙旧习"（《奏为酌拟承修京城跸路工程清弊核实大概办法事》），此次兴工，所有从前"节省"名目全行革除；如有不知自爱者别立名目，巧取规费，即将该员严行纠参，并将甘心行贿的商人一律惩办。

二是所有各衙门书吏茶皂人等概不派入工程，所有应行书写之件，随时雇募书手；其堂司各官所用家丁车轿夫等，更不许向商人需索分文，如有恃强娄索，随时拿办，不得徇私袒纵；至算房书吏最工舞弊，此次一概摒除不用。

三是实行招标之法。张百熙等督饬司员，勘明应行修葺处所，绘图贴说，详列做法，招集各木厂商人，令其参酌工程做法、所需材料，按照市场价格进行估算，核实报价，密封投递。

张百熙等从中选择估价最低者，再行严加删减，然后分派认修，并令其出具保固甘结，以期工坚料实。将来户部发款，即按照十成发给。

四是开工之后，选派各司员分段督工，张百熙等仍随时公同查核。有操守廉洁、办事勤能者，择优酌奖，于综核名实之中，兼寓激励人才之意。

这一办法颇受慈禧、光绪的认可，不仅在跸路工程中得以实施，此后张百熙承办的其他工程，也都是采用此法。例如重建堂子之时，景沣面奉谕旨，该工程仍照跸路办法办理。

二、修缮京城，实心任事

在张百熙上奏京城跸路工程办法的同一天，朝廷改任他为工部尚书。除了各部院衙署、坤宁宫内堂子，本年确定兴工的京城内官修工程，均由张百熙来主持，直至二十九年这些工程完工。即便是他在光绪二十七年十月初四日改任刑部尚书、十二月二十三日改任吏部尚书，也没有易换他人。按照他自己的说法："臣等自受命承修跸路以来，时届两三年之久，工兼十数项之多。"

张百熙承办的京城工程，大致可分为如下几类：

（一）修跸路以肃观瞻

由午门至正阳桥牌坊止，凡是慈禧、光绪回銮时能够看得到的地方，一律修饰整齐，于二十七年七月初四日开工，限期两个月竣事。

午门城上西库房因秋间雨水过多，前坡坍塌一间，由张百熙等奏准将前坡补砌，修饰整齐，以肃观瞻。二十七年八月二十四日开工，限期两个月完工。

（二）修城门以严启闭

慈禧、光绪回銮后，京城各门安全防卫需要重回正轨。二十七年六月十九日，张百熙等奉旨，将京城门座各工择要修理。地安门系皇城北面紧要门户，经张百熙等奏准赶紧修建，以严启闭。东西华门、神武门、东西安门以及皇城内外朱车栅栏、永定门等处均有毁坏情形，全部照旧修补，以昭整齐。

内外城门扇，其破坏不堪者一律钉补坚固，限令严冬以前完工；各门官厅、堆拨（驻兵之所），共补盖一百九十间，修葺五百二十七间。北上门门扇、栅栏、阶石及官学房屋计十九间前后均有损坏坍塌情形，择要修葺齐整。

（三）修坛庙以昭敬慎

祭祀在清代政治生活中具有重要地位，凡遇国家大事，皇帝往往亲临天坛、太庙等处告祭上天及列祖列宗。对京城坛庙择要勘修，一方面是为了皇帝回京后进行祭祀，另一方面也显示出朝廷对祀典的重视。

天安门东侧的太庙，各门栅栏并外围墙等处缺口甚多，张百熙等先将外围墙缺口堵砌，后因砖城外斋宿房、堆拨房等处头停门窗不齐，东西两庑及各门座库房等处也有脱落渗漏损坏情形，继而一并修补。

天安门西侧的社稷坛，各殿座门座以及库房、值房、墙宇均有损坏，至两殿菱花、格扇、窗棂拆毁尤重，于八月二十四日开工修补，限定两个月修理完竣。

景山西侧的大高殿系恭备皇帝拈香之处，光绪二十七年六月初七日谕令张百熙等修理整齐，以昭敬慎。

堂子系皇上亲行典礼之所，因旧址划入使馆区，光绪二十七年七月十九日，命张百熙等在东安门内进行重建。

二十七年十月间，各坛内所驻洋兵全部撤出，张百熙等连日亲往天坛、地坛、先农坛、朝日坛、夕月坛详细查看，各坛内损坏情形轻重不同，好在各殿庑大木、头停均未拆毁，只是格扇门扇装修多有不齐，至于坛上地面砖石及门座门扇、值班官廨等房以及围墙栅栏等则多被破坏。因时届寒冬，不宜兴工，张百熙等先将各坛围墙缺口堵砌，次年春融后全面兴工。

（四）修仓库以慎藏储

硝磺库与西什库教堂毗连，拆毁情形最重，计库房二十一间，头停坍塌两处，其余瓦片多有破碎，门扇窗格均多不齐，此外围墙、大门、官厅几乎砖木无存。张百熙等认为该库是收存硝磺总局，自应照旧修葺，以慎藏储，遂于二十七年十一月命厂商核实估计，赶紧备办物料，并于次年春融之时开工修理。

为了能做到工坚料实、款不虚糜，张百熙亲力亲为，实心任事。

各项工程开始之前，他都要带同司员详细勘查，确定兴修何处、如何兴修，以便开具清单，作为厂商报价的基础。即便其他衙门此前已经提供过相关清单，张百熙等依然会进行实地勘查，根据实际情况进行调整。例如太庙工程，此前太常寺已就如何修理开具清单，张百熙奉命承修后，当即前往太庙，按照太常寺奏报的清单详细查勘，一方面确认单上所列各工均系紧要；同时发现太庙东西两庑及各门座库房等处也有脱落渗漏损伤情形，虽该寺并未开报，亦应及时修葺，免致续有坍塌。

对于重建工程，施工过程中，张百熙等则会随时前往查看，根据实际情况斟酌调整。例如堂子系易地重建，受新建地方宽窄限制，不能完全按照以前的格局兴工，因而奕劻等相度地势，重新画定图式，恭呈御览。张百熙奉命承修后，在施工过程中随时考求，对原有方案进行修改，期于尽善尽美，不肯因奕劻等此前已将图式进呈而"稍涉回护，致留缺憾"。

对于随带司员，张百熙等勤加督饬，敦促他们洁己奉公，认真监察，力杜虚糜。"该员等于堂子工程奏明分班住宿，于各坛、地安门等工则奔驰于炎天暑雨之中，历时年余，始终不懈。公所需用笔墨纸张茶水，住班饭食等项，均出自各员捐廉，办理不动公款，用能克期蒇（chǎn）事，不误要差"（《奏为开列酌保堂子工程添改处所厂商报效各工人员单恳请给奖事》）。

三、变通办理，力求撙节

在库款支绌的背景下，谕旨一再强调择要兴工，撙节办理。张百熙在办理各工的过程中也一直秉持这一原则。为了节省经费，甚至不惜在是否搭设正阳门彩架的问题上与行在军机处反复相争。

正阳门是此次跸路工程的起点，慈禧、光绪回銮，首先到达正阳门，之后沿大清门、天安门、午门一路入宫。正阳门门楼、箭楼均已被烧毁，若进行重修，工程浩大，回銮之际肯定难以竣工。张百熙到京后，禀商奕劻，初步决定暂缓重建，令厂商用木板、席棚、五色绸缎等搭建成门楼式样，以壮观瞻。但他思来想去，觉得搭建席棚彩画仅仅是为了一时好看，将来还要拆除，可谓白白浪费巨资，于是提出停办彩架，奏请暂将前门城楼两座一律拆平，修饰整齐，待回銮后再行估修，并获得允准。

然而不久，行在军机处致函张百熙等，指示正阳门仍要搭建彩架。张百熙等传齐各商进行估价，发现即使不事铺张，仍然需款甚多，严加核减，尚需价银四万数千金。他想到七月初一日光绪曾经下过一道谕旨，其中提及慈禧诸事撙节，力祛糜费，此次启銮回京，沿途摒除华丽帐褥彩棚之属，遂以此为抓手，于八月十六日致电行在军机处，再请停办彩棚："现在库款支绌异常，各处要工已属难于措手，且两宫力崇俭约，屡见诏旨，即此次停办彩棚，抑已中外咸知……似应上承圣德，无取备一时耳目之观，所有谕办彩架一节，可否仍遵前旨，停止办理，请示遵。"（《为库款支绌停办彩架请旨事》）十七日，行在军机处电复，虽仍坚持搭设彩架，但指示用价格便宜得多的洋布替代彩绸。

最终，张百熙等将两楼余址拆平，所有垛口残缺之处修砌完整，于大楼之前扎彩架五间，箭楼之前、之后各扎彩架三间，彩上横额标题"正阳门"字样，所有架上垂彩结彩，均用各色洋布成作，略加彩绸点缀，实际只用银二千三百两。

在其他工程中，张百熙也多有变通，以求节省款项。

如大高殿从前所供神像，多系铜质包金，工艺异常精致，因为既缺少铜斤，又找不到好的工匠，一时难以铸造。大高殿正殿神像之前原来设有玉皇上帝天尊神牌，张百熙等奏准暂缓铸造神像，大高殿修缮完竣后，只安设神牌，以备回銮后拈香。

地安门与东西安门规制相同，此次系仿照该二门重建。但东西安门柱梁大木都是楠木，现在无从购买，张百熙等奏准改用黄花新松，虽远逊楠木，但也可期经久，而且价格不太昂贵。

社稷坛格扇上铜丝细纱，一时赶办不及，张百熙等奏准"改用直线丝纱，藉可稍省工费"。

跸路工程开修之前，陈夔龙曾经预计，仅仅修缮午门、天安门、太庙、社稷坛、天坛、地坛、日坛、月坛、先农坛，以及跸路经由各庙宇，就需要工程款约百万两。张百熙所承办的工程，其范围已超出陈夔龙所列，但用银总数只有 64.5 万两左右（具体参见下表）。光绪二十九年，袁世凯、陈璧估修正阳门重建工程，并未延用张百熙之法，仅此一项工程，耗银即高达 42.9 万余两。相互对照，张百熙承修各工，用款确属减省。

张百熙承修各项工程用银数目表

工程名目	用银数目
跸路各工	129000 余两
太庙工程	5431.9 两
大高殿工程	61650 两
地安门工程（重建）	49778 两
社稷坛及午门城上西库房工程	9985 两
内外城门扇官厅堆拨各工	53210 两
紫禁城、皇城各门座朱车及永定门、天桥各工	37552 两
堵砌各坛围墙缺口并修补门扇栅栏，修葺北上门	7732 两
堂子工程（重建）	130000 两
天坛工程	65672.4 两
地坛工程	19310 两
朝日坛工程	15710 两
夕月坛工程	8130 两
先农坛工程	39750 两
硝磺库工程	2900 两
午门至天安门外各廊房添安木炕桌凳前檐格扇并添盖值房等工	9206 两
总计	645000 余两

国家处于危难之际，更需要各级官员共体时艰，破除积习，实心任事。然而正所谓积习难破，别说一般司员，就是与张百熙同为承办大臣的景沣，在跸路工程兴工之前，都主张按照惯例，

堂司各员抽取二成工程款以为己用。张百熙能够不为利益所动，深体朝廷库款支绌之难，破除积习，革除陋规，实心经理各工，实属难能可贵。

作者简介

王立新，男，1972年生，河北卢龙人。文化和旅游部清史纂修与研究中心副编审。近年有论文发表于《清史研究》《近代史研究》等期刊。

清代宗教侨务政策演进与东南亚华人基督宗教传播

张　鹏

东南亚华人皈依基督宗教是东南亚地区史、海外华侨华人史、基督宗教传播史上一个值得关注的社会文化现象，基督宗教在东南亚地区华人群体中落地生根，几乎和华人下"南洋"的历史缘起一样悠久。

从外部条件来看，伴随着近代资本主义在全球扩张，亚洲国家逐步被卷入西方主导下的殖民体系，基督宗教则趁机向这些"未涉之地"不断渗透，通过文化攻势助推"炮舰外交"。就内部因素而言，东南亚华人在异域文化情境中选择接纳基督宗教的内生动力亦值得关注，这本质上反映了该群体寻求身心庇护、强化文化认同、融入主流社会等心路历程。

值得进一步探讨的是，既然东南亚华人社会网络移植于中国本土社会文化生态，那么，东南亚华人基督宗教的传播发展必然受到清朝宗教侨务政策的深刻影响。

一、厉行禁教与基督东传

康熙五十四年（1715），罗马教皇克莱芒十一世发布反对中国教徒敬拜孔子和祭祀祖先的禁令，此举无疑冒犯了清朝统治者及正统儒学的权威。由于双方针对此次"礼仪之争"协商未果，康熙五十九年，清廷明令禁止在华传播天主教，"西洋人等，无一通汉书者，说言议论，令人可笑者多。今见来臣条约，竟是和尚、道士异端小教相同，彼此乱言者莫过如此，以后不必西洋人在中国行教，禁止可也，免得多事"（中国第一历史档案馆《清中前期西洋天主教在华活动档案史料》）。此后全国教案频发，许多外籍传教士被逐。

为了维护统治秩序，雍正、乾隆、嘉庆年间均采取了日渐严厉的禁教政策，西方传教士在中国内地的实际传布可谓乏善可陈，转而将宣教重点转向"南洋"等华人华侨聚集地，并将该区域视为打开中国内地门户的"试炼场"，推动了基督宗教在东南亚华人族群中的传播。

例如，为了实现建立"东方天主教帝国"的野心，西班牙当局在殖民时期曾经大力推进菲律宾的天主教化，被视为"上帝之子民"和"西班牙国王之臣民"的华人天主教徒最多时达到三四千人。康熙二十六年，当地出现过兼具天主教神缘属性和行政管理职能的"岷仑洛华人公会"，西班牙殖民者试图利用受洗华人信徒与侨乡的联系，作为进一步向中国本土渗透的"跳板"。殖民当局曾制定一系列政策劝诱华人皈依，如免除华人信徒劳役和十年贡金，准许与土著女性通婚的华人拥有土地，一些华人还与皈依见证人建立起稳固的"公巴礼"（干亲制）关系，而对于不愿受洗者和华人"异教徒"，则强制实施隔离或驱逐政策。

与此同时，西方殖民势力纷纷将地理位置优越的马来亚作为传教中转站。葡萄牙人和荷兰人占领马六甲后均曾强迫当地居民信仰基督宗教，这种统治形式一直延续到英国殖民统治时期。嘉庆二十年（1815），英国传教士威廉·米怜（William Milne）携妻子抵达马六甲，其华人助手梁发（Liang Ah Fa）则协助翻译并印刷了许多传教材料，成为当地首位华人牧师。道光十五年（1835），美部会传教士帝礼士（Ira Tracy）为首位华人基督徒ChaeHoo 施洗，至 19 世纪中叶，当地华人社会已经出现以讲英语的侨生为主体的基督教社群。

同治元年（1862），华人传教士陈诗武等人筹款建立"马车路尾礼拜堂"（今长老会荣耀堂），成为新加坡首间华人基督教会。这个以马六甲和新加坡华人教会为中心，以东南亚各地华人教会为节点，以书信为主要联系方式的网络，成为西方差会海外基督教网络的重要组成部分。

二、移民海外与信仰孕育

众所周知，近代中国战火不断、列强肆虐，侨乡地狭民稠等矛盾日益严峻，大多数人移民海外只求安生活命。然而，清政府腐败没落、闭关锁国。

侨乡民众远涉重洋到海外谋生，不仅远离亲友、离乡背井，在航海途中历尽艰难险阻，抵达"南洋"之后又受尽歧视迫害，亟需一种精神上的寄托。"据普通观察之，南洋华侨教会之教友，多为中等以下之平民，少巨商富贾，或名流学者，纵若有之，亦大都迁属欧人堂会，而与华侨堂会反漠无关系。"（叶华芬《南洋华侨教会》）更为关键的是，农业社会乡民之间的温情纯朴，逐渐让位于工商业社会的利益交换，早期海外华人先辈供奉的传统神明愈加难以满足其现实需要，更无法在原有信仰体系中合理解释这种社会变迁。而作为西方文化和主流价值的重要载体，基督宗教被认为是现代的、理性的、没有种族色彩的"中立"信仰，由此得到东南亚华人（尤其是新生代华人）群体的接纳、认同。

三、海禁"弛禁"与华传"南洋"

伴随第一次鸦片战争爆发，清王朝跨越百余年的禁教政策开始走向终结，近代中国的福音门户逐步被迫开放。

事实上，中英《南京条约》仅规定在华外人享有五口居留等特权，对于传教惠利的表述着墨较少，但至中美《望厦条约》签订时，其第十七款便规定："合众国民人在五港口贸易，或久居，或暂住，均准其租赁民房，或租地自行建楼，并设立医馆、礼拜堂及殡葬之处。"中法《黄埔条约》第二十二款也规定："佛兰西人亦一体可以建造礼拜堂、医人院、周急院、学房、坟地各项。"（王铁崖《中外旧约章汇编》）特别是第二次鸦片战争后，清廷被迫同英法等国签订《北京条约》，外国基督教人士进一步取得在中国内地自由传教、居住和游历等特权，条约第五款专门规定"凡有华民情甘出口，或在英（法）国所属各处，或在外洋别地承工，俱准与英（法）民立约为凭，无论单身或愿携带家属，一并赴通商各口，下英（法）船只，毫无禁阻"（贾桢《筹办夷务始末（咸丰朝）》）。这一条款不仅标志着清廷开始明令废除海禁，而且为中国大陆传教人士赴东南亚提供了便利。

光绪十六年（1890）前后，福建著名进步人士、卫斯理宗华人基督徒黄乃裳曾带领同乡教友赴婆罗洲开辟"新福州"（今马来西亚砂捞越州诗巫市），这大概是首次中国基督徒大规模向外移民活动。光绪二十六年十二月至二十八年六月，来自闽清、古田、侯官、屏南等地的 1118 名乡人（其中约三分之二为基督徒）陆续抵达诗巫，移民区设有基督教美以美会教堂和神职人员。民国元年（1912），101 名福建兴化人在陈秉中、方家明两位教士带领下，来到诗巫伊干江右岸的新珠山建立垦场，开荒种地。在沙巴州，也出现了广东客家人（主要是惠州、龙州等地的客家人）在巴色教会组织下移民。

宣统元年（1909），金井教会许声炎牧师由福建晋江到菲律宾传道时广收信徒，正式建立了旅菲中华基督教会和若干闽南语礼拜堂，其利用家族成员和门生在菲律宾经商或任教之便利，积极扩大在当地的宣教影响力，同时征募经费支持国内教会运作。

由此可见，通过叠合基督宗教、原籍社区、传统家庭与商业经济等多个层面的网络，以基督宗教为信仰纽带的集体移民模式建构起一个跨国族群信仰共同体，这有助于早期海外华人华侨群体共抵欺辱并互济互助，更促进了近代东南亚华人社团初创与社区孕育。20世纪前期，东南亚华人基督宗教信众规模与日俱增，社团独立化发展与在地化建设日趋深入，教会、学校、医院、书局等附属机构稳步建立。

综上，海外华人处在中国本土社会的"边缘"地带，基督宗教则处于中华正统信仰文化的"边缘"地带，此二者又分别位于清朝前中期宗教与侨务政策考虑的"边缘"地带。伴随着近代华人过番海外的"身体迁移"，经由皈依异质文化的基督宗教，该群体又经历了一场更为深刻的"心灵迁移"，华人基督宗教信众及社团由此形成了独特的历史经验。

依托海外华人信徒这一特殊的跨区域和跨文化群体，中华传统文化面对基督宗教文化展现出极强的包容性和调适性。例如，东南亚华人基督宗教信徒大多完整保持春节、中秋节、端午节、重阳节、清明节等节庆传统，以及崇拜祖先、逝者祭祀等社会习俗，即便是习惯使用英文且改信基督宗教的年轻一代信众，行为方式和态度观念也未放弃孝道、人情、谦虚、勤俭、秩序、和睦等传统价值观念。这既体现出华人信众对于原居地文化身份的归属和忠诚，又促进了中华文化在东南亚非华族和非基督宗教信众当中的广泛传播，对于推进中华文化传统的"再华化"发挥了重要作用。

作者简介

张鹏，男，1983年生，河南安阳人。博士，中央财经大学政府管理学院副教授。主要研究方向为华侨华人、国际关系史、中国对外战略等。出版学术专著五部，发表学术论文及时事评论数十篇，主持国家社科基金项目"东南亚华人基督教社团的发展转型及对新时期中国—东盟公共外交的影响探究"等课题多项。

紫禁城与王朝气象

朱诚如

2020 年是紫禁城建成 600 年。紫禁城作为明清两代皇宫，是中华民族宝贵的传统文化遗产，也是著名的世界文化遗产。它不仅拥有中国古代最宏伟的宫殿建筑群，还拥有一百八十余万件珍贵文物和大量的文献档案，承载着丰富的历史信息和文化印记，是中华民族追忆传统、传承文脉、增强文化自信的重要资源。与世界各国著名的都城皇宫相比，其体量堪称"世界五大宫之首"。著名古建专家单士元先生曾作过比照：法国巴黎的卢浮宫，自1541 年成为皇宫以来，历经路易十四、拿破仑王朝多次改建，一度成为欧洲的政治文化中心，其建筑面积不到紫禁城的 1/4；俄罗斯的圣彼得堡冬宫，1764 年建成，它的建筑面积相当于紫禁城的 1/9；另一著名宫殿——克里姆林宫，面积也不到紫禁城的一半。

紫禁城的宫殿建筑，经历六百年风雨，或自然风化，或战争创伤，但始终没有从根本上改变它的格局和风貌。它是中国首都北京的地标之一，宏伟的身影一直屹立在中轴线的中心。它是中国统一多民族国家的文化瑰宝，是中华民族文脉绵延不断的表征。它的万千气象吸引世界各国人民前来观瞻，它辐射的一带一路丝路花雨把中华文明传播到世界各地。

紫禁城遵循古代"前朝后市，左祖右社"的营建规制，建成于明朝永乐十八年（1420）。第二年正月，明成祖朱棣宣布迁都北京，自此紫禁城成为有明一代的皇宫。明崇祯十七年（1644）清军入关，紫禁城又成为有清一代的皇宫。明清两代二十四帝，近五百年以此为国家中枢之地，政之所出，号令天下。从明朝"永乐之治"肇建，到清朝"康乾盛世"定格，紫禁城成为我国明清两朝统一多民族国家历史的见证者。

回望历史，紫禁城历经明清两朝五百年的坎坷和辉煌，始终与国家和民族的命运紧密相连。都城是国家的政治中心、军事中心，皇宫是国家的中枢之地。建宫定都历来是国之大政。明成祖永乐四年"诏以明年五月建北京宫殿"，这在当时历史条件下，是一次艰难的历史性决策。

建一座新的皇宫，工程浩大，绝非易事。从永乐四年开始，采木烧砖，修建长陵，疏浚大运河，建宫迁都的前期准备工作陆续展开。楠木等木材要从四川、湖广、江西、浙江等远处采办，专供殿内用的苏州澄泥金砖、殿基用的山东临清贡砖、宫殿用的黄色琉璃瓦等，烧制、运输也很艰难。此外，还要调集天下各色匠人。经过十年筹备，永乐十五年元月开工，到永乐十八年九月，建成三大殿、寝宫、紫禁城四门、角楼以及庙社郊祀坛场，与南京宫殿相比"高敞过之"。明成祖以迁都北京来稳定国家统一和民族交融的地缘政治格局，以此一统农耕和游牧经济广大区域，以天子戍边宣示维护国家统一的决心，使北京再次成为中国大一统王朝的政治、军事中心。

明成祖建紫禁城迁都北京的决策，是一件永载中华民族史册的功业。首先，它阻滞元朝残余势力南下中原，维护了国家统一大局。明初经洪武、建文两代攻伐，元朝残余势力虽远遁漠北，但一直侵扰不断。成祖即位后，先是对北方蒙古诸部采取柔和政策，遣使通好，示以安抚，以图统一。但鞑靼、瓦剌叛服不定，多民族国家的统一面临挑战。永乐八年和十一年，朱棣两次亲率数十万大军出塞北征并取得局部胜利，一定程度上缓解了威胁，但元朝残余势力仍然伺机卷土重来。为了蒙古地区的长久安宁，自永乐二十年起，朱棣又亲率大军连续三年三次亲征，最后一次回师途中病死于榆木川（今内蒙古多伦），时年65岁。明成祖先后五次亲征，打压了鞑靼、瓦剌两部的野心，使其不敢贸然南下中原大举进犯，为明王朝后来抵御蒙古诸部侵扰奠定了基础。

此外，当时作为北部边疆的东北，亟需稳定和强化治理。东北地广人稀，多民族聚居，一直处于松散状态。明洪武年间，已将图们江、松花江和鸭绿江以西纳入控制范围，但更广大的区域还疏于治理。永乐年间，为了加强对黑龙江、乌苏里江以东滨海地区以及图们江等流域的治理，先后在这一广大区域设置卫所，并于永乐七年在东北边地设置奴尔干都司。治所设在黑龙江下游东岸特林地方，并于永乐十一年敕建永宁寺碑。至永乐末年，在奴尔干都司治下，已设置204个卫所。奴尔干都司治所的设置，将黑龙江下游海口的广大地区纳入明王朝版图，广置卫所加强了对多民族地区的基层治理，这都是巩固多民族国家统一的重大举措。

明朝中后期，元朝残余势力多次举兵袭扰北京。明正统十四年（1449）瓦剌南下，企图攻掠京畿，明英宗御驾亲征，但因备战不足，在土木堡被俘，是为"土木堡之变"。在群龙无首的紧急情况下，兵部尚书于谦力排迁都异议，率领京畿军民英勇抗击瓦剌，取得保卫都城北京的胜利。嘉靖二十九年（1550）鞑靼南下直逼京师，肆掠而去，此为历史上的"庚戌之变"，但未动京师根本，遏制了鞑靼进一步踏足中原。都城北京始终是整个明王朝的国家政务中心，也是多民族统一国家的军事指挥中心。历史证明，尽管北方多民族地区变乱不断，但以紫禁城为中心的都城北京，始终是稳定多民族国家统一的中心。

江南素为富庶之区，是国家的财赋重地，明初定都南京后，经过三十多年休养生息，基业已定，朝野上下居安而不思危，更不想远征塞外。面对这一复杂的政治局面，作为封建帝王的朱棣，看到元朝残余势力对国家统一的威胁，看到多民族聚居的东北地区对国家统一的重要，力排众议，迁都北京，对明清两朝中国历史的走向，对多民族统一国家的巩固和发展起到重要的奠基作用。三百多年后，清朝的乾隆皇帝盛赞朱棣这一举措是"卓识独断"，"燕王扫北"也一度成为民间美谈。

总之，明成祖朱棣把明太祖朱元璋开基的明朝统一大业大大地推进了一步，为整个明王朝二百多年的基业奠定了基础，功垂史册。他五次亲征塞外，病死征途；设置奴尔干都司，建永宁寺碑，一统东北广大多民族地区；派郑和六下西洋（第七次在宣德年间），外交天下；编纂《永乐大典》，传承中国传统文化；设内阁成一朝定制，为明清两朝的无相政治找到了一条出路。历史证明，明成祖的"永乐之治"为明初中国在亚洲和世界的大国、强国地位奠定了基石。

明成祖迁都北京之后，紫禁城的命运坎坷多舛。永乐十九年迁都大典后，仅四个月，三大殿即遭雷击被毁。三大殿是紫禁城的核心建筑，是王朝大典礼仪之地，是皇权的象征。仁宗、宣宗、英宗三朝即位时，竟无殿可坐，直至英宗正统六年，三大殿方重建完工，历时二十年再现完整的宫城。嘉靖至万历是明朝呈现转机的时期，但嘉靖三十六年三大殿又遭雷击，延烧至午门和左、右廊，整个前朝化为灰烬。嘉靖皇帝举全国之力重建，四十一年完工，历时 5 年。此间又因失火而重建西宫建筑群，贪图享受的嘉靖帝把西宫建得豪华壮丽，此后二十多年一直住在西宫。

万历二十五年（1597）三大殿又遭雷火，无心理政的万历皇帝也无心重建，直至四十三年方才开工，于天启七年（1627）重建完工，历时30年。或许是王朝不景气所致，直至明朝末年，紫禁城基本上维持明初宫城的基本格局。中国古代宫殿建筑均为木质结构，工艺独特，稳定坚固，明清两代京师多次地震，宫殿均安然无恙。但雷火是木质结构的克星，三大殿屡次遭灾，均因建筑高大，一旦遭遇雷火，无法扑救，往往延烧无遗。而每次重建，又几乎都与当时的王朝盛衰和经济强弱相关，其中端倪，不难看出。

明崇祯十七年清军入关，紫禁城随即成为清王朝的皇宫，北京成为清王朝的都城。有清一代，从未有过迁都建宫的议题。皇宫紫禁城和都城北京作为中华民族物质文化遗产，没有随着改朝换代而改变。"清承明制"的地缘政治格局基本为清王朝所延续。

清朝入关后，在与各种政治势力角逐中，逐步实现了国家统一。特别是从康熙朝开始，用了八年时间平定了吴三桂为首的三藩之乱，收复了长期孤悬海外的台湾，实现了国家的初步统一，使中国获得了一个稳定发展时期。以康熙朝为开端的盛世，到乾隆朝达到顶峰，在中国历史上创造了一个国家空前统一、政治比较清明、经济有所发展、文化有所繁荣的盛世，史称"康乾盛世"，与之前的文景之治、贞观之治、永乐之治相比，是中国封建社会发展的最后一个巅峰。

康熙、雍正、乾隆作为中国少数民族出身的帝王，始终坚持多民族统一国家的天下观，最终实现了稳定的国家大一统局面。康熙在平三藩、收复台湾的基础上，派兵抵抗沙俄入侵，签订了中俄《尼布楚条约》，确定中俄东段边界线。康熙三次出塞，亲征准噶尔，摒弃历代修长城的历史惯例，放眼大漠，恩施四方。至乾隆朝，彻底完成平定准噶尔的大业。两次出兵西藏，抗击廓尔喀侵扰，稳定了大漠南北和西藏地区。"西师"伊犁，彻底解决了长期以来困扰清廷的西北边疆问题，强化了多民族国家统一和治理，奠定了今天中国的版图。

持续百余年的政治安定和社会稳定局面，是统一多民族国家达到鼎盛的根本原因。由此推动的经济发展，使民生得以纾解，人口突破3亿，达到历史峰值，占当时9亿世界人口的1/3。农业生产水平是当时经济发展的重要标志，要养活3亿人口，没有农业生产的发展，谈何容易！康熙和乾隆六次南巡，既稳定了江南政局，也促进了南方经济发展。特别是南方市镇的繁荣刺激了制造业发展，大量中国瓷器、丝绸、茶叶出口欧洲，在世界经济全球化的进程中，当时的中国制造业做出了重大贡献。盛世巅峰时期，户部银库库存的白银常年保持在六七千万两上下。经济的发展也推动了文化繁荣。盛世倡文，历经三朝九十余年撰成的《明史》，经康熙、雍正两朝修成的类书《古今图书集成》，乾隆朝修成的大型丛书《四库全书》，都是超越前代的中国传统文化遗产。康熙开建承德避暑山庄，乾隆长期驻跸，以此柔和与北方少数民族的关系。康乾时期欧洲传教士不远万里来到中国，带来先进的科学仪器、书籍和西方艺术，促进了中西文化交流。

如果我们把康乾盛世放到当时整个世界历史环境中去考察，进行横向比较，也毫不逊色。18世纪是世界局势剧变的重要时期，欧洲经历了资本原始积累之后，先后在一些国家完成了资产阶级革命和产业革命。摆脱了封建制的桎梏，新的生产力以前所未有的速度迅猛发展，新兴的资本主义以前所未有的锐气引领世界历史的潮流。面对急剧变化的世界形势，曾经创造了光辉灿烂古代文明的中国，面临艰难的挑战。俄国从北方陆路，英国从南方海路虎视中国。但是在这一百多年间，不管从陆路，还是海上，还没有任何一个国家能够撼动中国在亚洲和世界的地位。中国与欧洲强国间的力量对比，大体上处于战略均衡态势。特别是乾隆时期，中国的人口与整个欧洲大体相当，中国的制造业份额也不在欧洲之下，在当时世界经济格局中，中国经济总量长期处于领先地位。

王朝的盛衰决定紫禁城的命运。由于明末战乱，紫禁城特别是前朝三大殿遭到严重损坏，清王朝尽管承续紫禁城为皇宫，但却面临新主无殿可坐的局面。顺治帝进紫禁城受贺，只能在皇极殿（太和殿）前的皇极门举行。顺治二年（1645）正月初一日，又不得不在皇极殿旧址"张御幄受朝"。仓促之中，于当年五月开始"兴太和殿、中和殿、位育宫（保和殿）工"，次年年底基本完成复建修缮。从总体上看，基本上延续了明朝的前朝规制。对于刚刚入主中原取代明王朝的清廷来说，从无殿可坐到正殿大堂理政，这也算是具有历史意义的一步。在家国一体的封建体制下，多尔衮、孝庄和小皇帝顺治不仅有了安身立命之地，更为清王朝定都北京、入主紫禁城踏出了第一步。

紫禁城旧貌换新颜，是从康熙亲政开始的。康熙六年（1667）动议修缮太和殿，八年正月"修理太和殿兴工"，十一月"修造太和殿、乾清宫告成"，康熙帝随即"移居"乾清宫，"进御"太和殿。十二月，交泰殿、坤宁宫竣工，外朝内廷完成了基本改造。但是，康熙十八年一场大火，彻底焚毁了太和殿。此时正是平三藩的关键时期，军需浩繁，无法顾及宫殿重建。至康熙二十二年，国家统一大业基本实现，重建太和殿被提上日程。康熙帝把重建太和殿视为第一等的"紧要"事务。事实上，从康熙二十一年即开始筹备，二十二年开始大规模从四川、湖广、江浙采办楠木等优质木料，并通过水路运到京郊通州。经过十多年筹备，康熙三十四年开工建造，三十七年辉煌壮丽的太和殿重建告竣。康熙朝两次大规模修缮、重建、扩建，奠定了紫禁城的基本面貌，前朝三大殿此后未再有大的改变。太和殿是前朝三大殿的主殿，朝政大典礼仪之地，从某种意义上说，重建太和殿是清王朝入驻紫禁城以来，多民族统一国家基本实现的标志。从入关前开始的问鼎中原的脚步，至此算是真正踏实。

乾隆朝是盛世顶峰，多民族国家统一局面已经形成，社会稳定，经济发展，国家财力雄厚，为紫禁城进行大规模添建、扩建、重建奠定了雄厚基础。乾隆朝在紫禁城大兴土木，为清朝之最，不仅丰富了紫禁城的内涵，更是给紫禁城以全新的面貌。寿康宫、重华宫、雨花阁、中正殿、寿安宫、文渊阁、毓庆宫、乾清宫以及建福宫及花园、慈宁宫及花园、宁寿宫及花园等建筑（郑永华《清前期紫禁城的修缮与扩建》），其布局之精巧、装饰之精美，前所未有。康熙、乾隆祖孙两代打造的紫禁城新貌，自此定格，成为我们今天看到的紫禁城的盛世风华。

乾隆朝最终定格的紫禁城，是中华民族传统文化的结晶，是宝贵的物质文化遗产，有着丰富的内涵：一是建筑技术的精湛。从殿阁楼亭的设计，到油漆彩画的装饰，无不体现中国传统工匠的高超技艺。乾隆四十一年（1776）完成改建的宁寿宫，是清代宫廷建筑的精华。南部以皇极殿、宁寿宫为中心，北部以养性殿为中心，形成城中之城，有紫禁城缩影的气势。其西北角的宁寿宫花园，是清代园苑的上乘之作。早年修建的建福宫及花园，更是将江南的园林艺术融入宫墙之内，一显南北文化的交融。在寿康宫，龙凤呈祥纹样彩画采用沥粉贴金，是为宫廷彩画中的艺术精品。二是体现多民族文化交融。乾隆十四年，雨花阁改建后成为宫中唯一的汉藏合璧建筑，供奉西天梵像，成为藏传佛教密宗的佛堂。中正殿及其附近十座藏传佛教建筑改建后，供奉无量寿佛及来自西藏、蒙古的佛像和绘画。以此密切了清王朝中枢与西藏、蒙古地区的关系。三是传承中国传统文化。乾隆四十一年建成文渊阁，典藏《四库全书》《古今图书集成》等经典丛书。还利用文渊阁举行经筵，传承文脉，笼络士子，营造盛世文化气象。四是体现帝王的文化艺术情趣。有着深厚中国传统文化底蕴的乾隆帝，将其文化艺术修养充分运用到宫廷建筑的布局和殿阁厅堂的内部设计上。比如养心殿的三希堂，那么一个几平方米的普通书房，他将其改造成经典版的传统文化精神殿堂。又如倦勤斋、漱芳斋，竟然搭建了精致的室内戏台，通景画、多宝阁等内饰令人耳目一新。其布局甚至摆设，都是精心设计，精心布局，内涵丰富，韵味深长。小处见大，精微处见宏阔，甚至乾隆花园的假山堆石也处处蕴含着人文底蕴。这些精彩的手笔，反映了盛世顶峰的乾隆帝宏阔的视野和丰厚的文化艺术修养。

自乾隆朝以后，紫禁城再未进行大规模的重建和扩建。嘉道以降，国势日衰，大清王朝的盛世风华不再。嘉庆帝有心守成，想有为而不能为，道光帝节俭勤政，亦挽救不了颓势。随着外国殖民主义者用枪炮打开中国的大门，外国侵略者铁蹄踏进了紫禁城。紫禁城成了晚清帝王遮风避雨的宫室，直到 1912 年清朝灭亡。

中华人民共和国成立后，紫禁城获得了新生，党和国家不断投入巨资，进行大规模修缮，使紫禁城的康乾盛世风貌得以重现。

紫禁城既是明清两代皇宫，也是别样的历史老人，尽管盛世风华在他面前只是过眼风云，但 600 年的紫禁城，见证的正是这样的历史。

（"紫禁城建成 600 年暨中国明清史国际学术论坛" 开幕式主题报告）

作者简介

朱诚如，男，1945 年生，江苏淮安人。曾任辽宁师范大学校长，故宫博物院副院长（主持院政）、院学术委员会主任，中国紫禁城学会会长。兼任《明清论丛》主编，北京大学历史系教授、博士生导师等。主要著作有《康雍乾三朝史纲》《管窥集：明清史散论》等；主编《清朝通史》《中国皇帝制度》等。

历史上的中国和中华民族

顾 春

中国和中华民族有着光辉灿烂的文明和历久绵长的历史，这个历史（指文明史）计有五千年之久。按照我的理解，我把中国和中华民族的历史分为前后相继的两个阶段，前者为传统社会，后者为现代社会。在有阶级的社会里，当社会中的大多数人都认同等级制度的合理性，当时的社会也是建立于等级观念和等级制度之上的，这样的社会，我称之为传统社会。传统社会之后，就是现代社会。据此，自夏商至清代，就是中国的传统社会，走向共和的民国之后，就是中国的现代社会。本文的内容所及为中国的传统社会。

我们常说，中国是文明古国、礼义之邦，依我看，这八个字大有深意。按照流传既久的说法，全世界共有四大古代文明（也有说六大古代文明的）。与其他古代文明相比，中国和中华民族具有自己的特点，这些特点，我认为至少有以下八条。第一，历史十分悠久。距今约有三千七百年的二里头遗址（在今河南省洛阳市），是中外学界所公认的中国古代文明标志。2019 年 7 月，联合国教科文组织将良渚古城遗址（在今浙江省杭州市）列入世界遗产名录，这进一步表明，国际社会业已认同中国的古代文明迄今已有五千年。第二，种族未曾更替。自远古至先秦，先之以诸夏，后之以东夷、西戎、南蛮、北狄（貘），历经周初的封建和制礼作乐、春秋战国的民族融合，形成和发展了华夏族。自华夏族以下，源泉混混，开枝散叶，并在汉代形成了汉族。到了唐代，伴随着更大规模的民族融合，又有了唐人之称。之后，以汉族为主体，周边民族又接续不断地加入到中华民族的大家庭中来，各民族间的交流和融合不断深入，最终形成了多元一体的中华民族。第三，文字未曾中断。中国的古文字起源于陶刻、彩绘符号和玉器、石器、骨器刻文等，至殷商时期的甲骨文，初步形成了以方块字为特点的较成熟、较完整的文字系统。之后，经金文、小篆及至隶、草、楷、行的书体演变，最终发展为今天的文字系统。以上不同时期的文字虽书型有差、字形分殊，但都与最早的文字一脉相承、绳绳相继，古今文字实为一体。中国文字的古今同源和一贯而下，使我们得以藉此认识祖国的悠久历史和灿烂文明。第四，史载传承有序。按照中国现存的史籍所载，中国有确切纪年的历史始于西周的共和元年，也就是说，从公元前841年开始，中国就有了不间断的、系统的历史记载。《史记》以下，正史、实录、方志、谱牒等灿然在列，中国成为全世界唯一的史学高度发达的古老国度。而自近代以来，随着甲骨出土和新的考古发现，我们对历史编年的认证又提前了两千年。第五，文化一脉相承。从商人尊神到周公制礼作乐，华夏族实现了由神到人的重大转变，开启了德治之路，并为以孔子为代表的儒家文化所继承。之后，虽历诸代百家争盛，并之以外教东渐，而相推相荡、相克相生，形成了以儒家文化为主体的中华文化。第六，疆土与日俱宏。早熟和高度发达的华夏文化具有强大的吸引力和向心力，不仅使中国的人口不断增加，疆土也如滚雪球似的越滚越大，到清朝乾隆年间，中国的陆地疆土面积达1300多万平方千米。这个过程不仅是国土的开发和对疆土的有效治理，更重要的是，使中华民族共同体不断发展和巩固，奠定了中国作为世界大国的基础。第七，统一成为大势。中国的国体先后经历了部落、封建和郡县三个时代。期间，邦国的数量先是从周初的约1800个（相传）急剧减少为春秋时期的100余个，到战国后期形成了七雄并峙的局面，并最终由秦统一中国。之后，割据和统一交替上场。到了宋代，中国发生了几个重大变化，即北人南迁促进了南方经济的大发展和南北方交流，科举制度的推行使大一统的国家观念和忠孝核心价值观成为主流思想，道学的诞生使主流文化更为成熟。这几个重大变化，促进了中华民族共同体更高水平的发展，促进了中华各民族的文化认同、民族认同和国家认同。从此之后，中华各民族大多认为统一是件正常的事情，而割据是变态，统一是常态。因此，自宋以后，中国就没有出现过长期和大规模的地方割据，走向统一成为中国历史发展的必然大势。总之，林立之西周，争雄之战国，对峙之南北，颉颃之宋辽，虽历九曲，数度分合，终成一统之中华。第八，倡礼义而远宗教。中国人一直相信道德的力量，主张以德治国、以德润身，以仁义之理和等级之礼处理人和事，至于六合之外，则"圣人存而不论"（《庄子·齐物论》）。中国虽长期存续各种宗教，其中既有本土的宗教（道教），也有外来的宗教（如佛教、伊斯兰教等），还有难以胜数的民间宗教，但自西周走上敬德保民之路后，中国人大多以"祭神如神在""宁可信其有"的态度对待宗教和鬼神等，宗教从未占据主导地位，未曾成为主流文化，更没有统治过中国。中国被称为文明古国和礼义之邦是当之无愧的。

以上八条，既是中国传统社会的特点，也是中华民族的特点。如果这八条成立，我们可以说，中国和中华民族走过了一条与世界其他国家和民族有所不同的道路。中国和中华民族之所以具有以上这些特点，原因是极为复杂和多方面的，但我认为，以下五个方面是起决定作用的，它们分别是：一、商周易代的特殊性；二、中华文化的早熟和高度发达；三、秦始皇所确立的皇帝制度和中央集权制度；四、占主导地位的儒家思想；五、科举制度的全面推行。

第一，商周易代的特殊性。

约在公元前 11 世纪中叶，周武王联合各路诸侯灭商并建立周朝，史称西周。在西周以前，当时的政治中心长期位于黄河中下游流域，也就是在今河南省商丘和安阳一带，而周人则一直生活在今陕西西安以北以西的泾渭地区，因此，在商代的政治格局中，周不仅是小邦，而且地处偏远。到了商末，周人的势力已强大起来，但其灭商仍然具有相当大的偶然性。周之灭商，有两个重要因素，一是商纣王的残暴无道使其众叛亲离，二是周联合八百诸侯共同伐商。这两条，决定了周人灭商后的执政思想和统治格局。具体为：第一，从神教向德治转变。在商代，人们普遍相信天命的力量，神是统治一切的，胡适就曾说"殷人的文化是一种宗教的文化"（《说儒》）。比如，当西伯侯即后来的周文王攻克距商朝都城朝歌不足 200 千米的黎国、情况已万分危急时，商纣王竟然说"呜呼！我生不有命在天"（《尚书·西伯戡黎》）。但是，自居天命在身、拥有巨大都城的东方大国大邑商却最终为小邦周所灭而亡国。这一重大事变促使周人重新审视天命，并认为天命可信不可恃，人的作为可以影响天命移易，百姓的意思可以上达天命，只有敬天保民、明德慎罚才能永保天命。这些重要思想表明，西周社会逐步由神本向人本、由神权政治向伦理政治、由祭祀文化向礼乐文化转变。从此，中国告别了神教社会，开启了后来的以德治国之路。第二，商人的宗族组织得以存续。商王军队的临阵倒戈，说明了两个问题，一是商朝的军事力量并未受到根本性打击，二是军队反对纣王。但是，反对纣王不等于拥护周王，因此，西周必须用妥协的办法建立和维持自己的统治。具体表现在：周人在祭祖时，虽然周人的祖先居首，但同时以商人祖先陪祭；笼络商人贵族，保留商人的宗族组织，并以原来的宗族长督率各自宗族；为防止商人造反，让几个大的宗族成建制地迁往异地，并派亲信予以监视。之后，这种以血缘关系最近的人群所组成的宗族长期延续至后世。第三，周公制礼作乐。制礼作乐据说是周公所为，有关记载可见于《尚书大传》《左传·文公十八年》《礼记·明堂》《史记·周本纪》。这套礼乐制度被后来的三礼（《周礼》《仪礼》《礼记》）作了系统追记。可以想见，在礼乐初成之时，不可能形成如此周详的制度，但是，这些典籍所反映的基本精神是符合周礼的。《左传·昭公二十五年》载："夫礼，天之经也，地之义也，民之行也。"《左传·隐公十一年》又载："礼，经国家，定社稷，序民人，利后嗣者也。"也就是说，礼是处理天地人三者关系的总规定，是维持社会秩序的总法则。周礼的基本精神是"亲亲尊尊"两个方面：国家和社稷是建立在等级制度之上的，所以要"尊尊"，也就是尊重应该尊重的人，这里的人当然是指贵族；人民及其后代都依血缘分属各自的宗族，所以要"亲亲"，也就是要亲爱应该亲爱的人，这里的人当然是指血缘亲族之人。而从《礼记·曲礼》等典籍对周礼的描述来看，礼不仅是全社会行为准则的总纲，而且还指各种社会关系的具体规范，包括了制度、礼仪和伦理道德等人类社会生活的各个方面。

殷周之际的这场偶然剧变及其结果，对后世的影响不可低估。首先，西周统治者的天命可信不可恃的思想，既强调了人的有为，又认同天的制约，不仅使中国很早就开始了从神到人这一历史性的大转变，而且使中国人形成了尽人事而听天命、勤劳顽强的民族性格。西周统治者的敬德保民、崇拜祖先、亲亲尊尊等思想和以此建立的礼乐制度都为后世所继承，并发展为礼教，成为中华民族共同遵循的行为准则和规范。而宗族组织较完整的保存延续，则为礼教社会的形成、忠孝核心价值观的建立等提供了条件和可能。总之，商周易代和制礼作乐对后世的影响是全面、广泛和深刻的。

第二，中华文化的早熟和高度发达。

现在看来，中国的古代文明发源地肯定并非一个，但最早兴盛起来的地方却是在黄河中下游流域。居住在这个地方的人被称为诸夏，诸是多的意思，就是多个夏族的人生活在此。早期文明的重要标志是建城，而城就是国。从字形即知，国是个四方块，国就是一个四方的城，国外边被称为野，国与野合而为邦。所以我们可以说联邦，而不能说联国。由于最初的诸夏居于黄河中下游流域，与周边民族相对而居其中，故称中国。中国一词最早可见于西周时期青铜器上的何尊铭文，到战国时期已普遍使用，并与夷狄相对，如孟子就说"莅中国而抚四夷"（《孟子·梁惠王上》）。总之，与周边民族相比，诸夏的经济和文化发展最早，代表着文明和先进。由此，先进的诸夏便被称为华，周边的民族便被称为夷（统称），于是诸夏又称华夏，中国又称中华。

华夏文化大发展的重要标志就是人所共知的百家争鸣。一般认为，百家争鸣起于春秋末期的孔墨之辩，持续到战国时期齐国稷下学宫的消亡。在这长达二百多年的时间里，诸子蜂起、处士横议、各家并出，前后相继，迎来了著名的百家争鸣。诸子百家的著作在蒙受秦燔之后，又历经长时间的岁月淘洗，现已难窥全豹。但即使从留存下来的《老子》《庄子》《论语》《孟子》《荀子》《韩非子》等典籍看，它们所表现出的辉煌气势、博大规模、华贵气派和深邃思想依然令人低回向往。当我们今天重新读其书、想见其为人时，在心灵受到巨大震撼之余，不得不由衷惊叹：这些登临文化高峰的思想巨子似乎如有神助，简直不可思议。诸子百家不仅围绕着王与霸、礼与法、义与利等治国大道展开激烈争辩，也广泛涉及天道与人道、天命与人事和名与实、志与功等抽象玄远的哲理思辨，不仅为秦统一中国作了相应的理论准备，也大大提高了中华民族的理论思维水平，大大丰富了中华民族的精神生活。

近百年来，殷墟甲骨和大量出土文物的发现，使我们对两千多年前的遥远时代又有了新的更深认识，其源有自的先秦文化及其发展过程和脉络变得更加清晰可信。从先秦出土文献和各种早期典籍的文字表现形式看，其发展脉络正如一个小孩儿的说话，也经历了由简单到复杂的发展过程，大致是：甲骨文是一个字一个字的，《老子》《论语》是一句一句的（春秋末期），《孟子》是一段一段的（战国中期），《韩非子》是一篇一篇的（战国中后期），随后的著作自然就是一本一本的。更为重要的是，我们可以更有把握地认定：早在先秦时期，作为早期中华文化的最杰出代表，华夏文化就具备了两大重要特点，一是早熟，二是高度发达。早熟的特点预示着之后的中华文化会接续先秦文化并据此发展下去，而不会出现文化中断或改弦更张。而高度发达则对周边民族产生强大的吸引力和向心力。由此，就有了华夷之辨（华夷论），并以此来分别种族和区别先进与落后。在华夷关系上，华夏族对夷族主张"以夏变夷"，虽有夷夏之防，但并未把夷排斥在外。而周边的夷族，既向往华，又不自甘为夷，纷纷主动学习华夏的礼仪制度，于是这些夷族也就逐渐变成了华。于是，华夏文化的早熟和高度发达，使华夏族像滚雪球似的越滚越大。这种滚动既是地域越变越广的过程，也是人口越聚越多的过程，更是各民族不断加深交流和融合的过程。到了秦统一中国之初，华夏族已大体形成了三个文化圈，即齐鲁三晋的中原文化圈、关中地区的西部文化圈和南方的楚越文化圈。到了汉代，随着民族融合和民族认同的不断演进，生活在这三个文化圈中的人们逐渐形成了更加相近的民族意识、民族性格、民族文化和民族习俗，于是，这三个文化圈逐渐融合为共同的中华文化圈，并随之诞生了中华民族的主体——汉族！

早熟和高度发达的中华文化，对秦汉以后的历史发展进程持续产生着巨大影响。其中，先秦的华夷论又被西汉儒家的公羊学派予以理论化。公羊学派继承孔子的华夷思想，一方面主张严夷夏之防，坚持华夏中心论，反对以夷变夏。另一方面，又主张以华变夷，通过怀柔四方，使近悦远来。认为凡是赞成并实行中国的典章制度和文化的，夷狄就变成了中国，这是新中国；而虽居中国而行夷狄之道，也就不再是中国，而是新夷狄。公羊学派的这些思想为后世的政治家和思想家所继承，比如，唐代的韩愈（768—824）曾说"诸侯用夷礼，则夷之；（夷）进于中国，则中国之"（《韩昌黎全集》卷十一，《原道》），这与公羊学派的主张是一致的。

在汉代以后，继华夷论而起的是正统论，之后又有了建立在朝贡体系基础上的宗藩思想，其中存在的民族偏见是可以想见的。但是，它同时说明，作为早熟和高度发达的中华文化，在数以千年计的长期历史过程中，始终保持着文化领先的地位，它也成为中国长期作为东亚地区政治和文化中心的重要原因。

第三，秦始皇所确立的皇帝制度和中央集权制度。

公元前221年，秦始皇统一中国，并建立了皇帝制度和中央集权制度。中央集权是与地方分权相对的，它所针对的是中央和地方的关系，集权的本质是地方服从中央，地方官吏由中央任命和管理。皇帝制度所处理的是皇帝和百官的关系，它的本质是皇权至上和皇位世袭。当皇帝的权力不受约束时，就成为专制制度。在自秦以后的两千多年中，中国的皇帝制度和中央集权制度从未发生根本性改变，到明清时期更发展成为中央集权专制制度。所以，谭嗣同说"两千年来之政，秦政也"（《谭嗣同全集·仁学》）。其中，有两个方面对后世影响最大。一是废除分封制，建立郡县制。前面说过，西周以分封制来平衡利益和瓜分权力，通过给自己的亲贵和帮助自己打天下的相关势力裂土封侯来维持和巩固自己的统治。到了春秋时期，有些诸侯国已开始在边疆和新土实行郡县制。秦始皇全面实行郡县制后，就在全国范围内把管理老百姓的官直接控制在自己的手里。二是统一文字和度量衡。统一文字十分重要，意义不言自明。比如，直到现在，在一些山高谷深、交通不便的地区，两县相邻的人们相互说话都难以听懂，没有统一的文字人们怎么交流？共同的民族意识怎么形成？统一度量衡也同样重要。有了统一的度量单位，不同地区的人们才有可能做买卖。有了经济交往，有了人口流动，也就有了不同人们之间的其他社会活动，包括婚姻和文化活动等。不同种族和不同地域的人们在一个锅里吃饭，自然就成了一家人。

到了汉初，刘邦（前256—前195）曾在继续实行郡县制的同时，分封了不少同姓和异姓王。为防止谋乱，他又陆续剪除了异姓王，而在他死后，同姓王也开始造反，这就是七国之乱。之后，历代的统治者大多认识到分封制绝非长治久安之策，于是，郡县制成为后世主流，并相延明清。

到了明代的开国皇帝朱元璋（1328—1398）时，他不仅全面继承了秦始皇所确立的皇帝制度和中央集权制度的精髓，而且绞尽脑汁地设计了一套更为严密和周详的制度。他所做的事情主要是两件，一是解决了君权和相权之争问题，二是分割中央和地方官吏的权力，并使之相互制约。在中国古代，君权和相权也就是皇上和宰相的矛盾长期存在。朱元璋把宰相胡惟庸杀掉之后，就彻底废除了宰相制度。在朝廷，为了制约各级官员，他在中央六部之上，对应设立六科，六部的奏章经由六科审核后方可上报皇帝。六科官员虽官居七品，却品卑位尊，上可封驳皇帝旨意，下可督察六部。之外，又设立督察官员的都察院，分省设立十三道监察御史。在军事上，分设中、左、右、前、后五军都督府，与兵部协同管理军队，其中，五军都督府有统兵权而无调兵权，兵部有调兵权而无统兵权，两者相互节制互不统属。在地方，于各省设立三司，将权力一分为三：布政使司管民政，按察司管刑名并纠察百官，都指挥使司管军事和军队，三司同有相互监督之权。为统一管理和协调各省事务，从景泰时期（1450—1456）始，设立巡抚节制三司，后又设总督，督抚之设渐成定制。总的说来，以上这些办法的长期实行带来两个结果，一是皇帝的权力更加集中，皇帝制度的专制色彩更加明显。二是朝廷对地方的控制不断加强，中央集权制度更加完善，国家的统一水平进一步提高。到了清代，统治阶级又对明代的制度作了进一步损益完善，所以我们常说清承明制、明清一体。

第四，占主导地位的儒家思想。

在西周，周天子通过分封制扩大了自己的统治基础，又通过宗族长来统治各自宗族的人民。周朝统治者按照亲亲尊尊的原则，通过制礼作乐，重新建立起自己的统治秩序。西周的治国思想，被以孔子（前551—前479）为代表的儒家所继承。孔子最核心的思想究竟是仁还是礼，学界长期争论不休。我认为，这一争论没有必要。没有仁贯穿于礼，则礼就变为简单的礼仪，成了没有内容的空壳，不能发挥教育人民的作用；而没有礼，则仁无从寄托和表达，等级制度无从建立和维持，也失去了教育人民的有效办法。正如一枚硬币分为两面，只有一面是不行的。所以我认为，孔子的核心思想包括了仁和礼，是仁与礼的统一体。

孔子的思想与周公的制礼作乐是一脉相承的，孔子自己说经常梦见周公，并说"周监于二代，郁郁乎文哉！吾从周"(《论语·八佾》)。儒家是人学，讲的是如何正确处理人和人的关系。到了孟子（约前372—前289），他更明确地提炼出了"五伦"，也就是全社会最重要的五种人伦关系，并提出了处理这五种关系的原则，这就是"父子有亲，君臣有义，夫妇有别，长幼有序，朋友有信"(《孟子·滕文公上》)。孔孟的思想代表了儒家的基本思想，确立了儒家思想的基本格局和规模，所以从宋元以后，人们常把儒家思想称为孔孟之道。孔孟之道是一套维护社会秩序的思想，而孔孟又都生于群雄争霸的乱世，所以他们的思想久不见用。大凡治国的思想，都必须是道理上讲得好，而现实中又行得通才行，这就是孔孟之道何以不用于当时而又长用于后世的原因所在。

公元前221年，秦始皇建立了统一中国的空前伟业，但是，貌似强大的秦王朝只维持了短短的15年就灰飞烟灭。有鉴于秦亡的惨痛教训，在西汉建立之初，陆贾（约前240—前170）就向刘邦提出了一个十分严肃的重大问题："居马上得之（天下），宁可以马上治之（天下）乎?"(《史记·郦生陆贾列传》) 意思是用武力可以得天下，但并不能以此治天下。而之后的贾谊（前200—前168）在《过秦论》中又进一步指出，秦灭亡的根本原因是"仁义不施而攻守之势异也"，意思是秦在统一天下之后，因为不知道国家总的形势发生了由攻向守的根本变化，继续滥用武力而不施仁义，因而导致失败。于是，在经过长达六七十年的休养生息之后，雄才大略的汉武帝（约前156—前87）终于在前134年采用了当时的大儒董仲舒（前179—前104）的建议，实行"罢黜百家，独尊儒术"，也就是把儒家思想作为统治思想和全社会的主流思想。汉武帝之所以这样做，董仲舒的以下这段话说得很清楚："《春秋》大一统者，天地之常经，古今之通谊也。今师异道，人异论，百家殊方，指意不同，是以上亡以持一统；法制数变，下不知所守。臣愚以为诸不在六艺之科孔子之术者，皆绝其道，勿使并进。邪辟之说灭息，然后统纪可一而法度可明，民知所从矣。"（《汉书·董仲舒传》）

儒家讲德治，但"独尊儒术"的意思不是说治国只靠儒术、只讲德政，而是实行恩威并举、德主刑辅，正如一件衣服的表里，外面是王道，里面是霸道，这就是汉宣帝（前91—前48）所说的"汉家自有制度，本以霸王道杂之，奈何纯任德教，用周政乎"（《汉书·元帝纪》）。为了更好地贯彻儒术，统治阶级对儒家思想的内容作了更加清晰的厘定。公元79年，汉章帝（56—88）召诸儒于洛阳的白虎观，并亲自主持诸儒对儒学经义异同的争辩，据此成书的《白虎通义》系统提出了"三纲六纪"的道德伦常，而著名经学家马融（79—166）又首次将"三纲"与"五常"并称。"三纲五常"理论的系统化，标志着统治者所认可的儒家政治伦理体系的初步形成。

经过董仲舒等汉儒和统治者的改造，汉代的儒家思想还在其他两个方面有了很大发展，一是大一统的思想，二是忠孝的思想。大一统的意思是，一统是天下最大的事，这就论证了皇帝制度和中央集权制度的合理性。而忠孝的思想早在春秋时期即已形成。孝的道德观念是中华民族祖先崇拜的必然反映，它贯穿于传统社会的始终。至于反映君臣关系的忠，则出现在春秋时期，从臣对君的角度讲，忠的意思是臣对君要尽心事上和有死不贰。到了汉代，儒家把忠和孝的思想一并突出出来，其标志是《孝经》的出现和流行。《孝经》分别讲了孝的基本理论，孝的实行办法，并规范了从天子到庶人的五种不同之孝。它的贡献是，十分明确地从天地人的角度论述了孝的根据，反复论证了孝在教化百姓中的重大作用，提出了"以孝治天下"和"移孝作忠"这两个持续而深刻影响中国传统社会的政治、伦理主张。于是，从汉代开始，历代统治者大多声称"本朝以孝治天下"，"移孝作忠"也被后来的统治者不断提倡和论证。总之，以孝为德、以孝齐家、以孝治国和移孝作忠、忠孝一体等这些思想，都为后来的统治阶级所继承，并逐渐成为自上而下人所共知的道理和价值观念，因而产生了长久而深远的社会影响。直到今天，人们在评论人的品行时，往往还会这样说：他对自己的爹娘都不孝顺，还能对你真好吗。

在历经先秦的滥觞、两汉的沈潜和唐五代的酝酿之后，儒家思想迎来了它的飞跃和大发展，这就是宋代道学（也称理学）的产生及其思想体系的形成。道学是汉唐以来儒学的集大成，它在吸收佛道思想精华的基础上，推陈出新地创造了内容极其丰富、逻辑极为清晰的思想体系，并以其体大思精、影响至巨登上了中国传统社会思想史上的最高峰。道学家认为，天下万物皆有理，这些理应天而生、自然就有，所以叫天理。天理只有一个，它散入万物而成万物之理，万物之理虽有异同，但本质还是这一个天理。一如朗月当空，千河万川皆有月影，虽月影所在有差，却都来自天上的一个月亮，这种现象叫"月印万川"，这个道理叫"理一分殊"。"理一分殊"的天理表现在人身上就是仁义，就是仁义礼智信，在这其中，仁是领头的，是根本。天理于人曰人性，人性根本曰仁义，这就叫做"立天之道，曰阴与阳；立地之道，曰柔与刚；立人之道，曰仁与义"（《周易·说卦》）。道学家认为，天有道，故人也有道。人只有把道装在自己的心里，即真信这个道才是真的有道，有道于心故曰德（得）。人如果无道、无德，就与禽兽相差不远，只有有道、有德，才对得起人这个称号，才可以此配天，这就叫天人合一（还有天人同一的说法）。

在道德的内容上，主要还是处理五种人伦关系的各种道德范畴，其核心是处理君臣和父子关系的忠和孝，而衡量人是否道德的关键是看其动机是好的还是坏的，因此，义利、公私之辨最为紧要。在人性上，既主张人性本善，又认为人有欲望，欲望超出其应当便为私和恶，这就是人欲。因此，人生就是一个"存天理、灭人欲"的过程，人应该不断读书明理、一生修养不息。人通过修养而使自己从自私中摆脱出来并成为有道德的人，就有可能进入到做人的最高境界，达到这种境界的人就能有一种他人难以体会也难以企及的最高幸福，道学家称之为"至乐""孔颜乐处"。道学的这些思想成果是在不同道学家的迭相争鸣、激烈辩论中不断发展和完善的，其中最著名和对后世影响最大的是南宋朱熹的理学和陆九渊的心学（拙意陆学为易简之学，非心学，此从众说）。到了明清时期，朱熹与其之前的北宋程颐的思想并称为程朱理学，陆九渊与明代王守仁的思想并称为陆王心学。统治阶级将道学的这些思想成果通过各种制度和办法予以推广和弘扬，就形成了礼教，从而成为统治阶级维护社会秩序、培养百姓道德行为的工具。

第五，科举制度的全面推行。

科举是通过考试来选拔官吏的制度。在西周，全社会按照亲亲尊尊的原则，实行世卿世禄制度，政治权力是世袭的，这就叫"大人世及以为礼"（《礼记·礼运》）。在汉代，主要以察举制度选拔官吏，之后就是魏晋诸朝所实行的九品中正制。统治阶级在实行这些制度时，并非否定选贤举能，但政治权力却主要在贵族阶层中分配，人所熟知的"上品无寒门，下品无势族"就是这一情况的具体表现。到了隋炀帝大业二年，也就是公元606年，科举制度开始建立。科举制度的精髓是，面向全体平民选拔官吏，考试面前人人平等。当然，这个人人平等是名义上的，不少贫寒子弟是没有金钱和时间读书应举的。因此，完全意义上的人人平等是建立在经济平等基础之上的。但总的说来，通过科举制度选拔官吏是空前的历史进步。从此，中国人终于找到了一条最为适合传统社会特点的选拔官吏之路。科举制度历隋唐宋元明清诸朝，止于清末的 1905 年，期间整整 1300 年。科举制度的长期推行，对中国传统社会产生了重大影响，也给中国传统社会带来了重大变化。这些影响和变化至少有四个方面。

第一个方面，选拔了大批优秀人才，逐渐形成精英治国传统。据统计，在 1300 年间，由科举而选拔的进士有近十万人，次一等的举人达数十万人，秀才则以百万计。到了明清两朝，在 544 年间，共选拔（文）进士 51435 人，平均每科（每三年一科）250 多人，科举走向极盛。能够考中秀才、举人特别是进士者，绝非寻常之辈，都是社会上最聪明的一批人。其中，举人和进士具有做官的资格，他们成为统治阶级官僚队伍中的主要成员，中国也就从以往的贵族政治走向了精英政治。

在传统社会中，哪怕统治阶级想得再好，某种制度执行日久就会逐渐失灵和变坏，古人"有治人无治法"的说法，其意正在于此。比如，朱元璋曾设计了一整套自认为极为完善的统治制度。在地方，他于各省三司并立，其意甚美：布政使司、按察司、都指挥使司三司官员各司其职，平时相互监督，有事相互配合。但事实是，后来的官员们既不相互配合，也不相互监督，而是各贪各的。于是就吏治败坏、民不堪命、动乱纷起。但是，在统治阶级肌体走向腐败之时，那些出身贫寒、懂得民间疾苦的新科进士们就像汩汩清泉，向这个腐败的肌体源源不断地注入新鲜血液，为统治阶级输送着一批又一批的新生干部力量，成为统治集团新陈代谢的不竭来源，延续着统治集团的政治生命。由此，我们就能够从一个方面解释，王朝为什么会持续更替、长命的王朝也不会超过三百年时间。同时，也能够从另一个方面解释，中国的传统社会为什么持续时间长达 2132 年，为世界各国所仅见。

第二个方面，终结了贵族时代，开启了宗族时代。在科举制度实行之前，贵族长期把持着选官任官等政治权力，深刻影响着政局和社会风尚，总的说来，整个社会是贵族社会。贵族并非一无是处，比如，东汉时期形成的士族，大多是饱读诗书的书香门第。在汉代独尊儒术的大力推动下，熟读经书的读书人入朝做官，又和本宗族紧密结合为一体，成为当时的士族阶层。士族代相传承，所以又称世族。这些士族把持政治权力，左右舆论方向，在经济上也十分强大，是当地的名门大族，所以又称门阀、阀阅。因此，士族就是伴随独尊儒术而产生的新贵族。士族为了不坠家声，长期保持贵族地位，就要维持良好族风、团结凝聚族人，并能不断培养出读书做官的后代，从东汉以后出现的诫子书和家诫、家训等，都反映了士族对本宗族成员的约束和要求。从此而言，士族并非完全腐朽。但是，士族长期把持政治权力，既不利于社会公平，也不利于选贤任能，更不利于最高统治者扩大统治基础，因此，科举制度势在必行。

科举制度实行以后，它对贵族阶层的冲击是多方面的。首先，平民阶层特别是寒门子弟通过科举为官，登上政治舞台，产生政治影响，国家的政治权力被更多的社会阶层所占有。宋元强先生曾对清代的部分状元出身做过统计：仕宦家庭出身的占 51%，士人、农民、商人等平民家庭出身的占 49%。其次，随着科举制度影响日隆，从中晚唐开始，人们的婚姻观念从择门第、重阀阅向重科名转变，富贵之家争相以科举及第者为婿，这便壮大了寒族的势力，此消彼长地动摇着士族的根基。再次，通过科举为官的士族精英必然离开故土，其家庭也要向京都和其他城市迁徙，并与故乡的宗族日见疏远，士族的没落就成了必然。士族的没落经历了一个长期的过程。比如，唐文宗（809—840）曾想把两个公主嫁给崔卢两家士族大姓，而至少其中一家不愿意，唐文宗就向宰相说，"我家二百年天子，顾不及崔、卢耶"（《新唐书·杜兼传》），这说明即使到了唐朝后期，部分士族依然保持着它的门第和派头。当然，士族的没落已不可转圜，从宋代开始，除皇族等极少数的社会阶层外，以士族为代表的贵族阶层即彻底告别了历史舞台，而作为普遍存在的民间组织——宗族开始兴起，并逐渐成为最有影响的基层社会力量。

宗族组织最重要的标志是祠堂和族谱。祠堂是祭祀祖先的地方。在唐以前，平民只能"祭于寝"，也即在自己住的房子里祭祀自己的祖先，只有官员在经政府批准后方可设立祭祀祖先的家庙。平民也没有族谱，唐以前的族谱是由政府主修并面向贵族的，主要目的是区别门第、选拔官吏。从宋代开始，平民阶层开始以宗族为单位建立祠堂，并以"尊祖、敬宗、收族"为目的编修各自的族谱。期间，北宋的欧阳修和南宋的朱熹等人为宗族制定了各种规制，对宗族的发展影响较大。比如，欧阳修创立的五世族谱体例为后世所遵循，直到今天，老百姓还是以是否出五服来区别亲疏。朱熹提出，三十年不修谱，是谓不孝，所以后世族谱三十年一修成为惯例。伴随着族谱、祠堂的兴盛，宗族内部的管理制度也逐渐形成、完善，族长不仅具有管理宗族的族权，而且为政府所支持。另外，族训、族田、义学等也陆续发展起来。到了明清时期，宗族组织发展到了顶峰。

第三个方面，推动形成官绅共治的基层统治格局。在中央集权制度下，统治阶级通过郡县制和编户齐民，把全社会的官和民都管了起来。在编户齐民下，以男耕女织为生产方式的一家一户成为社会细胞，是传统社会的最基本单位。一家一户在组织形式上十分松散，在经济方式上十分简单，不少百姓一生都不出百里之外，这就与中央集权制度所要求的政令畅通、上下一致发生了矛盾。这一矛盾即政治上的中央高度集权与小农经济十分松散的矛盾伴随着整个传统社会。后来，统治阶级逐渐找到了一个解决问题的好办法，这就是利用长期存续的宗族组织和人所共知的祖先崇拜观念，把一家一户组织起来，就好像用一条线把众多的铜钱串起来一样。在这其中，科举制度发挥了巨大作用。

科举制度是名利之具，它鼓励百姓读书做官，使天下人通过读书习君臣之理，学治国之道，行忠孝之德。统治阶级给做官者以种种特权，这既符合等级社会的伦理观念，也提高了官员的权威和做官的吸引力。个人做官，宗族荣光且受益，于是各宗族为了光大门庭，就大力提倡子弟读书。这些读书人出仕之前，可以影响族人和乡里，科甲及第后，则受事管理百姓。而久考不中的秀才，则因享有平民所没有的见县官不跪、免除差徭、因公事可禀见县官等特权，往往成为宗族的族长。未考中的读书人和返乡的退休官员逐渐形成了士绅阶层，并在明清时期达到极盛。据研究，明末地方学校生员总数已达 60 万人以上，是宋代的三倍多，占总人口数的 0.4%，到了传统社会终结的民国元年（1912），全国学生总数达到 293 万余人。这些人数众多的士绅阶层不仅大多掌握着宗族的人权和财权，成为宗族的领导者，而且在地方拥有巨大的号召力，成为影响乡村百姓思想和生活的重要力量。

士绅阶层的长期存续，为县以下的官绅共治提供了可能。从利害上讲，由于统治阶级长期实行官不下县，县以下没有朝廷命官，所以县官就必须要借助士绅并通过宗族组织把百姓管理起来。而士绅及其所代表的宗族更需要依靠县官来提高本人和本宗族的政治地位，获取旌表、奖励等政治荣誉和其他利益，因而必然要服从并维护县官的管理和执政。从思想意识和价值观念上讲，因为官绅同源，都是读书人，读的又都是"四书""五经"等儒家经典，都认同大一统和忠孝核心价值观，具有共同的政治和道德观念。有了以上两条，就自然形成官绅共治的基层管理格局。

官绅共治是一种有温度的管理办法。它的基本精神有：主张以德治家，以德润身，以和为贵，人和人有了矛盾要首先商量着办。打击讼师，培养百姓打官司的耻辱感，使百姓不得已才告官到县。赋予族长以管理宗族的权力，使大量的民间纠纷不出族、不出村就能得以解决。处理问题和矛盾按照"天理、国法、人情"三条而折衷以断。

第四个方面，推动了文化普及，弘扬了主流道德。

在科举的激励和刺激下，社会上的读书人大量增加。大量增加的读书人，既可应举，也可为师，因而既是文化普及的表现，又会促进文化的进一步普及，从宋代开始的蒙学和书院大兴就是明证。在蒙学方面，一直到明清还在使用的蒙学教材"三百千千"（《三字经》《百家姓》《千字文》《千家诗》）中，有三种就是由宋人编纂的，并在宋代广为流行。最早的书院始于唐代，本是朝廷修书和私人读书讲学的地方，到宋代，发展为聚徒讲学和学术研究的所在，最为著名的有所谓六大书院，其中，闻名于世的白鹿洞书院和岳麓书院一直弦歌至今。到清代，全国的书院达到两千多所，几乎每个县都建有书院。各级各类学校的发展，推动了文化普及，提高了中华民族的文化素质。

科举制度不仅促进了文化普及，还推动了文化繁荣。作为中国文学史上的两颗明珠，唐诗宋词取得的巨大成就，与科举是有关系的。唐人曾有"三十老明经，五十少进士"的谚语，它的意思是说，在所有科举考试科目中，以进士科为最贵，非在诗赋方面有很深造诣者难以考取。直到明代，人们还认为"唐以诗取士，故诗盛"（《升庵诗话》卷七）。科举制度还推动了儒家思想的飞跃，促进了道学的诞生和成熟。我们可以看到，道学的主要代表人物大多中过进士，如张载、程颢、王安石、朱熹、陆九渊等，而心学的集大成者明代的王守仁也是进士。

文化普及和繁荣的过程，同时也是弘扬主流道德的过程。其中，尊师重教和重视读书成为中华民族普遍认同的价值观念，耕读传家的思想久传不衰、深入人心，直到今天，我们还能从不少古宅中看到"耕读传家久，诗书继世长"之类的楹联。儒家所倡导的孝顺父母、敬爱老人、以和为贵、勤俭持家、读书明理等内容，被宗族组织自觉纳入族约、族规、族训之中，并逐渐被百姓所接受和认同，成为人人应该遵守的人间正道，成为中华民族家风家教和良好社会风尚的重要组成。

一部中国传统社会史表明，自远古而来的中华民族披荆斩棘、筚路蓝缕，走过了一条极为艰难曲折的漫漫长路。我们的先人在极为落后的条件下，战胜了难以胜数的洪灾、旱灾、虫灾、瘟疫、地震等自然灾害，抵御了难以胜数的外敌入侵和残酷压迫，并无可阻挡地沿着自己的道路生生不息、薪火相传，在保国保种的同时，不断走向进步和光明，体现了强大的民族生命力。中华民族诞生了一批又一批思想敏锐、明体达用的政治家和气象宏大、目光深邃的思想家，他们与中国人民一起，创造了符合民族特点、适应传统社会要求的社会制度和体大思精、夺人眼目的灿烂文化，走出了一条与世界各国有所不同的独特道路。中华各族人民历经无数次的民族交流和融合，伴随着持续并不断深化的文化认同、民族认同和国家认同，形成了中华民族共同体并不断发展和巩固，也形成了独具特点的民族精神和传统美德，成为举世闻名的文明古国和礼义之邦。中华民族并非没有缺点，在我们的传统社会中，既有落后的东西，也有腐朽的东西。作为中华民族的后来之人，我们应该承前启后、扬弃既往，开辟出更加美好的未来。

作者简介

顾春，男，1965年生，山东博兴人。北京师范大学博士，文化和旅游部清史纂修与研究中心副主任。著有《来源·争论·特性——陆九渊教育思想三论》《陆九渊教育思想研究》《人之为人》等。

清代北京的佛教寺庙

郑永华　　史文锐

佛教为三大"世界宗教"之一，于东汉或其稍前由西域传入中原，此后逐渐形成以汉传佛教为主，藏传佛教、南传佛教并存的格局。清代沿袭元明两代尊崇、利用佛教的基本政策，对佛教寺庙多加保护，并创建了许多恢宏壮丽的伽蓝梵刹。据统计，延至清末，北京上规模的宗教建筑共 551 座，其中属于佛教的寺庙就有 358 座，占北京所有宗教场所总量的近三分之二。民间口耳相传的老北京"八大庙"，除白云观、蟠桃宫、东岳庙为道教宫观之外，隆福寺、护国寺、妙应寺、普渡寺、雍和宫都是著名的佛教寺庙。北京多数建于清代以前的重要佛寺，历经朝代鼎革与社会动荡延续下来，也与清代的保护和修缮有着莫大的关系。

总体而言，在辽、金、元、明发展壮大的基础上，清代北京的汉传佛教、藏传佛教寺庙均进一步趋于繁盛，从不同方面展现出北京佛教文化的繁荣风貌。

一、北京汉传佛教寺庙

北京的汉传佛教历史悠久，寺庙众多，香火旺盛。西山的潭柘寺相传始于晋代，为北京汉传佛教最早的佛寺之一。作为隋唐幽州（今北京）以及辽南京、金中都的相沿之所，清代的南城成为北京汉传佛寺最集中的地方，佛教文化氛围也最浓厚。许多历史悠久的佛教寺庙，包括始于唐代的法源寺、始于北魏的天宁寺、始于明代的长椿寺、康熙年间重修的法华寺等，都坐落在此。清末民国年间，老北京将"崇效寺的牡丹、花枝寺（即极乐寺）的海棠、天宁寺的芍药、悯忠寺的丁香"誉为都城花事"四大天王"，其中的三个寺庙即位于南城。悯忠寺为法源寺古称，始建于唐贞观十九年（645），是北京城内现存历史最久的名刹。《元一统志》载唐太宗亲征辽东，回师途经幽州，为哀悼阵亡将士，诏建佛寺，赐名"悯忠"，武则天万岁通天元年（696）竣工。唐末增建雄伟壮观的佛阁，成为幽州标志性建筑，传有"悯忠高阁，去天一握"的俗语。辽代该寺毁于地震，咸雍六年（1070）修复，改称"大悯忠寺"，奠定了此后的基本格局。明正统二年（1437）修葺，易名"崇福寺"，民间仍以"悯忠寺"称之。清初以"好佛"著称的顺治帝于寺内建立戒坛，康熙帝又御书"觉路津梁"匾额，并亲笔为寺院藏经阁题字。雍正十一年（1733），清世宗"发帑重加修饰"，次年竣工，赐额"法源寺"，遂以"法源寺"知名。唐代悯忠寺为幽州律宗传播中心，清代更被清帝钦定为律宗寺庙，以传授戒法见重。乾隆四十三年（1778），清高宗再次整修，御书"法海真源"匾额。法源寺在顺、康、雍、乾四朝屡受皇恩，可见其所受重视。

法源寺在北京佛教文化史上有着重要影响。寺内保存有唐代《无垢净光宝塔颂》《悯忠寺藏舍利记》《承进为荐福禅师造陀罗尼经幢》，以及辽代《燕京大悯忠寺菩萨地宫舍利函记》等石刻、经幢，皆为珍贵的佛教文物。辽代著名的《契丹藏》，也是由高僧诠明在寺内编纂完成的。金代宋钦宗赵桓被俘北上，曾因居于此。宋末遗臣谢枋得抗元失败，亦在寺中绝食身亡。基于其深厚的文化传承，清代法源寺深受皇家重视，百姓间也遐迩闻名。乾隆年间的《龙王菩萨灵井记》，谓法源寺"胜幡所树，津逮诸方。香积之厨，日食千指"。法源寺为民众祈福还愿的香火之所，也是京城文人聚吟雅集的胜地。清代顾炎武、翁方纲、纪昀（纪晓岚）、洪亮吉、蒋士铨、何绍基、龚自珍、林则徐等名士，都曾在寺内咏颂唱和。以金石著称的藏书家王昶有诗赞称："宝塔开兰若，珠幢记竹林。教犹传讲律，时已阅辽金。紫褐名谁考？苍苔字半沉。戒坛春雨细，花外语幽禽。"嘉道年间著名的宣南诗社，也在此留下了众多佳作。法源寺早期以海棠闻名，《法源八咏》第一首即礼赞海棠之诗，后来又以丁香著称。丁香在佛教文化中具有特殊含义，称为"西海菩提树"，是中国西部的佛教圣树。每当丁香盛放，满院繁华，有"香雪海"之誉，法源寺因而获得"香刹"的雅称。民国初年，经学家王闿运曾召聚一百多人在此赏咏。十年后，印度大文豪泰戈尔来华，也在徐志摩、林徽因等人陪同下游观。台湾作家李敖的《北京法源寺》，则以佛寺的暮鼓晨钟，见证维新变法的历史悲剧，并将这座千年古刹与时代恩仇、家国情怀、民族命运等紧密联系在一起。法源寺屡经修缮，最终定型于清代，规模宏大，布局严谨，现为全国重点文物保护单位，也是中国佛学院、佛教图书文物馆所在，成为中国佛教文化传播和佛学研究的重镇。

清代分布于京城内外的其他汉传佛寺，亦各以其特殊机缘，产生了殊胜影响。如城内康熙三十八年（1699）重建的广济寺、雍正九年重修的隆福寺，以及康乾时期多次重修的西郊万寿寺，都是著名佛寺。乾隆帝三次在万寿寺中为生母举行的祝寿活动，更是轰动一时。觉生寺（今大钟寺）是清代创建汉传佛寺的代表。觉生寺于雍正十一年敕建，次年竣工。雍正帝以"以无觉之觉，觉不生之生"，赐名"觉生寺"。殿内悬挂"慧照澄心"御匾，又有《御制觉生寺碑》，称其"右隔城市之嚣，左绕山川之胜，宜为寂静清修之地"。山门现存"敕建觉生寺"匾额，据说也是雍正帝御书。乾隆八年，又将弃置于万寿寺地上的永乐大钟移来悬挂。明末以来沉寂一百多年的永乐大钟，再次在京北轰然重鸣，民间遂以"大钟寺"称之。觉生寺内的永乐大钟以"五绝"著称。一是形大量重，为世界现存最大铸钟之一。二是全钟铭刻《诸佛名经》《法华经》等佛经23万多字，为铭文字数最多的古钟。三是钟声奇妙，明清时据说可传数十里，"其声竑竑（hóng，形容声音宏大），时远时近"。四是铸造工艺高超，采用泥范法一次铸成，天衣无缝。五是结构巧妙，以八根斜柱将重达数十吨的巨钟安然悬挂，令人叹为观止。作为皇家寺庙，清高宗多次至寺中祈雨。乾隆五十二年，又辟为专用的祈雨场所，一直持续至清末。清代每逢亢旱，或皇帝亲临，或遣派亲王、大臣拈香，钟鼓齐鸣。民间相传除逢年过节外，永乐大钟"非祈雨不鸣"。这里也是老北京的八大庙会之一，自新年初一至十五开庙半月，祈福还愿、烧香拜佛者摩肩接踵。引人注目的还有庙外的跑车和走马等活动，"打金钱眼"民俗也广受欢迎。每逢庙会，民众登梯观赏大钟，同时往钟上的小口（即所谓的"金钱眼"）投掷铜钱，以占求年运。《京都竹枝词》记称："觉生寺里大钟悬，蛾眼青蚨意爽然。世事看来当尽买，吉祥一卜也须钱"，反映了觉生寺在民众间的影响。

北京西山附近，同样具有众多的汉传佛教寺庙，著者如翠微山八大处的灵光寺、"三山五园"范围内的卧佛寺、房山贮藏石经的云居寺等等，不胜枚举。这些名刹历史底蕴丰厚，清代多经重修扩建，或钦命住持，或赐予匾额，或驾临寺庙，培育出浓郁的宗教氛围。京西最著名的潭柘寺，康熙二十五年钦命震寰律师住持，此后建毗卢阁、三圣殿，又重修大雄殿、祖师殿等，"一时轮奂，崖壑交辉"，成为"西山诸刹之冠"。戒台寺也繁荣一时。戒台寺始于唐代，原名慧聚寺。辽代创建戒坛，声名渐起，有"天下第一戒坛"之誉。入清后康熙帝、乾隆帝到寺巡幸，并亲书匾额。乾隆十八年高宗《初至戒台六韵》称"名刹近千载，渡河斯偶寻"，又谓"便教促归跸，余兴寄高岑"，此后遂以"戒台寺"之名传世，地藏会、五显财神圣会等民间香会定期来寺朝拜。戒台寺内多古树，尤以九龙松、卧龙松、活动松等著名，文人学士竞相咏赞，乾隆帝亦曾题诗，谓为"老干棱棱挺百尺"。晚清时期，戒台寺又以恭亲王奕䜣而受人瞩目。光绪十年（1884），被慈禧免去一切职务的奕䜣避赴戒台寺"养疾"，此后"归隐"于此，长达十余年。奕䜣出资修葺罗汉堂、千佛阁等建筑，又在自己居住的北宫院内栽植牡丹，甚至将原恭王府的假山和家具也搬了进来，因而有"第二恭王府"之称，并以黑牡丹、千层牡丹等花中名品而获"牡丹院"雅号。经过奕䜣的长期经营，戒台寺雕梁画栋，牡丹院兼得北方古朴与南方秀美的古典园林之长，声誉大增。每逢牡丹花期，京城前来赏花的达官游人，络绎不绝。

京北则以红螺寺为代表。此处唐代就建有佛寺，历金、元、明诸朝，皆为京北名刹。清初摄政王多尔衮、清圣祖曾亲临红螺寺，康熙三十三年又得到大修，奠定了清代繁盛的基础。清代中后期，经高僧际醒、印光先后努力，红螺寺成为净土宗的"圣地"。际醒（1741—1810）字彻悟，直隶丰润（今河北丰润）人，先在潭柘寺、香界寺参学，后主持广通寺、觉生寺，"遐迩仰化，道俗归心"，誉为法门"第一人"。嘉庆五年（1800），际醒退居红螺山，创建"净土道场"。前后十年，声名远扬，朝鲜、东南亚的僧人亦慕名前来。世人称"海内净土，首推红螺"，际醒也被奉为净土宗第十二代祖师。继承际醒弘法事业者，又有清末印光。印光（1861—1940）为陕西郃阳（今渭南合阳）人，先在湖北莲花寺、陕西双溪寺等地修行，光绪十二年闻红螺"净土道场"之名，远赴京北。印光在红螺寺挂单三年，攻读际醒遗经，净业大进。光绪十九年，他协运《龙藏》赴浙江普陀山法雨寺，随留寺内闭关苦修，六年后设立"净土道场"。此后数十年间，印光广说佛法，为佛教复兴做出了重大贡献，有"民国以来第一尊宿"的美誉。印光是净土宗中兴的重要人物，被尊为净土宗第十三祖。他求学悟道的红螺寺也成为净土宗重镇，有"南有普陀，北有红螺"之说，可见京北红螺寺在佛教界尤其是净土宗中的重要影响。

二、北京藏传佛教寺庙

藏传佛教寺庙的创建与崇祀，为清代北京佛寺的又一文化特色。藏传佛教传入北京始于元初，当时的"帝师"八思巴深得元世祖尊崇，成为全国佛教领袖，对于元代的稳定与发展、促进藏蒙汉文化交流，均做出过巨大贡献。清代吸取历史经验，入关前即与喇嘛教建立了密切联系。定鼎北京后，又将尊崇藏传佛教定为基本国策，此即清高宗在雍和宫《喇嘛说》碑中所言"兴黄教，即所以安众蒙古"。清代在蒙藏地区，先后确立达赖喇嘛、班禅额尔德尼、哲布尊丹巴呼图克图、章嘉呼图克图四大活佛体系。藏传佛教在北京的发展，也达到新的历史阶段。清代《都门竹枝词》所说"琳宫梵宇碧崚嶒，宝塔高高最上层。冬季唪经门外贴，相逢多少喇嘛僧"，就是藏传佛教繁盛于京城内外的生动写照。

在元、明两朝的基础上，清代在北京修缮、创建了众多藏传佛教寺庙，其中记入《理藩院则例》者，就有弘仁寺、嵩祝寺、大隆善护国寺、正觉寺等 32 座。琼华岛上永安寺与西城妙应寺中的白塔，更成为城内标志性的宗教建筑。永安寺白塔始建于顺治八年（1651），为清代入关后最早创建的喇嘛庙之一。康熙、乾隆年间多次重修，又增建善因殿、慧日亭、见春亭等建筑，遂成为清代御园中一座美轮美奂的藏传佛教寺庙。妙应寺白塔始于元代，是国内最早最大的覆钵式佛塔，民间俗称为"白塔寺"，其设计制造者即著名的尼泊尔工匠阿尼哥，成为中尼两国文化往来的历史见证。清代对寺内白塔屡有修葺，又入藏乾隆帝亲书的《般若波罗蜜多心经》和藏文《尊胜咒》，影响进一步增大。乾隆五十年的"千叟宴"，就在该寺与乾清宫内同时举办，为一时盛事。明代以来，白塔寺就有京城士女"绕塔"之风，到清代又形成繁盛的庙会，并酝酿出"八月八，走白塔"的京城习俗。紫禁城内的中正殿、雨花阁、梵宗楼，万寿山大报恩延寿寺与山后的须弥灵境，畅春园内的恩慕寺，圆明园内的正觉寺，以及城内的五塔寺、弘仁寺、嵩祝寺、普度寺，西山法海寺，海淀慈佑寺等等，都由藏传佛教僧人主持。这些规模宏伟的喇嘛寺庙，在清代民众中间产生了深远的文化影响。其中最著名的，当属城北双黄寺、由雍亲王潜邸改建而来的雍和宫，以及位于"三山五园"中的香山昭庙。

清代北京流传有"南有双黄寺，北有双黑寺"之说，指的是安定门、德胜门以外四座深具特色的喇嘛教寺庙。双黄寺为"同垣异构"的东黄寺、西黄寺之合称，东西并立。双黑寺为一街相隔的前黑寺、后黑寺之合称，南北相峙。东黄寺始于清初，为顺治八年迎接五世达赖来京觐见时，于明代"普静禅林"基础上葺修的"喇嘛庙"。作为五世达赖驻锡（僧人出行，以锡杖自随，故称僧人住止为驻锡）的讲法寺院，东黄寺此后由黄教喇嘛执掌。康熙三十三年，清圣祖又发帑整修，并亲书匾额、对联。雍正年间，东黄寺成为青海敏珠尔呼图克图的驻锡寺院，在京师各寺中更声名鹊起。乾隆三十四年东黄寺进行第二次大修后，雄伟的大殿独具特色，有"京城寺庙第一大殿"的美称。民间广泛流传"东黄寺的殿，西黄寺的塔"，将东黄寺大殿与西黄寺的"班禅塔"相提并论。

西黄寺的建立，《日下旧闻考》等史籍定于雍正元年。不过顺治年间为五世达赖敕建的"达赖楼"即位于此，因此该寺之源也可追溯至清初。乾隆三十四年，西黄寺也进行了大规模修葺。乾隆四十五年，不远万里前来为乾隆帝祝寿的六世班禅又驻锡达赖楼内，西黄寺"再度成为藏传佛教徒瞩目的中心"。不久六世班禅感染天花病逝，高宗痛悼，率王公大臣至寺祭奠，赐黄金7000两在寺西修建清净化城塔，以安放班禅衣冠。此后雄伟的清净化城塔成为双黄寺中最令人瞩目的建筑，西黄寺的影响也迅速扩大。清末十三世达赖入京朝觐，亦驻锡于此。在民众眼中，双黄寺最重要者为一年一度的"打鬼"（即"跳布扎"）仪式。据研究，黄寺"打鬼"的传统可能源于清初五世达赖举办的"诵经驱祟"活动。雍乾之后，以西黄寺为中心的"打鬼"渐成民俗，吸引了广大民众的目光。《京华春梦录》记称，每届城北黄寺上元"打鬼"，"是日万人空巷，裙屐杂沓"，可见其受民众欢迎的程度。

双黄寺东南即闻名遐迩的雍和宫。雍和宫是北京最大的藏传佛教寺院，也是清代规格最高的皇家寺院。雍和宫原是清圣祖第四子胤禛的雍亲王府，胤禛登基后列为"龙潜禁地"，称"雍和宫"。乾隆九年，清高宗将雍和宫改建为喇嘛庙，派总理事务王大臣管理。乾隆末期，清高宗在平定西藏叛乱后，建立金瓶掣签制度，又御制《喇嘛说》立于雍和宫中，谓"活佛转世"当以"众所举数人，各书其名置瓶中，掣签以定"。由朝廷钦赐的特制金瓶，一藏拉萨大昭寺，一藏北京雍和宫，专门用于蒙藏、青海等地转世"灵童"的掣签确认，大大加强了清廷对于藏传佛教事务的管理，雍和宫也因此成为掌管全国藏传佛教事务的中心。雍和宫有天王殿、雍和宫殿、永佑殿、法轮殿等建筑，生动体现了汉藏文化的交流与融合。寺内五百罗汉山、檀木大佛和楠木佛龛，并称"海内三绝"。铜铸须弥山、竖三世佛、六道轮回图，以及清高宗亲笔抄写的佛经，也是极具特色的佛教文物。雍和宫每年举办大愿祈祷法会、喜迎新年法会、金刚驱魔神舞（即俗称的"打鬼"）等盛大法事，在京城内外口耳相传，吸引了大量信众。

香山昭庙于乾隆四十二年底、四十三年初开工，修建过程中，又将其与六世班禅来京朝觐之举联系起来。昭庙全称"宗镜大昭之庙"，藏文音译"觉卧拉康"，意为"尊者（即释迦牟尼）神殿"。主殿供奉的旃檀释迦牟尼佛，拟自拉萨的大昭寺。但其整体建筑风格，却与承德的须弥福寿之庙"如出一辙"，因而民间同样以"班禅行宫"称之。昭庙采用乾隆时期特有的"平顶碉房藏汉结合式"，寺后有标志性的七层八角琉璃万寿塔，体现出清代统一多民族国家的文化多元性。乾隆四十五年九月十九日，清高宗亲自驾临香山，同六世班禅一起为昭庙落成开光庆典。事后又将御制《昭庙六韵》立碑于庙内的清净法智殿，赞叹"雪山和震旦，一例普麻嘉"。这对于维护国家主权、加强民族团结、促进藏区和平稳定，都具有重要意义。

总而言之，上承辽、金、元、明佛教文化的发展，清代北京的汉传佛教与藏传佛教都处于繁兴之时，寺庙壮丽，香火旺盛，直至清代晚期方逐渐衰落。清代佛教教派的精英与领袖人物纷纷来京，弘传佛法，开展活动。其皇家寺庙规格之高、规模之大、影响之广，均冠于全国。清代北京深厚的佛教文化，也日益与民众的日常生活结合起来。《旧京琐记》记载，老北京最著名的"四大庙市"，有"逢三之土地庙，四、五之白塔寺，七、八之护国寺，九、十之隆福寺"，其中三个就属于佛教寺庙，隆福寺更成为北京庙市之冠。清代北京以佛教寺庙为中心形成的庙会，货物云集，"精粗毕备"，同时融祭神祈福、休闲玩乐、戚友交往于一体，深受民众喜爱。佛教文化因素也逐渐与本土民俗及传统节日水乳交融，成为北京历久相传的传统文化内容。

作者简介

史文锐，女，1969年生，山西阳泉人。中共北京市朝阳区委党校副教授，著有党史、党建以及北京历史文化方面的论文多篇。

明清笔记对西器东传的关注与书写

谢贵安　　谢　盛

　　明清笔记的作者，生活在西洋物质文明不断传入的时代，感受到中国社会从隐到显、从微到巨所发生的变化。闲暇之际，他们不受官史书法的约束，在笔记中记载生活琐事，追逐海外奇谈，尤对传入中国、令人眼花缭乱的西洋奇器多有关注，有闻必录，有见辄记，为我们留下大量鲜活翔实的珍贵史料。这些新奇实用的西洋器物，一方面日渐丰富当时国人的物质生活，另一方面，也改变了士大夫固守传统的文化心态。

一、异域珍奇

　　明清笔记涉及西洋器物的种类丰富多样，反映了明清以来西洋物质文明在中国传播并逐步受到关注的过程。大致可概括为以下七类：

　　第一类为军事装备，包括武器及望远镜等。最早述及的西洋武器是来自葡萄牙的佛郎机。明代沈德符《万历野获编》记载："弘治以后，始有佛郎机炮，其国即古三佛齐，为诸番博易都会，粤中因获通番海艘，没入其货，始并炮收之，则转运神捷，又超旧制数倍，各边遵用已久。"（古三佛齐是位于东南亚马来群岛上的小国，于明正德年间被葡萄牙控制，因此被作者误以为佛郎机来源于古三佛齐）除了新式火器，望远镜作为军事侦察用具在明清笔记中也有所载。据《东行初录》载，"小艇二只自山隙出，张蒲帆驶附镇海，以远镜窥之，见有乌帽蓝袍倚舷而立者，则朝鲜四品鸿胪李应俊也"。清末《西巡回銮始末记》亦载："洋人登瞭高台，以千里镜向城中窥视，但见烟尘大起，火光连天。"

第二类为生活用品，包括自鸣钟、玻璃制品、织物、食物、西药、香水、香皂、相机、洋烟等。自鸣钟比中国传统计时器更加精美实用，在明清笔记中出现频率很高，如《客座赘语》介绍自鸣钟形制："以铁为之，丝绳交络，悬于簴（jù），轮转上下，戛戛不停，应时击钟有声。器亦工甚，它具多此类。"《履园丛话》记载，康熙帝命吴廷桢"作御舟即事，韵限三江一绝。吴援笔立就，云：'金波溶漾照旌幢，共庆回銮自越邦。'正在构思，闻自鸣钟响，宋中丞荦奏曰：'将到吴江矣'"。从西方传入的生活用品，多以"贡品"之称见诸笔记，如《池北偶谈》和《海国四说》分别记载了康熙和雍正两朝西洋各国进献的大量生活用品。

第三类为艺术品，包括西洋乐器和西洋画作等。西洋乐器有风琴、提琴、扬琴、八音钟等，德龄公主曾在《清宫禁二年记》中提到："（光绪帝）极爱洋琴，时迫余教之。朝堂中有琴数具，均甚美。"西洋画则以其细腻的手法受到关注。《扬州画舫录》作者李斗认为，西洋画能以假乱真，"移几而入，虚室渐小，设竹榻，榻旁一架古书，缥缃零乱，近视之，乃西洋画也"。

第四类为科技仪器，包括用于测量气候的寒暑表、阴晴表，观测天文的浑天星球、地平日晷、窥远镜等。清人毛祥麟在其《墨余录·西商异物》中，讲一西商"挟资来沪，所居楼面临浦江，中设远光镜一架，长丈余，大如巨竹，窥之，遥见浦东田舍鱼罾（zēng），历历在目。时有村妇荷锄行，后随一稚子，仿佛若可接语者，实在四五里外，是亦奇矣"。

第五类为电器，包括电灯、电报、电话等由电力驱动的西洋发明器物。晚清时，江宁人何荫柟在其《钼月馆日记》中，描述宝善街相邻的马路"入夜则电气灯、自来火照耀如白昼，真如不夜之城"。

第六类为交通运输工具，包括早期葡萄牙、荷兰人的帆船，后期欧洲"以火蒸水作舟车轮转机动，行驶如风"的火轮船，"不假人马之力而驰行特速，可省运费"的蒸汽火车（梁廷枏《海国四说》），以及洋马车、汽车等。

第七类为生产工具，包括蒸汽机、挖掘机、印刷机等。对于蒸汽机，毛祥麟有记录："西人之汲水、印书、推磨、纺织、运车、行舟等事，皆用蒸气之法，以代人工。其蒸釜形圆若球，上有孔，横通二管，作十字形，管两端及背面，各有一孔，釜水滚沸，则气由管出，催动机轮，使自旋转。"

二、取舍之间

由于身受所处时代、地域及社会环境的影响，作者在笔记内容取舍上，呈现出时间和空间差异。

第一，从时间维度来看，明清笔记成书时间越后，对西器记载越详细，而这又以洋务运动为界。相对而言，明代笔记对西器记载较少，而且，所记往往是同一种西器。清前中期的笔记关于西器的记载越来越多，如《啸亭杂录》对自鸣钟表，《扬州画舫录》对望远镜和玻璃制品，《榆巢杂识》对西洋时辰表，《竹叶亭杂记》对洋表、千里镜、西洋布、玻璃杯、洋枪，《履园丛话》对自鸣钟、玻璃等，都有较多的记载。洋务运动以后，清人对西器的记载更加集中。如同治间毛祥麟的《墨余录》卷一六《志泰西机器三十一则》，连篇累牍地记载了蒸气、机轮纺织、轮船、自鸣钟、入水泳气钟、寒暑表、风雨表、扬声接声筒、照画、吃墨石、水镜、铁道火轮车、电气、电灯、电报、折光镜、凿山机、听肺木、煤气灯、气球等诸多西洋发明。

　　与此相应，明清笔记反映出从明到清人们对西洋奇器由模糊到逐渐清晰的认识过程。以眼镜为例，明人对眼镜的认识尚属模糊，对其原理完全不解。万历年间，陈懋仁在《庶物异名疏》中称眼镜"若壮岁目明者用之，则反昏暗（àn）伤目"，觉得"殊不可解"。而清前中期的笔记对西洋眼镜的记载，已比较接近科学道理。曹庭栋在《老老恒言》卷三中称"眼镜为老年必需"，又指出："中微凸，为'老花镜'。玻璃损目，须用晶者。光分远近，看书作字，各有其宜。以凸之高下别之。晶亦不一，晴明时取茶晶、墨晶；阴雨及灯下，取水晶、银晶。若壮年即用以养目，目光至老不减。中凹者为近视镜。"这说明此时已经认识到眼镜可分为老花镜和近视镜，但仍以为戴眼镜有养目之效。至晚清民国时，徐珂在《清稗类钞》中对"眼镜"的介绍则更为清楚和准确，反映出晚清对西器的认识越来越深入，甚至能用光学原理加以解释。

　　第二，从空间维度来看，东南沿海地区作者在笔记中对西洋器物记载较多，而内陆作者则记载相对不多。这主要是由于西洋器物接触途径和环境影响所致。广东、福建、浙江、江苏、上海等东南地区得西风之先，有更多机会接触西方奇器。如广东《粤剑编》、南京《客座赘语》、上海《墨余录》等，皆对西器浓墨重彩加以描绘。记载澳门葡萄牙人使用"自然乐""自然漏"等西器的《粤剑编》作者王临亨，曾于万历二十九年（1601）前往广东"录囚"，故此对西洋物质文明多有记载。描述澳门葡萄牙人所用"鸟嘴铳""玻璃杯""西洋酒"的《贤博编》作者叶权，也有游历岭表（广东）的经历。晚清时，上海作者对西器的描述更加丰富细腻。久居上海的杭州人葛元煦写道："西人所开洋货行以亨达利为最著，专售时辰、寒暑、风雨各式钟表，箫鼓丝弦、八音琴、鸟音匣、显微镜、救命肚带及一切要货，名目甚繁。至华人所开，则以悦生、全亨为翘楚，洋广各货俱备。此外大小各铺，南北市亦不下百十家。"他还在《沪游杂记》中记载了大自鸣钟、洋水龙、脚踏车、照相机、电报、针线机器、玻璃器皿、煤气灯、火油灯、自来风扇、轮船、地火、电线、火轮车路、外国影戏等五花八门的西器，令人眼花缭乱。人称"洋场才子"的上海南汇人黄式权，在《淞南梦影录》中也大量记载了抽水机、石印机、电灯、西餐等。

第三，从社会环境因素来看，成书于社会动荡年代的笔记，对西洋武器的描述较多。首先，晚明笔记中所涉及西器，多以火器为主。朱国祯在《涌幢小品》中介绍火器时谈道："最利者为佛郎机、鸟嘴。"刘若愚在《酌中志》中回忆后金侵扰东北时说道："见枢臣王永光题疏，要将宁远城中红夷大炮撤归山海守关，先帝曰：此炮如撤，人心必摇。"其次，在明清改朝易代之际，遗老遗少在叙述前朝抗清往事时，也经常提到西洋武器。徐世溥在《江变纪略》中讲述清兵在攻城时受到精良火器的阻扰，"王氏火器悍精且多，清兵攻城，亦数为所困"。此外，成书于同一时期的笔记，亦多以战争为题，如《过江七事》《江阴城守纪》《东南纪事》《南明野史》《乙酉扬州城守纪略》等。最后，在内外交困的清帝国晚期，以描述军事谈判和战争为主的笔记大量涌现，如《咸同将相琐闻》《湘军志》《武昌纪事》《东行初录》《拳变余闻》《鸦片事略》《马关议和中日谈话录》《庚子国变记》《西巡回銮始末记》等。

与此相异，成书于承平盛世的笔记，记录的重点多为西洋"长物"。明中后期，罗明坚与利玛窦来华传教，时人得见自鸣钟、望远镜等精美实用的西洋奇器，笔记中所载颇多。在康乾盛世时，清人对西洋奇器的兴趣有增无减。乾隆朝前期撤销宁波、泉州、松江三个海关，只留广州海关允许西人贸易，但此举并没有影响西器继续传入中国，时人对自鸣钟等物的热忱在乾隆朝达到了新的高度。据《啸亭杂录》记载，当时，"泰西氏所造自鸣钟表，制造奇邪，来自粤东，士大夫争购，家置一座，以为玩具"。直到鸦片战争之前，清人笔记对生活类西洋"长物"的描述都比其他物品更为突出。这在清中期所撰笔记《榆巢杂识》《竹叶亭杂记》《履园丛话》中皆有所体现。

三、"古已有之"

明清笔记虽然有别于官史，但在文化观念上却较为一致，往往以"中国中心论"的眼光来看待西方物质文明。这主要表现为三个方面：

第一，多将西洋使者的礼品视为贡物，并将西方各国写作天朝朝贡贸易体系之入贡方。清初刘献廷在《广阳杂记》中记载："丙寅年，荷兰噶喇吧王耀汉连氏甘勃氏，差使者宾先巴芝、通事林奇逢等，进贡方物四十种。"

第二，以中国重农观念为正统，以西方重商主义为异端，将西方手工或工业产品视为不务正业的奇技淫巧。梁章钜认为西洋人"善作奇技淫巧及烧炼金银法，故不耕织而衣食自裕"（梁章钜《浪迹丛谈》）。之前，屈大均便将西洋传入的"风琴、水乐之类"，视为"淫巧诡僻而已"。

第三，认为所谓西方"长物"是中国"古已有之"的东西，体现了"西学中源"这一倾向。明清笔记常将西洋奇器视为古已有之，表现出不屑一顾的态度。钱泳在其《履园丛话》中认为，唐代便发明了类似自鸣钟的计时器："张鹜《朝野金载》言武后如意中海州进一匠，能造十二辰车，回辕正南则午门开，有一人骑马出，手持一牌，上书'午时'二字，如旋机玉衡十二时，循环不爽，则唐时已有之矣。"稍后的徐时栋在《烟屿楼笔记》中认为，西洋传入的诸多奇巧之物，"如指南车、量地表、日影尺、晴雨表，无非中华遗法，特彼处专以技艺为仕进之阶、致富之术"。清末民初况周颐的《餐樱庑随笔》仍持此种心态，指出起重机和留声机的核心技术在中国都能找到端倪，只可惜"未能精益求精而底于成耳"。古已有之的观念，实际上是为了抚慰时人的失衡之心。

四、穷极工巧

当然，随着西方先进物质文明源源不断输入中国，国人的思想观念也开始发生变化。在经历了异国文化入侵的短暂不适后，西器的先进性和优越性开始得到肯定。自鸣钟增强了国人的时间观念，新式火器在战争中所向披靡，西洋乐器丰富了宫廷的文娱生活，新的历法更为精确，而较晚出现的电报、电灯、火车等则更产生了划时代的影响。清人笔记对此有普遍反映，书中越来越多地出现"精致""奇巧"等溢美之词。成书于同治年间的《庸闲斋笔记》指出，"天下之巧，至泰西而极。泰西之巧，至今日而极"。陈恒庆在撰写《谏书稀庵笔记》时，已从"古已有之"的观念中走出，大加赞赏西方活字印刷术，指出"刷墨压纸，皆机器为之，敏捷灵活，出人意外。计购活字全分，须二千元，可用数十年不坏"。晚清何刚德尽管抵触西洋物质文明，但也不得不承认："近三十年来，海邦机器益发达，衣食住之舶来货，一一尽美，且日本货比国货为廉，吾不免为习俗所移。"（何刚德《客座偶谈》）以守旧著称的慈禧太后，在面对精美的西洋器物时，也无法掩饰喜爱之情。据《清宫禁二年记》记载，慈禧对两广总督所贡昂贵珍珠不以为意，却对德龄母亲和姊妹所进巴黎面镜、香水、香皂等化妆品"极形感悦"。

随着西器越来越多地出现在人们生活中，国人开始理性地承认西洋先进器物确有长于中国传统器物之处。《眉庐丛话》的作者况周颐感慨西洋火器远胜于传统的十八般武艺，"世俗称美人之材勇，辄曰十八般武艺，无一不精。斯语也，传奇演义家多用之，盖在百年或数十年前。迄今沧桑变易，火器盛行，往往一弹加遗，乌获孟贲无能役，快剑长戟失其利"。

面对与西洋国家逐渐拉大的差距，一些有识之士开始对中国的没落进行反思和批判。晚清笔记《清代之竹头木屑》对反洋务论者刘锡鸿进行了抨击，认为"中国铁路之不能早开，实因刘锡鸿之折所阻，四万万人为奴之祸，实基于此"。面对中国军事力量的衰落，《水窗春呓》总结出中国不如西人之处有三，即"枪炮精良一也，测量准确二也，步法严锐三也"。

需要指出的是，国人在接受西洋物质文明的同时，也出现了对西方器物盲目推崇的倾向。继昌在《外交小史》中记载，有留洋背景的崔国因"每见酒瓶、荷兰水瓶等，必拾而藏之"。《西巡回銮始末记》则描绘了当时病态的社会风气："今乃大异：西人破帽只靴，垢衣穷袴，必表出之；矮檐白板，好署洋文，草楷杂糅，拼切舛错，用以自附于洋；昂头掀脣，翘若自意。嗟彼北民，是岂知人世有羞耻事耶！"

五、"师夷长技"

　　《万历野获编》载，嘉靖十二年（1533），广东巡检何儒招降佛郎机国，得其蜈蚣船铳等制造之法，并于操江衙门仿制火器，"中国之佛郎机，盛传自此始"。清初周亮工在《闽小记》中记载，福建龙溪县人孙孺理制造的"一寸许之自鸣钟"，是闽中五项绝技之一。不过，当时仿制技术并不成熟，能仿制西器者寥寥。迈入清中后期，随着"师夷长技"思潮的蔓延，洋务运动轰轰烈烈地展开，仿制不再是怀才之人的兴趣爱好，而成为国家层面的工业行为。这一时期的笔记，更多地记载了在洋务派人物领导下的大规模仿制行动。《庸闲斋笔记》记录了李鸿章和曾国藩对西洋枪炮及轮船的仿造："李爵相……于同治四年，先在上海开机器局，以制造洋枪、洋炮及铜帽、洋药诸军火。比督两江，于金陵亦设制造局。曾文正公再督两江，仍踵行之。嗣福建创造轮船，文正公亦令于上海兼造。""洋人所能者，我尽能之矣。"《张文襄公事略》记载了张之洞"试造浅水兵轮，筹设华侨领事，创办水陆师各学堂，奏开汉阳铁厂，创办机器纱织局，兴办京汉、川汉铁路"，称赞其敢为人先。《西巡回銮始末记》中提到，学习洋务不能过分依靠洋人，"若事事仰赖洋人，无论糜费太多，亦并不能广及；况厚币聘请，未必果为上等工师"，应该培养能够自制坚船利炮的本国人才。

　　虽然举国上下大开仿制西器之风，但仿造之路极其艰难。多数仿品在细节上与西洋器物相差甚远。朱彭寿在勘察江南制造总局及龙华镇分局后，在其笔记《安乐康平室随笔》中指出，"所用工匠，又皆未经教练，不过仿照洋式，以意为之，以致所出之械，一经逐件拆卸，厚薄宽窄，互有参差，彼此不能调换"。某些国产制品虽然能仿造出相同外观，却没有西器的核心技术。《庸闲斋笔记》叙述左宗棠"前在杭州时，曾觅匠仿造小轮船，形模粗具，试之西湖，驶行不速，以示洋将德克碑、税务司日意格，据云：'大致不差，惟轮机须从西洋购觅，乃臻捷便。'因出法国制船图册相示，并请代为监造，以西法传之中土"。后为其他事务所累，终未落实。作者陈其元感慨道："惟事属创始，中国无能赴各国购觅之人。且机器良楛，亦难骤辨，仍须托洋人购觅，宽给其值，但求其良，则亦非不可得也。"效仿西法之途虽然艰辛，但至少让有识之士看到了希望，他们认为："日本变法维新，未及十年，一切皆由本国主之。以华人之聪明才智，何至远逊东洋？是在一转移间而已。"言语间充满了自信与乐观。

结语

明清笔记弥补了中国传统官史记载西洋物质文明东进的缺失和不足，为我们展示了西器东传中一幅幅生动的图景，让我们得窥在西洋文明东渐的社会环境下，士大夫和部分国人对西方外来物质文明做出的真实回应。从总体上看，国人认识过程，经历了从顽固自傲的"古已有之"论，到体认精巧并倾心接受，再到"师夷长技"以图自强的过程。然而，有些国人在接受新事物的过程中，盲目崇拜西洋物质文明，这些早期的"崇洋媚外"思想，为后来"全盘西化"观念的出现埋下了伏笔。

作者简介

谢贵安，男，1962年生，湖北襄阳人。武汉大学历史学院教授、博士生导师。主要研究领域为中国史学史、历史文献学和明清文化史。出版《中国实录体史学研究》等专著多部。

谢盛，男，1987年生，湖北武汉人。武汉工程大学马克思主义学院讲师。主要研究领域为明清史。出版《明代宫廷教育史》（合著）等。

清宫绘画与中西计时方法

——从《海西知时草》说起

赵琰哲

时间与空间，是事物存在的两个基本维度，也是人们观察与认识世界的两种角度。对于距今二百余年的清代乾隆朝宫廷绘画来说，西洋传教士画家所引入的具有明暗关系与进深透视的海西线法，使绘画对物象空间的表现能力达到前所未有的精确程度。其实，西洋传教士不仅带来了海西线法，还带来了西洋钟表与分秒计时方法。这一舶来的计时方法，同样潜移默化地影响着清代宫廷绘画。时间的应用，亦与图像的表达发生关联。那么，乾隆朝宫廷人士如何看待时间和计时？此时的宫廷绘画又如何在画作中呈现时间呢？

一、《海西知时草》

在清宫御书房，藏有一幅名为《海西知时草》的画作。此画著录于《石渠宝笈续编》："本幅，宣纸，纵四尺二寸五分，横二尺七寸五分。设色画，盆中知时草。"

这幅《海西知时草》构图及物像十分简单，未设背景底色。

画面中心绘有一个木质台座，上面放置一个平底长方青瓷花盆，盆内种植一株蜿蜒生长的小草，全株枝干长有锐刺，细密的叶子呈羽状，盛开着粉红色的球形花朵。无论是木质台座还是长方花盆，都具有近大远小的明显透视关系，极富立体效果。小草的枝叶及花朵被细致描绘出明暗向背，颇具写实性。画面左下方有画家题款"臣郎世宁恭绘"，并钤"臣世宁""恭画"印二方。

由此可知，这幅《海西知时草》是由意大利传教士画家郎世宁以海西线法绘制而成。郎世宁将其擅长的状物写貌功夫很好地运用到绘画中，逼真再现了"海西知时草"的生长原貌，亦使此画带有植物图谱的性质。将画中的"海西知时草"与含羞草本株相互对照，无论是葱郁青翠的羽状叶片，还是蜿蜒枝干上的尖锐凸刺，抑或粉红娇嫩的球冠花朵，都几乎完全一致。郎世宁十分写实地还原出植株的形貌特征，故《海西知时草》所绘确为含羞草无疑。

在《海西知时草》画幅右上方，有乾隆帝御书诗文：

> 西洋有草，名僧息底斡，译汉音为知时也。其贡使携种以至，历夏秋而荣，在京西洋诸臣，因以进焉。以手抚之则眠，逾刻而起，花叶皆然。其起眠之候，在午前为时五分，午后为时十分，辄以成诗，用备群芳一种。

> 懿此青青草，迢遥贡泰西。知时自眠起，应手作昂低。似菊黄花桦，如棕绿叶萋。讵惟工揣合，殊不解端倪。始谓蓳（shà）蒲诞，今看灵珀齐。远珍非所宝，异卉亦堪题。

> 乾隆癸酉秋八月，题知时草六韵，命为之图，即书其上。御笔。

从乾隆帝御笔题诗中可知，此画作于乾隆十八年（1753）秋八月。画中这株小草在当年被法国传教士汤执中进献入宫后，乾隆帝对其青眼相加，不仅亲自作诗吟咏，还命郎世宁为其图绘。

在音译名之外，还据其特性颁赐汉名"知时草"。有趣的是，这株青青小草还以"知时草"之名，进入乾隆朝官方纂修史书《清通志》中，可见皇帝的重视和影响。

乾隆帝的兴趣当然来自含羞草"知时自眠起，应手作昂低"的开合特质，但绝不仅限于此。从他赐名"知时草"来看，更能引起其查究兴趣的，在于含羞草的"知时"特性。乾隆帝在《海西知时草》题跋中提到，此草"起眠之候，在午前为时五分，午后为时十分"。他观察到"海西知时草"不仅能够开合，还能精确地把控开合速度，而且在午前午后的开合时间有所差别。

乾隆帝的观察是否准确？从植物学的专业角度来看，恐怕并不准确。与乾隆帝同时代的英国园艺学家菲利普·米勒，在其1735年出版的《园艺家辞典》中即有对含羞草的记载，在述及其开合特质时并没有提到午前午后的时间差。现今植物学研究亦表明，含羞草在受到外界触碰时，会发生叶羽合闭、叶柄弯曲的现象，过一段时间后叶片又会张开，叶柄亦会调直，这是原产于美洲热带的含羞草为适应当地狂风暴雨环境而产生的应激反应。至于叶片的开合速度，则与刺激的强烈程度及空气湿度、光线明暗等因素密切相关，时间长短并不固定（G. Roblin 等《含羞草：植物应激性研究的模型》）。可见，乾隆帝观察到的含羞草"午前为时五分，午后为时十分"的开合时间并不准确。不过，正是由于乾隆帝的误解，才说明了当时人们对精确计时的关注。这也是乾隆帝将其命名为"知时草"的真正原因。

二、西洋计时与清宫绘画

那么，"海西知时草"所"知"的时间是怎样的时间？"五分""十分"的开合长短是中国传统的时刻计时，还是西洋舶来的分秒计时？

中国传统计时方法早已有之。商代以干支计日，西汉武帝太初历以十二地支为十二时辰以计日，同时将百刻计时与自然特征计时并用。后几经变化，直到梁武帝时将十二时辰与一百刻共同使用以计时（吴守贤、全和钧主编《中国古代天体测量学及天文仪器》）。但百刻与十二时辰共同计日使用起来并不方便，因为一百刻不能被十二时辰整除，所以每个时辰中含有八个大刻及两个微刻。换算成现在的计时标准，大刻时长 14.4 分钟，微刻时长 2.4 分钟。每个大刻分为 60 分，因此中国传统计时中的每分对应的是现代计时的 0.24 分钟（郭果六《试析〈郎世宁海西知时草〉轴》）。这套计时方法使用起来比较复杂，却一直延用到清代初期。

传统计时工具与计时方法在明末清初发生巨变。明万历年间，意大利传教士罗明坚将自鸣钟引入中国，西洋分秒计时方法开始为中国人所知（郭福祥《中国古代水力机械钟的发展历程》）。由于康熙帝对西洋钟表感兴趣，清宫开始用以计时，且在养心殿造办处增设修理及制造自鸣钟的作坊（关雪玲《中国钟表》）。康熙帝曾作《咏自鸣钟》："法自西洋始，巧心授受知。轮行随刻转，表指按分移。绛帻休催晓，金钟预报时。清晨勤政务，数问奏章迟。"可见，精确到分的自鸣钟已成为康熙帝处理政务和安排生活的必需之物。乾隆帝也曾作《咏自鸣钟》诗，其中"秒分暗自迁""钟指弗差舛"等句，亦在喟叹西洋钟表报时准确、计时精微。

西洋计时方法在清宫得以推行，与清廷在天文历算上对西洋传教士的重用有关。西洋传教士除了为清廷制造新式天文仪器，还带来了不同于中国传统观念的宇宙新知（本杰明·艾尔曼《科

学在中国 (1550—1900)》)。其对中国传统"天圆地方"说的颠覆，引起中国传统士人的激烈反对。康熙初年，在经历了一场震动朝野的新旧历法之争后，清廷重新启用西法观测天象，采用西方占星术制定与王朝政治密切相关的天文历法（黄一农《社会天文学史十讲》）。与此同时，康熙帝改革计时方法，于康熙八年 (1669) 二月初七日下令："窃思百刻历日，虽历代行之已久，但南怀仁推算九十六刻之法，既合天象，自康熙九年始，应将九十六刻历日推行。"（《清实录》）九十六刻可被十二时辰整除，每刻为十五分钟，使用起来更加简便。

因此，当乾隆帝玩赏这株含羞草时，他所观察到的"五分""十分"的开合时间差，已不是中国传统的时辰刻分，而是西洋的计时分秒。

受西洋计时方法潜移默化的影响，宫廷画中出现了不少表现钟表计时的画作。雍正朝《十二美人图》中，家具陈设极为写实，其中一幅《持表对菊图》，描绘的即是一位古装美人手持珐琅怀表倚桌而坐的情景。怀表，当时被称为"时辰表"。从图中可以清晰地看到怀表指针指向 20 点整；美人背后所悬条幅还有雍正帝所书"每怜异域钟偏巧，断送时光只几声""检书怕睹鸳鸯字，手执时钟叹岁华"等诗句，感叹钟表报时声所意味的光阴逝去（杨新《胤禛美人图揭秘》）。《十二美人图》中还有一幅《捻珠观猫图》，画中仕女背后高几上摆放着一座木楼式自鸣钟，宫廷画师精确绘制出表盘中的时针指向：13 时 38 分。

位于宁寿宫花园西北角的倦勤斋于乾隆三十八年建成，墙面装饰所用的颇具视幻效果的通景线法画，由宫廷画师王幼学等共同绘制而成（聂崇正《故宫倦勤斋天顶画、全景画探究》）。在倦勤斋西殿二层楼梯转角处，还有一处足以乱真的通景线法画。迎面而来的是一位手持纨扇半撩门帘的婉约女子，清宫档案称之为"掀帘美人"（巫鸿《中国绘画中的"女性空间"》）。美人身旁则是宛然若真的屋内陈设：两座漆木几案，几案上分别摆放着线装书册、玉磬、青铜觚、白瓷瓶等古物文玩；门帘旁绘有一件西洋自鸣挂钟，表盘指针被具体而细微地描绘出来，精准地指向11时18分。

不论是郎世宁笔下的《海西知时草》，还是雍正朝《持表对菊图》《捻珠观猫图》等仕女画，抑或倦勤斋中"掀帘美人"通景线法画，这些图绘精微的宫廷画都反映出，西洋计时方法以其精确便利的特点在宫中得到广泛使用。

三、中西计时的并置使用

虽然乾隆朝是经济、文化、军事实力颇为强盛的时期，但西洋舶来的自鸣钟此时仍是珍贵奢侈品，仅皇家及少数权贵阶层才得享用。时辰仍是百姓广泛使用的计时单位。在此背景下，宫廷在使用西洋计时的同时，仍使用中原农耕节令。

与西洋人不同，当时的中国人并不将时间看作具体的时间点，而倾向于将时间理解为时机、时节，看成一段时间的过程（朱利安《论"时间"：生活哲学的要素》）。在农耕文化中，四时节令被赋予了重要意义，遵循时令成为农业生产与政治统治的首要规则，中原农耕节令融入了清宫生活之中。在艺术层面上讲，这体现为皇帝命宫廷画师于特定岁时节令绘制特定题材的画作，以此表达对四时和畅的期盼，对良好收成的祈愿。

为特定年节时令绘制的画作，在清宫中被称为"年节画""年例画""年节备用画"。每逢重要节令，清宫内务府都要组织宫廷画师绘制岁轴节画。图绘《海西知时草》的郎世宁，就曾多次绘制年节画（畏冬《郎世宁与清宫节令画》）。年节画的绘制有明确要求，一是图绘内容要有相应节令的风俗活动、景物意涵（薄松年《宫廷节令画钩沉》），二是要在相应节令时间前绘制完成，以便在节日中悬挂出来装饰殿宇。一般来说，一年之中有几个较为重要的节令需绘制应景画作，如元旦、立春、上元、端午、七夕、中秋、重九、下元、冬至等。另外，除了单一岁时节令，宫廷画师还有对中原农耕节令的成套图绘，如《十二月令图》（陈韵如《时间的形状——〈清院画十二月令图〉研究》）。

以新春元旦为例。元旦为一岁之始，象征除旧布新、否极泰来。每当临近年关，懋勤殿翰林便会拟写吉词岁轴，如意馆等处宫廷画师绘制年节用画，绘成后再交养心殿等各处悬挂张贴。如乾隆二年十二月十五日，如意馆就接到要求赶制年节画的旨意："沈源持来司库图拉押帖一张，内开年节备用绢画，唐岱、陈枚、孙祜、沈源，每人画三幅，记此。"宫廷画师们接旨后不敢怠慢，赶在年前绘成上交，"于本月二十八日，司库图拉将画得绢画十二幅呈进"（《清宫内务府造办处档案总汇》）。乾隆三十四年是如意馆绘制年画岁轴较多的年份。仅在十二月十九日，乾隆帝就下旨令宫廷画师徐扬绘制《岁朝图》横披一张，谢遂绘制雪景年节人物画一幅，启祥宫分画年节画十一张、岁轴对十幅。

不仅宫廷画师每逢新春要绘制应景画作，乾隆帝也经常亲绘"岁朝图"以庆新春。清宫造办处档案有载，亦有多幅乾隆帝御笔画作留存，如绘于乾隆二十八年仲春、绘于乾隆二十九年春日的《岁朝图》等。这些御笔作品多绘如意、柿子、佛手、梅花、水仙、松柏、灵芝、青铜古玩等象征平安祥瑞的花卉器物，上题新作诗文，以期讨得新春好彩头。

在特殊的年份，乾隆帝还会令人绘制寓意特殊的"岁朝图"用以祈愿。如乾隆三十七年新春伊始，乾隆帝就令人绘制了一幅《开泰图》。此画是乾隆帝仿照明宣宗《三阳开泰图》的子母羊画意，结合郎世宁《开泰图》的海西画法造型，与宫廷画师、词臣画师共同绘制而成的新春祈福之作。乾隆帝还将新撰的《开泰说》题写其上，感怀民众艰难及为君之道。乾隆帝之所以有此做法，源于乾隆三十七年元旦恰逢立春，是百年难遇的"岁朝春"。民间向来认为得遇"岁朝春"为吉兆，预示此年定会风调雨顺。而在前一年即乾隆三十六年，全国各省均遭受不同程度的灾害，是收成欠佳的灾年。乾隆三十七年开春绘制《开泰图》，正是借"岁朝春"这一寓意吉祥的好日子祈福，希望能够安抚灾患、国泰民安（赵琰哲《节令、灾异与祈福——清乾隆朝〈三阳开泰图〉仿古绘画的趣味与意涵》）。

由上可知，乾隆朝宫廷绘画体现出清宫生活中所使用的双重计时方法，即中原农耕节令和西洋分秒计时。两种计时方法并置存在，交替运用，各有其使用范围，对应不同的政治统治需求：想要管理农业、约束水患，可采取中原传统的农耕节令；想要精确计时、与西洋人打交道，则可采用西洋舶来的分秒计时。

而在实际日常生活中，计时方法又是中西合璧，可以相互转换、并存使用的。《红楼梦》第六十三回写到，姐妹们为宝玉过生辰开夜宴，玩得正酣之时，薛姨妈派人来接黛玉回去。众人便问是什么时间了，"人回：'二更以后了，钟打过十一下了。'宝玉犹不信，要过表来瞧了一瞧，已是子初初刻十分了"。这里的"子初初刻十分"为中西计时方法的并置混用，"子初初刻"为传统计时，而"十分"则为西洋计时。"子初初刻十分"以现在的计时方法换算即 23 时 10 分。《红楼梦》虽是小说，但从中可知当时人对中西计时方法的转换使用已经习以为常，运用熟稔。

中西计时方法的并存，亦可从宫中计时器具之陈设窥见一斑。清宫众多殿宇前置有日晷，晷面刻度多为西法测算的九十六刻，已非中国传统的百刻计日。虽然日晷可以测量日影以计时，但此时更多带有象征意义。清宫交泰殿中同时陈设着两种计时工具，一边是中国传统的铜壶滴漏，另一边则是西洋大自鸣钟（巫鸿《时间的纪念碑：巨形计时器、鼓楼和自鸣钟楼》）。乾隆朝大臣沈初曾描述道："交泰殿大钟，宫中咸以为准。殿三间，东间设刻漏一座，几满，须日运水贮斛，今久不用。西间钟一座，高大如之，蹑梯而上，启钥上弦，一月后再启之，积数十年无少差。声远直达乾清门外。文襄每闻午正钟，必呼同值曰：表可上弦矣！"（沈初《西清笔记》）

宫廷绘画如实反映了清宫生活中双重计时方法的应用。这不仅反映了清王朝政治统治的日常形态，亦在一定程度上体现出中西交流方面的包容性。需要指出的是，中西计时方法的并置运用，并非时间观念变革的体现。时间观念的深刻变革，直至晚清以后才真正发生。随着公元纪年的引入、大型自鸣钟楼的建造，传统的时间观念与计时方法受到挑战，西洋分秒计时逐渐成为民众认识时间的主流（黄金麟《历史、身体、国家——近代中国的身体形成（1895—1937）》）。

作者简介

赵琰哲，女，1983 年生，山东人。美术学博士。北京画院理论研究部副研究员。研究方向为宋元明清绘画史、宫廷艺术史、书画鉴藏史、近现代美术史。主要著作有《茹古涵今——清乾隆朝仿古绘画研究》。

乾隆年间宫廷修史的历史贡献

陈连营

整理典籍、纂修前代历史是中国古代政治传统，历朝统治阶级都很重视。清乾隆时期社会相对稳定，经济获得较大发展，为组织学术研究、编纂史书提供了坚实的物质基础。不仅朝廷设置编纂机构，提供财政支持，甚至皇帝还亲自参与或进行指导。在此背景下，一大批内容丰富、系统全面的图书先后问世，影响深远，清人评价曰"巨制鸿篇，洵为前代所未有者矣"（朱彭寿《安乐康平室随笔》）。

一、宫廷专史

历代官方修史，对于皇室私密空间的宫廷生活（包括建筑空间、机构设置、礼仪制度、文化活动等）少有涉及。宫廷生活相关内容流传较广的多是有心文人得知于见闻或传闻的笔记小说。而动用国家人力物力，系统整理和大规模编纂当代宫廷史，则自乾隆朝敕修《国朝宫史》始。

《国朝宫史》是一部记述顺治至乾隆朝内廷典章制度、宫苑建置及重要事件的史书。受乾隆帝敕命，该书于乾隆七年（1742）由大学士鄂尔泰、张廷玉等编纂，二十四年再令蒋溥等编校，至三十四年成书并收入《四库全书》。全书分 36 卷，分别记录顺、康、雍、乾四代皇帝对内廷的训谕；内廷典礼制度（包括宫规、仪卫及冠服等）；内外宫苑建制规模及皇帝题咏各宫苑的匾额诗文；内廷经费开支（包括铺宫、年例、日用、恭进、恩赐等钱粮用度）；内廷官制职掌、额数；内廷编纂刊刻的书籍等。

乾隆帝命儒臣纂修这部宫廷史，意在宣扬君德，警醒子孙。他认为，明代非亡于宦官，宦官得志揽权、肆毒海内，主要是人君的过失。而清朝入关已百有余年，"从无一人能窃弄威福者，固由于法制之整肃，而实由于君德之清明"。"不有成书，奚以行远"？所以他决定纂修本朝宫史，以使"后嗣子孙，世世遵循。当其知所则效，知所警戒"。

《国朝宫史》书成，遂成为其他官修图书的重要参考资料。如乾隆三十九年窦光鼐、朱筠等奉敕撰《日下旧闻考》，其中苑囿等门就参考这部宫史。后来纂修的《大清会典》《大清会典事例》等书，也同样照搬《国朝宫史》的部分内容，可见其资料之博洽翔实，非一般史书可比。

嘉庆五年（1800），皇帝命大学士庆桂等编纂《国朝宫史续编》，将乾隆二十七年以后的内容纳入。体例上仍遵循《国朝宫史》的六大门，子目略有增加。《国朝宫史续编》凡 100 卷，堪称乾嘉时期清宫史料集大成之书。

同样出于"垂示方来"（乾隆《钦定天禄琳琅书目》）的目的，乾隆年间还饬令编纂了多种主要记载宫廷生活的图书，如《皇清礼器图式》《满洲祭神祭天典礼》《武英殿聚珍版程式》《古今储贰金鉴》《八旬万寿盛典》等。

《皇朝礼器图式》图文并茂，分为六部分：祭器、仪器、冠服、乐器、卤簿、武备。每件器物皆列图于右，系说于左，其详细尺寸、质地、纹样及对应官职品级，无不条理清晰，记载详备。《四库全书总目》评述该书："所述则皆昭典章，事事得诸目验，故毫厘毕肖，分寸无讹，圣世鸿规，粲然明备。"

为使满族传统信仰保留久远，乾隆帝特敕庄亲王允禄等，将满族各种祭祀仪式、祝辞进行收集、诠释和整理，详细考订后汇编成文，于乾隆十二年成书。乾隆帝钦定书名《满洲祭神祭天典礼》，为之作序，以满文印行。乾隆四十二年，又命大学士阿桂等译成汉文，四十五年收入《四库全书》。全书备载祭神、祭天、背灯、献神、报祭、求福等祭祀活动之祭期、祭品、仪注、祝辞，以及所用器皿形制（图）等，是研究清代宫廷萨满祭祀及满族宗教信仰的重要资料。

自雍正朝确立秘密立储后，皇嗣继承制度基本确定下来。但乾隆帝早期确定的继承人皇次子等先后早殇，引起朝臣担心和猜测，乾隆帝因此于四十八年特命诸皇子同军机大臣、上书房总师傅等，选取历代册立太子事迹有关鉴戒者，按朝代纂辑《钦定古今储贰金鉴》。纪事取之正史，论断衷诸《资治通鉴纲目》御批及《通鉴辑览》御批，目的仍是使"我子孙当敬凛此训，奉为万年法守"。

乾隆三十八年，高宗因《四库全书》编修告成尚待时日，命儒臣校辑《永乐大典》中的散简零篇和世所罕见的宋元善本，先行刊印流传。同年十月，管理武英殿刻书事务大臣金简奏准：因刻书种类繁多，付雕不易，不如刻做枣木活字套板一份，摆印书籍"工料省简悬殊"。遂于乾隆三十九年刻木质单字 25 万余个，开始摆印图书。乾隆帝以"活字板"不雅而赐名"聚珍"。其间，用这套木活字共摆印书籍 131 种，后来嘉庆七年至八年间又摆印《西汉会要》《唐会要》《农书》三种。后人称此 134 种书籍为"武英殿聚珍版书"。这些书的刊刻，是我国古籍印刷史上的大事，它继承了宋明以来活字印刷工艺的成就，把我国古代活字印刷术推向了高峰。

为总结经验，金简还编撰了《武英殿聚珍版程式》，首次概括了活字制作、刊印的全部工艺流程，言简意赅，图文并茂，通俗易懂，不仅在清代广泛流传，而且被译为德、英等国文字流播海外。

除了《国朝宫史》等宫廷典章制度史书，乾隆帝还饬令翰林就宫廷收藏的前代书画编撰了《石渠宝笈》《秘殿珠林》（初续编）等著录类图书。对于内廷收藏的尊、彝、鼎、鬲等器物，乾隆帝敕令廷臣编撰了《西清古鉴》《西清续鉴》《宁寿鉴古》等大型图录，对研究古代青铜器具有重要价值，成为后世文物图谱编纂的范本。其中《钱录》成为研究中国古钱币的一部必不可少的参考书。

这些宫廷专史为研究宫廷文化提供了大量翔实资料，奠定了清代宫廷史、古代艺术与文献等诸多领域研究的重要基础，形成了宫廷学研究的雏形，为现代宫廷学研究提供了有益借鉴。

二、边疆民族史志

清代是我国统一多民族国家形成的重要时期。以乾隆帝为代表的统治者，对边疆史地、民族习俗非常重视，敕命编纂了大量典籍，成为今天研究边疆地区民族历史、地理沿革的第一手材料，也为今天国家捍卫领土主权完整提供了宝贵的历史法理依据。

乾隆四年成书的《八旗通志初集》是有关清代八旗制度和八旗人物的专门志书。编竣于乾隆九年的《八旗满洲氏族通谱》则辑录了除清代皇室以外的满洲姓氏，详细记述其归顺爱新觉罗氏的时间、原籍、官阶及勋绩等情况，是了解清代前期历史，特别是八旗人物、民族分布、民族关系、满族源流的重要史料和工具书。乾隆四十二年阿桂、于敏中、和珅等奉敕撰修并于次年完成的《钦定满洲源流考》，是清代官修有关满族先世及东北诸民族的重要史籍，内容包括部族、疆域、山川、国俗四门。该书从正史及其他近五十种典籍中选择有关资料，分门别类加以排比，并进行详尽考证。对研究女真和满族历史来说，不失为一部有重要参考价值的专题类书。

乾隆十六年至二十八年完成的《皇清职贡图》，图文并茂，描绘境内不同民族以及与清王朝有来往的国家之民族的男女衣冠形貌，"凡性情习俗，服食好尚，罔不具载"，是研究了解各民族与清王朝的关系，以及当地风土民情的重要文献。此外，乾隆二十九年至五十五年编纂成书的《大清一统志》、九年敕纂的《钦定盛京通志》等，也都是了解和研究清代少数民族风俗习惯、史地变迁的重要参考。

为纠正《辽史》《金史》《元史》人名、地名译音的"讹舛俚浅"，乾隆四十七年敕命编纂了《钦定辽金元三史国语解》，以索伦语正《辽史》，以满语正《金史》，以蒙古语正《元史》，各注其名义，详其字音，是研究上述三部史书的重要参考资料。

伴随统一新疆的进程，《钦定皇舆西域图志》于乾隆二十一年开始纂修，四十七年成书。该书是清代新疆第一部官修通志，除采自档案外，还兼用实地调查勘测资料，为后来编纂《大清一统志》新疆部分之所本。乔治忠教授等人评价说：清朝纂修《西域图志》是对新疆实施管理的需要，但其体系完整，结构严密，将实地勘察、历史考订、官方文书结合参证，对西域地区的新知所得极富，所纠正的旧说讹误甚多，具有无可置疑的学术性。其记载清朝经略新疆的各项措施和成果，具有极高的史料价值，为此后纂修《大清一统志》《西域水道记》《新疆图志》等所吸收借鉴。时至今日，我们从史学史、民族史、地理学史、清朝统一多民族国家发展史等多个角度探讨，这部《西域图志》都具有重要的历史价值（牛海桢《清代官修西北边疆史志述论》）。

乾隆二十八年，新疆第一部地名志《钦定西域同文志》编成，是一部汉文、满文、蒙古文、藏文、维吾尔文、托忒蒙古文等6种文字的人名、地名对译辞书。全书按地区编排，分天、地、山、水、人五类，包括新疆、青海和西藏等地区的地名、山水名，以及准噶尔部、回部等各部上层人物名的解释。每一词条都用6种文字对照，首列满文，次列汉文并详注词义，再用汉文标满文标准音，最后排列蒙古文、藏文、托忒蒙古文、维吾尔文等，各注译语、对音。本书是为扫清语言障碍、巩固西北边疆统治而编撰的工具书，其历史价值和现实意义十分重要。

三、典章律例

乾隆时期，封建中央集权发展至高峰，各项制度都有集大成的特点。为传之后世，以为范式，乾隆帝多次敕命将当朝典章律例编辑成册。这些典籍对历史上政治制度沿革进行了系统梳理，更多的则是对当时各官衙行政法规的真实记录，成为我们今天研究相关历史问题，特别是清代重大历史事件、国家政权运作的宝贵资料。

"十通"中有六部是乾隆年间修成的。成书于乾隆四十八年的《续通典》，记载唐朝肃宗至明末的典制；乾隆五十二年完成的《清朝通典》，记载清初至乾隆中期的典制；成书于乾隆五十年的《续通志》，记载唐初至明末的典制；成书于乾隆五十二年的《清朝通志》，记载清初至乾隆末年的典制；《续文献通考》，记载南宋宁宗嘉定年间至明神宗万历初年典制；成书于乾隆五十二年的《清朝文献通考》，记载清初至乾隆五十年间的典制。自此，凡"典制之源流，政治之得失，条分件系，纲举目张"，历代典制之沿革得以梳理。

为镜鉴历史，这一时期还敕撰了一些历史读本。如乾隆三十三年敕撰的《历代通鉴辑览》，以编年体记事，上起太昊伏羲氏，下讫明代，因有高宗亲作御批，又称《御批历代通鉴辑览》。还有乾隆四十年敕纂的《御撰资治通鉴纲目三编》。此类史书虽无特殊价值，但剪裁和内容组织精当，篇幅适中，既不像《纲鉴易知录》仅具梗概而略显乏味，又不像《资治通鉴》篇幅浩大，难于卒读，是清代通行的历史读本，甚至到民国初年还颇为流行。

此外，乾隆时期还编纂了不少专门志书。如乾隆四十三年敕撰《钦定国子监志》，分为：《圣谕》《御制诗文》《诣学》《庙制》《祀位》《礼》《乐》《监制》《官师》《生徒》《经费》《金石》《经籍》《艺文》《识余》《纪事》《缀闻》等类，涉及国子监相关活动的方方面面，是研究清代文教事业的重要参考书。

乾隆年间还敕令编纂了多部衙门运作则例，犹如当代的部门行政法规，如乾隆二十九年《钦定大清会典》《钦定大清会典则例》，三十四年《钦定户部鼓铸则例》《钦定户部旗务则例》《钦定太常寺则例》《钦定光禄寺则例》，四十一年《钦定户部军需则例》《钦定兵部军需则例》《钦定工部军需则例》，四十五年《钦定户部则例》，四十八年《钦定礼部则例》，六十年《续纂则例》等。此外，还有《钦定国子监则例》《钦定学政全书》《钦定科场条例》《钦定中枢政考》《钦定八旗则例》等众多行政法规，其体例比较完备，有典则分例、考订精详等特点，既有制度规定，更有鲜活的事例，为我们研究清代国家政权运作提供了第一手资料。

四、对重大历史事件的记录

清代本有重视当代重大历史事件记录的传统。康熙二十一年（1682），即平定"三藩之乱"次年，康熙帝饬命勒德洪等编纂《平定三逆方略》，至二十五年书成，详细记载了平定吴三桂、尚之信、耿精忠叛乱始末。此后，又有《平定察哈尔方略》，记载平定"三藩之乱"期间平定察哈尔之乱始末；《平定海寇纪略》，记载收复台湾始末；以及为记录康熙用兵厄鲁特蒙古，平定噶尔丹叛乱而编纂的《亲征平定朔漠方略》。

乾隆时期继承了这一传统，并发扬光大，先后编纂了 11 种方略类图书。如乾隆十七年编纂的《平定金川方略》，记载了首次平定金川土司莎罗奔叛乱始末；乾隆四十六年编纂的《钦定平定两金川方略》，记载了乾隆三十一年至四十一年两次出兵平定大小金川土司反清事件始末。乾隆三十五年编纂完成的《平定准噶尔方略》前编 54 卷、正编 85 卷、续编 32 卷以及《纪略》1 卷，共计 172 卷，详细记录了康熙年间平定准噶尔叛乱、乾隆时期平定伊犁以及阿睦尔撒纳、大小和卓叛乱，统一新疆始末。《剿捕临清教匪纪略》，记载了乾隆三十九年镇压山东临清王伦领导的白莲教起义始末。乾隆五十四年完成编纂的《兰州纪略》，记录了乾隆四十六年镇压甘肃循化厅撒拉回民苏四十三等新教起义始末；《钦定石峰堡纪略》，记载了镇压乾隆四十九年爆发的甘肃凉州田五起义始末。乾隆五十三年完成的《平定台湾纪略》，记录了乾隆五十一年十一月至次年镇压台湾林爽文、庄大田天地会起义始末。《安南纪略》，记载了乾隆五十三年到五十六年间援助安南国王黎维祁安定越南始末。乾隆六十年完成的《巴勒布纪略》《廓尔喀纪略》，记载了乾隆五十三年至五十四年、五十六年至五十八年两次抗击廓尔喀入侵西藏始末。

以上诸书，均是当时人记当时事，资料详实、丰富、完整，都是研究乾隆年间重大战事的重要文献。

五、余论

乾隆朝宫廷修书还有很多成就，涉及掌故、字书等诸多方面。清人朱彭寿对此曾言："我朝稽古右文，特命儒臣时勤编纂，除平定各地方略专纪一时武功，又有《天禄琳琅》《石渠宝笈》《西清古鉴》之类，专记内府储藏书籍、字画、金石诸品"，此外，于字书、音韵、正史、编年、史事提要、历代通制、农政、医学等皆有专书，"皆经诸名手，上秉圣裁，精心撰述，不独嘉惠多士，且将昭示方来"。

实际上，不少学者也都乐在其中。如参与编纂《石渠宝笈》的词臣张若霭曾说："入春以来奔走内廷，踏星披月，眠食都捐，却幸奉敕品定内府书画，盈千累万，日与古人为徒，烟云供养，别有会心，藉此以尝马足之劳，忘其苦焉。"（《晴岚诗存》）参与编纂《石渠宝笈续编》的词臣王杰也曾讲道："臣等以缮校微劳，既获寓目于壁府之藏，复得挂名于宝书之末，其为荣幸曷有涯矣！"自豪感溢于言表！

乾隆年间这些数量众多、门类齐全的官修史书，涉及领域之广泛，编纂体例之完备，资料价值之高，图书题材之广，编辑考订之全面，都可以说是空前的。清代官修史书，特别是乾隆年间的图书编纂成果是划时代的，集中国传统经籍典制编纂之大成，它对中国文化传承的积极影响，值得充分肯定。

作者简介

陈连营，男，1965年生，河南省唐河县人。历史学博士，故宫博物院出版部主任、编审，主要从事清代政治史和宫廷史研究，出版《帝国黄昏：徘徊在近代门槛的中国社会》《和珅的权力之梦》《未开放的紫禁城》等多部著作。

"左图右史" 传统的继承与复兴

——评刘潞《十八世纪京华盛景图》

崔建飞

由资深清史学者刘潞主编的《十八世纪京华盛景图》（上、下册）一书，于2019年7月由故宫出版社出版。这部分量厚重、图文并茂、印制精美的专著，自2014年故宫博物院立项始，由主编率课题组集五年研究心血，精心编著而成。书中所展示的深厚学术功力，和对清代宫廷如数家珍般纤悉无遗的考订阐释，体现了刘潞主编40年来对清代宫廷史深入研究的厚积薄发。

清代自康熙朝起，出现了一种新的绘画形式——超长卷纪实性绘画，描绘展示皇帝、皇后的隆重寿庆活动，是其重要题材之一。故宫博物院现藏三套题名为《万寿图》的超长卷纪实性绘画，第一套为庆康熙帝六旬万寿而绘，首尾相加计78.78米；第二套以乾隆帝生母崇庆皇太后六旬大庆为题而绘，首尾相加110.83米；第三套以乾隆帝八旬万寿为题，首尾相加134.57米。《十八世纪京华盛景图》一书研究阐发的，是第二套《万寿图》。该书的出版，不仅意味着第二套《万寿图》首次正式公布于世，而且由于它以图为经，以史为纬，"一经一纬，相错而成"，对于继承与复兴中国自古以来的"左图右史"学术传统，也具有重要的启示意义。

一、"左图右史"理论的充分体现和成功实践

宋代史学家郑樵在《通志·图谱略》中，阐述了中国自古以来图文并重的学术传统，强调"图"在治学中的作用，和文字表达同样重要，两者相辅相成，不可偏废："图，经也。书，纬也。一经一纬，相错而成文……见书不见图，闻其声不见其形；见图不见书，见其人不闻其语。"他强调"图""书"并举对于治学的极端重要性："古之学者为学有要，置图于左，置书于右；索象于图，索理于书。故人亦易为学，学亦易为功，举而措之，如执左契。"

由于历史文化发展走向的偏颇，和绘制、印刷技艺的限制，"图""书"两者的发展很不平衡，呈跛足之势。作为文字表述的"书"的传统，承先启后，踵事增华，不断发扬光大。而"图"之传统的发展相形见绌，文化典籍中常常无图，即便有图，也大多作为文字表述的辅助部分而存在。郑樵强烈表达了对这一畸形发展倾向的忧虑："后之学者，离图即书，尚辞务说，故人亦难为学，学亦难为功。"清代学者法式善进一步指出："古人左图右史，图之重也久矣。制度之同异，山川疆域之所垂，古圣贤之所发，明胥赖图以徵信，故自汉以来学者莫不留意于是也。"另一位清代学者叶德辉则在《书林清话》中写道："吾谓古人以图书并称，凡有书必有图……晋陶潜诗云：流观山海图，是古书无不绘图者。"鲁迅在《且介亭杂文·连环图画琐谈》一文中，为"图"传统的式微深为遗憾："古人'左图右史'，现在只剩下一句话，看不见真相了。"

尽管有郑樵、法式善、叶德辉以至鲁迅等人的呼吁，特别是

晚清以来摄影术、印刷术的大力发展和不断进步，"书"重"图"轻的倾向有所正畸，但没有根本改观。当代信息技术为图像的数字化保存、复制以及研究、印制、传播带来极大便利，为"左图右史"传统的继承与复兴提供了重要支持，而当代所谓"图像时代"的来临，也推动增长广大读者的读图需求。崇庆皇太后六旬大庆《万寿图》（以下简称"崇图"）规模宏大，场景丰富，人物众多，给学术研究带来颇多困难。故宫书画部与资信部花费了三年之力，将该图数字化，并建立了有"殿宇""桥梁""服饰""乐队""牌坊"等多种子库的图像数据库，为学术研究提供了基础性保障和重要依据。《十八世纪京华盛景图》一书共 597 页，刊图共 518 幅，如加上以崇图元素为内容的装饰性小插图，刊图达 674 幅，平均每页 1.13 幅，真正实现了图像与文字"相错而成文"的效果。

该书是郑樵以图为经、以书为纬之史学理论的充分体现和成功实践。刘潞在该书后记中指出："本书的定位，是'图文书'而非论文集。书中篇目，基本依相关图像在长卷中的位置而定，各篇之间并无严格的逻辑关系；写作方式，则以图像为中心，形成该图像的小史。"诸多与图像紧密相扣的"小史"，考订谨严，涉猎甚广，内容非常丰富。郑樵在《通志·图谱略·明用》中列出图谱涉及的内容："而条其所以为图谱之用者十有六：一曰天文，二曰地理，三曰宫室，四曰器用，五曰车旗，六曰衣裳，七曰坛兆，八曰都邑，九曰城筑，十曰田里，十一曰会计，十二曰法制，十三曰班爵，十四曰古今，十五曰明物，十六曰书。"通览《十八世纪京华盛景图》全书，可以说，对郑樵所列十六项"明用"，都或多或少地涉及到了。

二、以图证史、以图补史与图文互证

左图右史的表述方式，其优势在于读者一边"索象于图"，一边"索理于书"，使"象""理"紧密结合，实现以图证史、以图补史与图文互证，从而获得"人亦易为学，学亦易为功"的功效。《十八世纪京华盛景图》一书，以精心绘制、精准选择、精美印制的"象"，和旁征博引、严谨考订、精辟阐释的"理"，步步交融互证。由于有图，弥补了"仅以文字传之而不能曲达其委折纤悉之致"的缺陷；由于有文，使读者"见其形"且"闻其声"，"见其人"且"闻其语"，实现了"两美合并，二妙兼全"的比较完美的融合。

以图证史的功用，在书中时时得以发挥。例如崇图第三卷"康衢骈庆"中，对西直门至西安门沿途结撰楼阁、张灯结彩的描绘，与赵翼《檐曝杂记》所记相符："锦绣山河，金银宫阙，剪彩为花，铺锦为屋，九华之灯，七宝之座，丹碧相映，不可名状。"尤值得一提的，是该书对乾隆帝是否亲自伴随太后回宫的考辨。崇图描绘的是太后于乾隆十六年（1751）十一月二十五日寿辰当日，自万寿山东宫门起，经麦庄桥、西直门、西安门、西华门至紫禁城内寿安宫一路的庆祝活动实景。图中只绘了太后所乘华美冰床和万寿金辇，并无乾隆帝或其所乘御马、金辇的形象。档案文献中也只有鄂尔泰、张廷玉《国朝宫史》的一条孤证记载："御龙袍衮服，乘骑前导。"刘潞课题组从图入手，指出图中所绘大铜角乐队，与太后仪驾无关，只能是皇帝骑驾卤簿中的器物。又从图 3-3-5（三角形黄龙旗）中豹尾枪队的出现，和豹尾班之后出现的"皇帝卤簿八旗护军纛"，辨析出这些独属皇帝卤簿的仪仗内容，则进一步确定乾隆帝在回宫队伍中，"骈庆"

之题名副其实,《国朝宫史》所载不虚。

书中以图补史的例子,也俯拾即是。例如关于清初京城"旗民分治制度",针对《清世祖实录》卷四十记载:"八旗投充汉人不令迁移外,凡汉官及商民人等,尽徙南城居住",作者指出,经过康、雍、乾三朝经济文化的发展,以及满汉平民各自生活的需要,满汉分居的政策难以维持。证实这一观点的,是该书图3-5-2(准备迎候的汉族妇女)、图3-6-9(女性群像)、图3-6-10(满人女性所戴钿子)、图3-6-11(汉人女性)、图3-6-12(裹脚的汉人女性)、图4-3-5(内城宅院中的满族妇女)等图,描绘了乾隆时期京师城内旗汉混居的画面。特别是图3-6-9,真实表现了在京城长河岸边,头戴钿子、身穿马蹄袖袍服、襟前系手巾的满族妇女,和头戴发髻、穿披风、系裤脚、缠足的汉族妇女,她们相邻而居、相互攀谈的情景。不仅如此,内城皇城居民也打破了满汉藩篱,"而皇城西安门以里的民居中,汉装打扮的女子更是比比皆是",说明在乾隆年间内城皇城中满汉混居的现象已经相当普遍。

《十八世纪京华盛景图》书中,图与文并重,以史校图、证图的作用,也得以充分体现。如图4-1-5(西华门匾),作者指出,如此由皇帝亲自组织、内务府精心实施、众画家呕心沥血绘制的长卷,居然将极为重要的西华门匾额,误写成了"西安门"。再如作者通过《清宫内务府造办处档案总汇》《国朝宫史》等文献史料,指明崇图自乾隆十六年乾隆帝亲自策划组织,历时10年直到皇太后七旬大寿前两个月,才装裱完成。除了文献档案,作者还以图史互证的方式,指出崇图所绘内容,有的是乾隆十六年之后、二十六年之前的景物。如第一卷"嵩呼介景"中的万寿山五百罗汉堂(图2-4-7)(罗汉堂),和昆明湖中小岛上的望蟾阁(图2-8-1)(十七孔桥西之南湖岛),均建于太后六旬寿庆之后。

三、三个引人瞩目的特点

除了图文并茂以及以图证史、以图补史与图文互证，该书还有三个特点值得关注。

一是众图综谈，旁征博引。全书所列之图并不局限于崇图一幅，而是将古今众多有关的图像囊于一匣，形成图意纵横、笔意雄健之势。其中，参用比照《康熙帝六旬万寿图》（以下简称"康图"）《京城全图》较多，缘于乾隆帝是参照康图策划崇图的，而《京城全图》完成于乾隆十五年，离崇庆太后六旬寿庆甚近，其尺幅巨大，标识内城道路甚详，是分析皇太后自西直门至西华门行进路线的重要参考。此外如《哨鹿图》《马术图》《平定西域战图》《乾隆八旬万寿图》《光绪大婚图》《紫光阁赐宴图》《雍正十二月令图》《冰嬉图》等诸多图画，应有尽有，不胜枚举。晚清老照片如《南堂旧照》，文物照片如《英国制写字机器人》，遗址照片如《武英殿今貌》，都在证史、补史方面发挥了关键作用。

二是"小史"大全，考订谨严。全书以崇图的图像为中心，按图索"骥"，稽古钩沉，发微抉隐，形成涉猎广泛、内容丰赡的数十个小史。其题材宏观一些的有北京城垣史、京城水利史和清代卤簿仪仗制度、禁卫制度、清代音乐戏曲、清代服饰沿革等等，题材具体一些的有昆明湖、大报恩延寿寺、寿安宫、万寿寺、正觉寺、紫竹院、武英殿、内务府、牌楼花灯、盆景插花、西洋元素、京城商铺和棚铺扎彩业等等，乃至更为具体的石舫、望蟾阁、冰床、饽饽点心等的历史。

这些小史与一般史话的区别，在于它学术上的严谨考订、精美图片的实证和文字表述的精粹。譬如冰床小史，首先引人注目的是一组图片，图 3-2-1（有篷冰床）、图 3-2-2（坐冰床的官员神情）、图 3-2-3（推冰床人）、图 3-2-4（似在等候或寻找乘客的推床人）、图 3-2-5（皇太后冰床）、图 3-2-6（《冰嬉图》中乾隆帝的冰床）展示了乾隆时代的冰床样式，帝、后、官员乘坐冰床活动以及贫民拉推冰床劳作等情景。同时，作者通过引用文献《酌中志》《帝京景物略》中的史料，精述明代宫中和民间乘冰床代步的情况。接着，作者引述《红楼梦》《帝京岁时纪胜》《燕京岁时记》《京师竹枝词》等清代史料，说明冰床不仅在清代更为盛行，且为冬季一大乐事，并与图 3-2-2 互证。随之引用乾隆帝《冰床》诗等，说明冰床业的兴旺，并与图 3-2-3、图 3-2-4 互证。之后以图史互证的方式，简洁概述冰床的各种等次，和皇太后所乘的最高等级冰床。最后，作者通过引用《满文老档》《明宫史》等文献史料，有力证明了清代冰床更盛主要缘于北方满洲生活习俗的结论。

三是论自史出，图证为实。《十八世纪京华盛景图》书中各种观点，多是从史料出发，以图证实的。例如作者认为望蟾阁乃乾隆十六年之后修建，便通过分析乾隆帝多首咏望蟾阁诗、赵翼的笔记材料，并展示、对比湖广总督阿里衮搭建的黄鹤楼（图 2-8-2）、南湖岛上仿黄鹤楼的望蟾阁（图 2-8-1）两张图片，从而坐实了望蟾阁建成于乾隆十九年的立论。再如该书书名为《十八世纪京华盛景图》，所指乾隆朝的"京华盛景"，不仅仅展现了隆重的皇帝寿礼（如昆明湖、大报恩延寿寺、寿安宫）和奢华的庆祝活动（如沿途临时搭建的炫目的金银宫阙及歌舞连台），而且展现了十八世纪京城日常真实生活。作者以大量的史料和一系列图像，考证并展示了林林总总的各种街市商铺、寺庙集市、串街行商以至御园买卖。特别是商铺，米粮菜蔬、肉类蛋禽、餐饮馆所、糕点果品、酒茶、山货、纺织、服饰、珠宝、制药、香蜡挂笺、文玩古董，甚至各类插花盆景、银铺金融交易，商铺市肆遍京华，确是一幅真实生动的十八世纪京华盛景图。

尤为突出的是，作者用图文结合的方式阐述崇图所彰显的乾隆帝价值观。崇图全长 110.83 米，比康图长 32.05 米，内容从"康图"的两卷增加至四卷。所增第一卷"嵩呼介景"、第四卷"兰殿延禧"，通过两图对比显而易见，突出了因庆寿而新落成的万寿山昆明湖和寿安宫。通过对乾隆帝命名"昆明湖"和对健锐营特殊安排的辨析，以及对《万寿山大报恩延寿寺记》碑文、《御制寿安宫铭》、《知过论》和《清高宗实录》中有关记载的条分缕析，乾隆帝欲与帝尧汉武并称、对母亲至诚至孝和大"兴工作"强烈情结等价值观念，得以雄辩的证实。

由此可见，"左图右史"以及以图证史、以图补史、图文互证的论述方法，不仅是中国自古以来的优秀治学传统，而且确是举而措之、行之有效的务实辨证，陶铸信史的可靠途径，同时也是与现代信息技术相融合、与当代读者阅读心理相适应的学术研究和传播样式的嬗递创新。《十八世纪京华盛景图》一书的出版，在继承与复兴中国"左图右史"治学传统的同时，也给学界和社会提供了弥足珍贵的文化成果和学术启迪。当然，在实现"左图右史"传统的过程中，依然会遇到一些困难和限制，譬如对于长达 110.83 米的崇图，该书未能突破限制，印制一幅完整的崇图，因而不能给读者全面的总体印象，这是有待编者团队、出版社进一步弥补完善的。

作者简介

崔建飞，男，1963年生，安徽合肥人。1985年毕业于南开大学历史系，文化和旅游部清史纂修与研究中心主任，国家清史编纂委员会常务副主任。著有《追忆锦瑟蝴蝶》《水浒启示录》等。

清代统一台湾记

杨东梁

台湾自古以来就是祖国领土不可分割的一部分，早在三国时代，文献就有吴王孙权派卫温、诸葛直率兵抵夷洲（即台湾）的记载。至元朝，中央政府更在澎湖设巡检司，实行行政管理。16世纪后，西方殖民者东来，把魔爪伸向我国台湾地区。17世纪20年代，荷兰人继西班牙人之后强占澎湖，并登陆台湾，建立多个据点，至明崇祯十五年（1642）又击败西班牙，侵占整个台湾。

顺治十八年（1661）三月，民族英雄郑成功（1624—1662）率军25000人，乘大小战船数百艘横渡台湾海峡，开启收复失地之旅。在登陆台湾南部，包围赤嵌城（今属台南市）后，郑成功向侵略者明确表示：台湾"一向是属于中国的"，荷兰人只是暂时"借居"，"现在中国人需要这块土地"，"自应把它归还原主"（厦门大学郑成功历史调查研究组编《郑成功收复台湾史料选编》）。郑军攻克赤嵌后，又围困热兰遮达八个月之久。十二月十三日，入侵者投降，荷兰殖民者统治台湾38年的罪恶历史宣告结束，这是中华民族抗击西方侵略史上的光辉一页。

郑成功收复台湾之际，也是清王朝逐步统一全国之时。顺治末年，除台湾及东南沿海部分岛屿外，清王朝已消灭了南明残余势力及农民军抗清武装，基本上完成了对大陆的控制。因此，解决台湾问题也就成了统一大业的题中应有之义。康熙元年（1662）五月初八日，郑成功病逝于东都（台南安平镇、承天府的合称），成功之弟郑袭与世子郑经发生了叔侄夺位之争，结果郑经击败对手，迅速登位。清廷抓住郑氏政权内斗的机会，力图和平统一台湾。七月，靖南王耿继茂、福建总督李率泰派都司王维明、李振华，总兵林忠前往厦门"招抚"。八月，林忠再赴厦门。郑经与亲信密商后，认为当此内部纷争之际，"不如暂借招抚为由，俟余整旅东平，再作区处"（厦门大学台湾研究所、中国第一历史档案馆编辑部编《郑成功档案史料选辑》）。遂虚与委蛇，作出受抚姿态，同时立即挥师返台，迅速平定内乱。对此，清廷保持警惕，指示前线大员，不要轻易上当。

康熙二年十月，清军攻占金门、厦门，郑经退守铜山（位于今福建东山岛），耿继茂、李率泰再次派人赴铜山招降。此时，郑经因已度过内部危机，态度遂趋强硬，要求比照朝鲜待遇，并称"若欲削发登岸，虽死不允"（江日升《台湾外纪》）。随即，携眷口及明宗室、遗老撤回台湾。康熙三年三月，清军攻占铜山，至此，郑氏在大陆沿海的主要岛屿全部丧失。面对危局，郑氏集团内部的裂痕也日益扩大，重要将领陈辉、周全斌等纷纷率部降清。清廷亦拟乘势一举武力收复台湾。康熙三年底和四年四月，福建水师提督施琅两次出兵，均因遭遇飓风，无功而返。在权衡利弊之后，清廷再度采取和平招抚之策。

康熙元年至十九年间，清廷曾以极大耐心分别于元年、二年、六年、八年、十六年、十七年、十八年、十九年，先后11次（有时一年几次）与郑氏政权谈判。前三次，清方提出的条件是"削发登岸"，郑经则以仿朝鲜例"称臣纳贡"相抗，未能谈拢。康熙六年八月，清方又派员携福建招抚总兵官孔元章及郑经舅父董班舍书信赴台再议，条件是若郑氏剃发归顺，可册封为“八闽王”，并让予沿海岛屿，但郑经拒绝“削发”。两个月后，孔元章亲自赴台，表示若能称臣纳贡，遣子入京，则可开放沿海通商。但郑经仍坚持“仿朝鲜例”不松口，甚至明确表示“台湾远在海外，非中国版图”，公然抛出“一中一台”论调，这就从根本上动摇了郑成功关于台湾是“中国之土地也”的定位，这是郑氏政权两岸政策变化的一个分水岭。

在清廷内部，“抚”与“剿”的争论也时有出现。福建水师提督施琅坚决主剿，他分别于康熙六年十一月和七年四月连上《边患宜靖疏》和《尽陈所见疏》，强调“乘便进取，以杜后患”，“一时之劳，万世之逸也”（施琅《靖海纪事》）。只因此事“关系重大，不便遥定”，清政府遂召施琅进京面议。朝议的结果，以“风涛莫测，难以制胜”的理由，否决了征台论。随后，清廷裁撤福建水师提督，焚沉战船，只设一名总兵镇守海澄（属漳州府），施琅则留京任内大臣，复台之议被束之高阁。

康熙八年五月，16岁的清圣祖玄烨铲除了权臣鳌拜集团，开始亲政。为贯彻对台招抚方针，于当年七月派刑部尚书明珠、兵部侍郎蔡毓荣至泉州与耿继茂商议，先派人赴台，继又在泉州与郑氏代表谈判。郑方仍坚持照朝鲜事例，不肯削发；清方则允“藩封，世守台湾”，只强调不能“异制别服”，在“剃发”问题上寸步不让。对此，皇帝敕谕中是这样解释的：“朝鲜系从来所有之外国，郑经乃中国之人，若因居住台湾，不行剃发，则归顺悃诚，以何为据？”（《康熙统一台湾档案史料选辑》）这就道出了问题的实质，即海峡两岸的关系是中国人的内部问题，与中、朝间的两国关系截然不同，所谓“剃发”问题并非简单的民族习俗之争，而是是否应在“一个中国”的前提下处理两岸关系。不久，形势突变，收复台湾之议一时趋于沉寂。

康熙十二年十一月，平西王吴三桂在昆明反清，由云南经贵州进入湖南，陈兵长江南岸。同时，又分兵入四川，趋陕南。广西将军孙延龄、靖南王耿精忠（时耿继茂已死，子精忠袭爵）、平南王尚可喜长子尚之信纷纷起兵响应。滇、黔、川、湘、桂、闽、陕、粤八省均脱离清朝控制，"天下事几不可问矣"（《明季稗史初编》）。台湾的郑经也乘机渡海至厦门，占据东南沿海的漳州、潮州、惠丰等地。这场"三藩之乱"造成了清廷的极大危机，清政府动员全国一半兵力，縻饷巨万，耗时八年终将其平定下去。直到康熙二十年十二月二十九日，清兵进入昆明，才宣告了这场叛乱的结束。在此期间，清廷虽力有未逮，仍密切关注台湾事务。

从康熙十六年至十九年四年间，清廷与郑氏政权共接触六次。康熙十六年四月，康亲王杰书率军入闽，连克漳、泉、汀等府县后，即两次遣使以优厚条件招抚郑经。杰书甚至明确表示："我朝廷亦何惜以穷海远适之区，为尔君臣完全名节之地"，"执事如知感朝廷之恩，则以岁时通奉贡献，如高丽、朝鲜故事，通商贸易，永无嫌猜，岂不美哉！"这些条件已满足了郑经多年来的主要愿望（即"仿朝鲜例"），可郑经却得陇望蜀，又提出占领沿海诸岛并供应粮饷的要求，谈判再次失败。

康熙十七年秋，福建总督姚启圣两次派人劝谕郑经，其函称："谁无父母？谁无坟墓？与其涉波涛、争尺寸，曷若归乡间、受朝爵乎？"可谓晓之以理，动之以情。十八年五月，康亲王再派人见郑经，应允如郑经退保台湾，可按朝鲜事例，称臣纳贡而不剃发。这是清廷做出的最大让步，答应了郑经的根本要求，但郑经并无诚意，再次节外生枝，竟提出以海澄作为往来"公所"，并每年索要"洋饷"6万两。谈判又复搁浅。

康熙十九年八月，清军收复海澄、厦门，郑经败归台湾，福建全境悉归清朝所有。清方再次伸出橄榄枝，将军赖塔致函郑经称："今三藩殄灭，中外一家"，"若能保境息兵，则从此不必登岸，不必剃发，不必易衣冠；称臣入贡可也，不称臣不入贡亦可也。"（魏源《圣武纪》）三个"不必"，两个"可也"几乎把清方的谈判条件降到了最低水准，剩下的唯一要求仅是"保境息兵"。面对如此优厚的条件，郑经一面表示同意，一面又提出要以海澄为"互市公所"，试图在大陆安插一个"钉子"，此议被福建总督姚启圣断然拒绝。

康熙二十年前后，清廷与郑氏政权间的对峙态势有了重大变化。由于连年征战，郑氏在台湾的统治已是"民心离散，士卒丧气"（林谦光《台湾纪略》），有"故土之思"的郑军士气低落，不少官兵先后向清廷投诚。郑经本人也意志消沉，生活颓废，台湾的郑氏政权江河日下。而清朝一方在平定"三藩之乱"后，稳定了政局，康熙帝又采取一系列措施缓和民族矛盾、阶级矛盾，"恤民养民，布宣德化"（《清圣祖实录》），统一台湾的条件终于成熟。

康熙二十年正月二十八日，郑经病逝于台湾，世子克臧继位，旋即被权臣冯锡范等杀害，另立郑经次子克塽（年仅 12 岁，为冯锡范女婿）为延平王。康熙帝得知郑经病故，即下谕称"宜乘机规定澎湖、台湾"，并命姚启圣等"同心合志，将绿旗舟师分领前进，务期剿抚并用，底定海疆"。但前方将帅意见不一，福建水师提督万正色上《三难六不可疏》，声称台湾断不可取。康熙帝决定临阵换将。七月，玄烨接受内阁学士李光地的建议，任命闲置多年的内大臣施琅为右都督、福建水师提督，加太子太保衔，将万正色调任陆路提督。十月初六日，施琅到厦门上任，立即训练水师，督造战船，加紧征台准备工作。但朝议仍对出兵台湾缺乏信心，"咸谓海洋险远，风涛莫测，长驱制胜，难计万全"(《清圣祖实录》)。更为可虑的是，姚启圣与施琅在进兵时机上发生尖锐矛盾，双方争执不下。康熙帝只得于二十一年五月二十八日命两人分别统兵回汛，以待再举。如此蹉跎时日，让年已62岁的施琅心急如焚，遂于七月十三日上《决计进剿疏》，疏称："今不使臣乘机扑灭，再加数年，将老无能为，后恐更无担当之臣，敢肩渡海灭贼之任"，要求"独任臣以讨贼，令督、抚二臣催趱粮饷接应"。

此时，台湾再次派人至闽议和，仍提"照琉球、高丽外国之例"。但时过境迁，两岸形势与两年前已截然不同，清廷收回了"三不必，两可也"的条件。十月十四日，康熙帝颁旨坚称"不可与琉球、高丽外国比"，"若其诚心削发归诚"方可招抚，并指示施琅："进剿台湾事宜关系甚重，如有机会断不可失。"又命议政王大臣会议征台事，会议结果同意施琅"自行进剿"。康熙二十二年正月二十一日，施琅再上《海逆形势疏》称："臣奉命专征，调集舟师，俟机进发，总期必灭此贼而后已。"当此箭在弦上之际，台湾派人于二月初八日至福州谈判，清方主和之议亦复抬头，四月十六日，姚启圣、万正色联合上疏，反对用兵台湾。施琅顶住压力，再上《海逆日蹙疏》，分析当时台海形势，指出郑氏政权"形势甚蹙，人人思危"，"灭在旦夕"，力主迅速进兵。五月二十三日，康熙帝下定决心，指示从速进兵。六月十一日，施琅在铜山召集出征将领会议，布置出兵事宜。三天后，清军水师从铜山出发，统一台湾之战拉开帷幕。

六月十五日晚，施琅率官兵2万余、战船300艘抵澎湖。郑军主帅刘国轩也集中将士2万余、各种船只200余艘死守澎湖，双方兵力大体相当。十六日，清军发起猛攻，互有伤亡，进攻未能奏效，施琅暂退至澎湖八罩屿。二十二日，施琅重整旗鼓，率战舰230艘发起新一波攻势。清军分三路出击，并留有后队支援。刘国轩也亲率全部战船200余艘列阵迎战，从辰时（上午七至九点）至巳刻（上午九至十一点），双方激战，时南风大作，施琅令火器船乘风出击，郑军大败。清军沉毁敌船159艘，击毙郑军将领300余员，士卒12000余人，另有郑军将领165人率4853人投降，刘国轩仅率残部31艘战船逃回台湾。

澎湖一战，郑军损失惨重，元气大伤，台湾已无屏障可言。但施琅不急于乘胜进攻，而是严格遵照"剿抚并用"方针，等待郑氏来降。他在澎湖严肃军纪，招徕逃民，免除徭役，安定人心。又采取和平攻势，郑重声明：只为公事，不报私仇（施琅父亲等均为郑氏所杀），且优待俘虏，悉释归台。刘国轩、郑克塽决计归降，派人至澎湖，请削发称臣，并要求仍居台湾，施琅不允。七月，康熙帝颁旨谕郑氏"审图顺遂，善计保全"，许诺郑氏若真心来归，将不咎既往，"加恩安插，务令得所"。七月十五日，郑氏使节再至澎湖请降，并缴册印，以示诚意。施琅同意接纳，做出"夙昔结怨，尽与捐除"的保证（连横《台湾通史》）。八月十三日施琅率军抵台湾。十八日，郑克塽率刘国轩、冯锡范等文武官员剃发、缴册归降。至此，台湾回归祖国怀抱，国家统一大业终于完成。

台湾回归祖国是清代前期的一件大事，也是永垂史册的壮举，不但在当时而且在今天都有着重大的历史意义。在台湾回归的历史进程中有几点经验教训是值得认真总结的：

其一，既要坚持和平统一，又不放弃武力手段。清廷坚定执行"剿抚并行，底定海疆"的方针，事实证明是完全正确的，以武促统正是台湾走向统一之路的真谛。

其二，既要坚持原则，又不失灵活处置。清廷强调郑氏政权是"中国人"，坚决反对"仿朝鲜例"。在谈判中坚持"剃发"的原则，但在形势不利时，也曾有所变通。不过归根结底，"剃发"一直没有放弃。

其三，抓住时机，果断决策。台湾统一问题一直拖了22年之久，说明形势复杂，难度很大。但当清、郑对峙态势有了重大变化后，康熙帝即时抓住了这一有利时机，果断决策，出兵复台，终于如愿以偿。

前事不忘，后事之师。历史的经验是不能忘记的。

作者简介

杨东梁，男，1942年生，湖南岳阳人。中国人民大学清史研究所教授，博士生导师。主要从事中国近代史研究，著有《左宗棠评传》《甲午较量》《中国清代军事史》等10余部（部分为合著），主编丛书多部，发表文章百余篇。

清初两岸的情报战与招抚

唐　博

清代初期，清郑（清廷和在东南沿海坚持抗清的郑氏政权）对峙数十年，始终存在着三条战线：刀兵相见的战场、唇枪舌剑的谈判桌，以及不见天日的情报战。双方互派间谍，潜入对方阵营，刺探情报，策反将士。情报战无法左右清郑对峙发展态势，但对双方的决策绩效产生了重大影响。

一、间谍的身份

康熙二年（1663）正月初六，刑部尚书高景向朝廷奏报了一份题为《审拟郑成功奸细侯官郎》的题本，揭开了十一年前的奇葩故事。

顺治九年（1652），郑军登陆，攻入福建延平府将乐县，在土口村抓到这位名叫侯官郎的村民。或许为了保命，或许为了混饭吃，侯官郎开始替郑成功当远差，即留在当地为郑军办事。六年后，郑成功向他发放了镀金铜牌和旗幅，以事成后重用提拔为诱饵，让他到广东打探军情。

侯官郎奉命探得军情，即将复命，发现沿途守军盘查很严，一时难以脱身。于是，他反其道而行之，向当地官员诈称自己是奉命前往名山大川的喇嘛，以便骗取路引（类似通行证），顺利通过盘查。可就在这个当口，侯官郎伪装不严，露了马脚，被清兵抓获。

作为替郑成功卖命的间谍，落到清廷手里难逃一死。于是，侯官郎找了个垫背的——福建水师总兵杜家和。按照侯官郎的说法，"杜家和为我叔父，命家人与我去给郑成功送银"7万两，郑成功回赠檀木15万斤，以及一份秘密文件，"又给我金牌、旗幅等"。

可是，刑部访查后认定，侯官郎的上述供述是扯谎的。面对刑部获取的新证据，侯官郎只得改口供述："因我曾在投帖谒见杜家和时被骂，未准进门。去看戏时，又被李凤推打，未能得看，故此结仇，妄供株连。"（中国第一历史档案馆、海峡两岸出版交流中心《明清宫藏台湾档案汇编》）最终，侯官郎被处斩，为间谍身份付出了性命的代价。

康熙元年六月十三日，兵部尚书郎廷佐向朝廷奏报了一份题为《审拟马信等所派奸细》的题本。其中写道，郑成功派出多名间谍，潜入内地，承担不同任务。有的诈降清军，获准在福建总督李率泰身边工作，借机行刺（未遂）；有的根据郑成功部将马信的指令，到镇江、杭州等地刺探当地清军驻扎情况，并向厦门、台湾传递情报；有的帮郑氏集团在大陆代买绸缎、布匹、人参、当归、花苓等物品。当然，这些被抓获的，只是郑成功派往大陆的间谍中很少的一部分。

同年七月初六日，广东巡抚卢兴祖在一份题为《缉拿内应郑成功之人》的题本中提到，顺治十四年冬，郑成功率军进攻潮州鸥汀寨，左格、毛二等人就充当内应，此案被定为钦案，限期侦破。四年来，尽管各州县对嫌犯严令通缉，却"讫无踪迹"，案件"逾期日久，则缉办人员有所畏惧"。从另一侧面反映了这个时期情报战的复杂性和长期性。

这些间谍案在清郑对峙期间屡见不鲜。充当间谍的人员，不仅包括中低级军政人员，更多的是农民、手工业者、僧侣等从事普通职业的人员。他们并非一开始就是间谍，而走上间谍这条路的缘由，大多数并不是为了践行反清复明、忠君报效等"高大上"的理想信念，而只是为了满足赚钱、升官和保命等低层次需求，或者是报复上级、同僚而已。

郑成功派出的间谍，人数众多，身份各异，在抗清复明和收复台湾的斗争中发挥了一定作用。特别是曾在荷据台湾当局做翻译的何斌，借替荷兰人出使谈判之机，为郑成功献上地图，指引郑军战船乘涨潮进入鹿耳门，绕开荷兰军队坚固设防的正面炮台，为郑军在台登陆后迅速打开局面、抢占战场优势发挥了重要作用。何斌也应算是郑成功派出的最成功的间谍（卧底）。

二、清廷对郑氏集团中下层的"招抚"及其效果

在郑氏集团向大陆派出大批间谍的同时，清廷也派出很多间谍潜伏在厦门、台湾，伺机而动。跟郑军不同的是，清廷派出的间谍，有一部分原本就是郑军将士，是被清廷"招抚"后又回到了郑军阵营，充当卧底。

清廷对郑氏集团的招抚，大体分为三个层面：上层是招抚郑成功、郑经，并举行和谈；中层是招抚将领，实施劝降；下层是招抚低级军官和士兵，实施诱降。对上层的招抚努力总体上归于失败，但对中层和下层的招抚努力取得了一定成果，实现了对郑氏集团的分化瓦解，在康熙年间逐渐成为招抚工作的主体。

姚启圣是清廷落实招抚政策的主要执行者。康熙二十二年，在武力平台作战前夕，姚启圣总结了他推进招抚的基本方略，形

成了一套理论:"计惟禁三省之接济,阻台湾之洋贩,扰海贼之耕种,而并用间用谋,使之饷绝粮单,计穷力困,而且兵将离心,则剿之必破,抚之必来。"(厦门大学台湾研究所、中国第一历史档案馆编辑部编《康熙统一台湾档案史料选辑》)

之所以清廷在清郑对峙期间始终不放弃招抚,至少有四方面原因:一是清朝统治者在统一全国的斗争中,一直注意招抚和吸纳各派政治势力,特别是少数民族头面人物,有招抚传统。二是郑氏集团成分复杂,包括明朝遗臣、清朝降将、"山贼海盗"、商人、农民、渔民等,理想信念并不坚定,有一定的妥协性。三是清廷希望先稳住东南方向,为肃清各地反清势力,逐步巩固全国统一局面赢得时间。四是清军水师力量不足,无法跟"以海为窟,以船为家"的郑军在海上抗衡,只能望洋兴叹、鞭长莫及。

姚启圣推行的招抚政策,大致包括四方面措施:

一是颁示"招抚赏格",实现对投诚官兵赏罚有章可循。最初,姚启圣宣称"闽民皆吾赤子,从逆原非得已",实现政治松绑,减轻郑氏统治区民众("从逆者")的心理包袱,给投降官兵吃了定心丸。同时,保障投降官民的物资供应和生活出路。"官给全俸,家口尽给米粮""愿入伍者入伍,愿归农者归农",至少要吃饱饭,没有"啼饥号寒之苦"。康熙十七年七月初一日,他在总结前任福建总督李率泰招抚活动经验的基础上,"颁示招抚赏格",对投诚人员的类别、携带人员物资情况进行了细分,明确了每一类情况的奖赏额度(姚启圣《忧畏轩奏疏》)。姚启圣创制的"招抚赏格"包括以下10条:一、对于那些能够动员亲属投诚者,不仅给予给赏,还"题授职衔"。二、对于携带器械、马匹前来投诚者,给以额外奖赏。三、按头发长短论赏,投诚人员中,跟随郑氏越久者(头发越长),赏格越重。四、对于投诚文武官员更为优待,采取"照原职题补"政策。五、不愿为兵以及老弱病残者，给予一定银两，令其自谋生路。六、带大队人马来降者，视人数授以"公，侯，总兵"爵位。七、重赏献城献地者。八、所录用的投诚文职人员赴任不需赴京守候。九、可招大伙伪官来降者给以重赏。十、优待投诚兵丁，"月给菜银一两，米三斗"。

二是多管齐下迫使更多郑军将领投诚。早在顺治十八年，顺治帝就明确要求对郑方"识时向化，倾心投诚"的官员"从优议叙"（《清圣祖实录》）。秉持这一理念，康熙十八年，姚启圣于漳州设"修来馆"，派遣郑军降将黄性震主持，许以高官厚禄，招降郑经部属。按照蓝鼎元在《鹿洲初集》里的记载，"来降者，无真伪，胥善待之；夏屋美衣，车马仆从，炫耀街衢。由是海上诸党多潜来归顺……分别授以官，可用者竟实用之，至者如归，皆大喜过望。得海上间谍，悉不杀，厚赐之，恣其来往，即用以侦海上事。凡敌人举动，罔不智者。视岛中良将，及所信任腹心有才干智谋者，或大书其官爵、姓名，标之公馆，饬备供应；侦者以为实然，辄阴报海上，疑而杀之。由是贼人自相疑贰，来归者日益众"。在蓝鼎元看来，姚启圣不但会许以高官厚禄，努力招降，还利用派到郑氏集团的间谍，扎实落地生根，宣传招抚政策，用反间计除掉难以招抚的郑军将领。这么做，导致郑氏集团人心浮动。

三是争取民心，树立宽厚仁德的官方形象。康熙十九年四月，刑部讨论郑军奸细朱霖的问题。原拟秋后问斩，但康熙帝认为，"将朱霖一人处决何益？朕意且将此人放回招抚，尔等以为何如"？大臣们表示赞同。于是，身为间谍的朱霖奇迹般地捡了条命，被发往福建前线参加招抚。这一做法深受姚启圣招抚政策的影响。郑氏集团派往大陆的间谍，一旦被捕，死罪难逃，但清廷从宽处理，一方面标榜争取民心，另一方面也反映出，随着清廷对台军事经济实力渐呈压倒态势，使郑军间谍发挥破坏作用的空间越来越小。清廷对这些郑军间谍逐步施加影响，使之掉转立场，为清王朝所用。康熙二十年正月二十七日，郑经病逝。姚启圣派专人赴台吊唁，展现了清廷对台招抚的高姿态。康熙二十二年六月，清军攻陷澎湖，大量军民投降。姚启圣"驻厦门督馈运，以大舟载金、缯、货、米至军，大赉降卒，遣之归，台民果携贰"（赵尔巽等《清史稿》）。这一优待降众的做法，有利于分化瓦解郑氏集团。施琅登陆台湾受降时，当地百姓并非哀嚎痛哭，而是"壶浆迎师接踵而至"，绝非偶然（施琅《靖海纪事》）。

四是多方安置，解决投诚官兵的后顾之忧。清廷招抚的郑军投诚官兵数以万计，不可能全部编入清军，也不可能将他们及家眷简单推向社会，造成新的不安定隐患。为防止其降而复叛，造成更大麻烦，姚启圣必须考虑这个现实的民生难题。康熙十九年四月，姚启圣提出了安置工作的三要点：一、"为投诚官给俸，兵给饷"，保障其衣食，使其安心为朝廷效力。二、大量录用投诚官员，优先安排在福建任职，给他们提供事业出路，这些投诚官员多是闽人，不愿背井离乡，姚启圣此举满足了他们的愿望。三、推动清廷逐步放开迁界禁海政策，组织投诚的郑军士兵在福建开垦耕地、下海捕鱼，安居乐业，实现从不敢反到不想反的转变。既安置了大批投诚人员，又节约了安置费用，还顺应了民心，缓解了当地百姓的民生压力。

在姚启圣的积极组织下，招抚工作取得显著成效。康熙十八年至康熙十九年，郑军投诚官兵多达5万人。姚启圣成功策反铜山守将朱天贵率部降清，使清军轻取铜山，基本肃清了郑经在福建沿海的势力；宾客司傅为霖在清郑和谈期间被姚启圣策反，返台后趁郑经病逝，郑氏集团内讧之际，策动11镇（师）将士同时叛变降清，尽管事机败露，功败垂成，但极大地动摇了郑军军心，为清廷统一台湾做了铺垫。

作者简介

唐博，男，1981年生，河南郑州人。毕业于中国人民大学清史研究所，历史学博士。国务院台湾事务办公室秘书局二级调研员，中央电视台百家讲坛栏目首位80后主讲人。研究方向为清代及民国经济史、城市史、台湾史。出版专著《历史大变局：中国经济风云的50个桥段》《住在民国：北京房地产旧事（1912—1949)》《驿站小史》《清案探秘》等14部，累计发表学术论文、译文和专栏文章200多篇。

清郑对峙中的荷兰因素

唐　博

康熙元年（1662），荷兰殖民者被郑成功驱逐出台湾。其后，荷兰人并未远去，仍希冀得机重返台湾，并为此曾介入清郑内战，联清打郑。

一、郑荷矛盾的历史渊源

荷兰人和郑氏集团结下的梁子，始于崇祯六年（1633）的料罗湾海战。几年前接受明朝招抚的郑芝龙，率明军舰队打赢了这场肇因于贸易纠纷的战役。这是中国人首次在海上大败西方海军。

此后，郑芝龙的海商集团控制了远东水域的海权。荷兰东印度公司只得忍气吞声每年向郑芝龙船队进贡 1000 万法郎，以确保其在这一水域的航行和贸易安全。

顺治三年（1646），郑芝龙投降清廷，郑氏集团的海上影响力随之显著下降。郑成功起兵抗清后，由于根据地仅有金门、厦门弹丸之地，故而一直存在东征台湾的可能性。自天启四年（1624）窃据台湾以后，荷兰驻台湾当局对此一直提防有加，并不断从日本等地获得"国姓爷由于处境不利，暗中觊觎福摩萨"

的情报（厦门大学郑成功历史调查研究组编《郑成功收复台湾史料选编》）。

郑成功不仅被荷兰人视为假想敌，而且在海上贸易方面与荷兰人冲突不断。作为"海上马车夫"的荷兰商船，在进行海外贸易的同时也伴随着大量海盗行径，时常劫掠中国商船，损害了郑成功的商业利益。

顺治九年，台湾爆发反抗荷兰殖民统治的郭怀一起义，荷据台湾当局不仅怀疑郭怀一与郑成功暗中联系，而且索性对郑氏赴台商船"每多留难"。对此，郑成功采取了贸易报复措施，"刻示传令各港澳并东西夷国州府，不许到台湾通商"，使荷据台湾一度陷入经济萧条（杨英《先王实录》）。

为了扭转不利处境，顺治十四年，荷据台湾总督揆一派翻译何斌赴厦门，表示愿"年输银五千两，箭杯十万支，硫磺千担"，只求解除贸易封锁。当时郑成功正在全力北伐，不愿后院起火，于是顺水推舟，"遂许通商"。

然而，这只是暂时的妥协。既没有动摇郑成功驱荷复台的决心，也没有消除荷兰人对郑成功的恐惧。北伐失败后，郑成功不得不重新谋划抗清事业，将矛头指向东边的台湾。

二、清荷合作的潜在可能性

就在寻求与郑成功达成妥协的同时，荷兰方面也在考虑利用清郑矛盾，拉拢清廷，试图建立贸易关系和军事联盟。

顺治十年，荷兰东印度公司以"请贡"名义派船到广东，跟清廷接触，兼做贸易，但未获清廷批准。

三年后，荷兰东印度公司直接派遣使者抵达北京，"赍表朝贡，并请贡道以便出入"。清廷给予其"准五年一贡，贡道由广东人"的待遇，实际上是将其视为与朝鲜、安南（今越南）类似的藩属国（《清世祖实录》）。

不久，清廷又追加了贸易细则，"著八年一次来朝，员役不过百人，止令二十人到京，所携货物，在馆交易，不得于广东海上私自货卖"。

尽管贸易周期和贸易行为受到了严格限制，但荷兰人还是通过自我"矮化"，屈居清朝"贡国"，纳入朝贡体系，换取了与清廷建立联系的资格，为发展清荷关系打下了基础。

在跟郑成功作战中溃散的荷军舰船曾驶往中国大陆，请求停泊装水，购买食品和燃料。经由当地官员引荐，靖南王耿继茂接见了船上的荷兰人，通过他们向荷兰东印度公司提出了清荷联合作战进攻郑成功的设想，并请荷兰派军舰参战，承诺清廷将提供必要援助。

荷兰巴达维亚（巴达维亚即今印度尼西亚首都雅加达）殖民当局曾派出由军官考乌率领的援台舰队，准备与清军首次联合作战。然而，这支舰队尚未抵达台湾就被击溃，残部逃回巴达维亚，使首次联合作战的设想化为泡影。

荷兰殖民者被郑成功驱逐出台湾以后，念念不忘卷土重来，但因力量单薄，且缺乏靠近台湾的根据地，难以立足，遑论打败郑军；清王朝海上军事力量不足，希望借助荷兰的夹板船制约郑成功。双方各有需求，存在利益交集，具有合作的潜在可能性。

三、荷兰在清郑战争中的角色

康熙元年七月，荷兰东印度公司派舰队抵达闽江口，12艘夹板船都竖有"支援大清国"字样的旗帜。舰队代表登岸后，向当地官员递交照会，表示愿与"郑军以及一切清廷之敌人作战"，但条件是准许自由贸易、恢复荷兰在台统治（赖永祥《清荷征郑始末》）。

靖南王耿继茂、福建总督李率泰不敢擅自主张，便具疏请旨定夺。清廷批示："彼红毛人来船出力剿贼，殊甚可嘉。可否助战，著该王、总督等核议具题。所带货物，著委员监督贸易。"（中国第一历史档案馆《满文密本档》，兵部尚书明安达礼题本，康熙元年十二月二十五日）荷兰还派员进京朝贡，提出"请助师讨台湾"（《清史稿》）。

在请旨期间，荷兰人急不可耐，曾单独进攻郑军，但战果不大。康熙二年春，该舰队返回巴达维亚，临行前曾与清军闽安镇总兵伟尚亮约定："待入夏后，率领舟师前来助剿。"（中国第一历史档案馆《满文密本档》，礼部尚书沙澄题本，康熙二年九月二十二日）

康熙二年八月，16 艘夹板船组成的荷兰舰队再次抵达闽江口。清廷方面热情接待，特拨房屋，以便荷兰人"卸存货物"，并邀请荷兰舰船前往泉州，与清军会合。在这里，双方以书信和回执的形式，签署了一份结盟草本，共 11 条。

第一条规定了"清荷两国民间应有不得破坏之同盟关系存在"。第二条到第六条规定了双边军事合作的具体事项。第七条规定，"荷兰东印度公司在中国与一切华人得享有贸易之自由，不受任何干涉"。第八条规定，攻占金门、厦门后，荷兰人"得在两者之间，择取其一或其他地点，以驻部队，以防海贼攻击"。第九条规定，攻占台湾后，"清军应将该岛以及一切城堡物件交与荷人，以供荷人居住"。

显然，第七条有违清廷"迁界禁海"政策，第八条和第九条有割地之嫌。因此，耿继茂和李率泰对这三条"大为骇异"，持保留意见（中国第一历史档案馆《满文密本档》，靖南王耿继茂等题本，康熙二年十一月二十日）。不过，他俩还是签字确认了军事结盟。

康熙二年十月，荷兰舰队从"外洋驶入海口，两面夹击"（中国第一历史档案馆《满文密本档》，靖南王耿继茂等题本，康熙三年二月二十七日）。他们仗着船大炮多，"横截中流，为清船藩蔽"，牵制郑军（陈衍《台湾通纪》）。而清军水师从泉州、海澄分路出击，发起总攻。郑军寡不敌众，退出厦门。清荷联军趁机攻陷厦门、金门。

这或许是清荷联合作战的唯一成功战例。清廷对此很满意，特别宣布"荷兰国助剿海逆并请贸易。奉旨：著二年贸易一次"，缩短了双边贸易周期，作为对荷兰助战的奖赏（《钦定大清会典事例》）。

就在这时，清荷双方在下一步作战方向上发生了分歧。清军一面招抚郑军，一面准备进攻铜山，并邀请荷兰舰队帮忙。荷兰人对进攻铜山不感兴趣，一心希望清军进攻台湾，还主动出兵短暂占领了澎湖和鸡笼（今台湾基隆）。

然而，清军并未对荷兰人的上述军事行动给予支援。这让荷兰方面对合作前景非常失望。此后一年内，清军曾三次远征台湾，荷兰都不曾派舰船参与，远征行动也都因遭遇台风无功而返。

康熙十七年，由于平定三藩的战争已向有利于清廷的方向倾斜，清军在福建战场上也逐渐扭转被动局面，即将对郑经军队反攻。为了更快取胜，康亲王杰书和福建总督姚启圣奏请朝廷"求赐特敕，谕令该国发夹板大船二十只至闽夹击"（姚启圣《忧畏轩奏疏》）。

尽管清廷迅速批准，并向荷据巴达维亚当局发出联合作战的邀约，甚至派人亲往邀请，但荷兰舰队以"海寇所阻"为由，

"不得行，未达而返"，始终没有如期抵达前线（《清圣祖实录》）。反倒是由于此时台湾在远东的贸易地位有所下降，荷兰东印度公司正在忙于干涉爪哇内战，不仅无力阻止远征中国的舰队，甚至连盘踞鸡笼、澎湖的驻军都撤走了。

康熙十九年，清军统帅层曾就是否组织清荷联合作战发生争议。姚启圣主张"俟红毛船到，一同进兵"。水师提督万正色主张"无待荷兰船到，先水陆进攻贼窟"。结果，万正色率军连克福建沿海诸岛，用行动证明了清军水师不依靠荷兰舰队也能打赢海战，打破了部分将领在海战方面对荷兰舰队的依赖心理。

康熙二十二年六月，在清郑澎湖之战中，施琅的先锋官蓝理受伤，肠子流出腹外，幸得荷兰医生及时医治。这是清统一台湾前跟荷兰人在军事领域的最后合作。

虽然清廷与荷兰就结盟问题多次磋商，但真正的联合作战只有一次。康熙四年以后，清荷军事合作事实上名存实亡。

四、正确认识清荷结盟

荷兰人以"进贡"与"助战"为名，与清廷军事合作，其真实目的无外乎三方面：一是报复郑氏，重返台湾；二是推行自由贸易，打开中国市场；三是借机抢掠，谋取利益。荷兰军队攻占厦门和舟山后，海盗本性暴露，抢掠破坏严重。

以清廷最高决策者的认识水平，还达不到民族大义高于集团利益的地步。他们将郑氏集团视为心腹之患，优先处置，而对台湾的地位和归属一度缺乏长远考虑。清廷甚至对荷兰这个"合作伙伴"缺乏足够了解，连其地理位置都没搞清楚，一直以为巴达维亚就是荷兰本土。

不过，对于与外国人的军事合作，清廷一直持审慎态度。在郑成功进攻台湾期间，尽管耿继茂对联合作战表现出浓厚兴趣，但并未出兵帮荷兰人解围。清廷更是以"见机行事"来要求耿继茂等人保持谨慎。

耿继茂、李率泰虽然强调眼前利益至上，"谁为复百年计，功过目前事耳"，主张先借兵助战，再说其他的，但无论是他俩，还是清廷最高决策层，都没有对台湾未来前途做出明确宣示，将台湾让给荷兰顶多只算诸多选项之一（中国第一历史档案馆《满文密本档》，靖南王耿继茂等题本，康熙二年十一月二十日）。

康熙五年正月，李率泰病故，临终前曾具疏提醒朝廷，要对荷兰人保持警惕，"红毛夹板船虽已回国，然而往来频仍，异时恐生衅端"（印鸾章《清鉴纲目》）。

同年，清廷突然传旨："荷兰国既八年一贡，其二年贸易永著停止。"次年又规定，只准取道广东进贡。由此，荷兰在中国沿海地区的贸易特权，只维持了三四年就匆匆终结，鸡笼也随之失去了对华贸易中转站的作用。这也成为荷军主动撤出鸡笼的重要原因。

上述现象都表明，清廷高层对荷兰人的态度，是利用加防范。"利用"是暂时的，"防范"是长期的。然而，一旦"利用"不慎，就会引狼入室、惹火烧身。

即便是作为清荷联合作战唯一成功战例，厦门、金门之战中荷兰舰队的表现也很一般。郑军战船"直绕荷兰船之后，冲大艅而入，荷兰船发炮齐击，无一中者"。郑军将领"（周）全斌分诸将引战红毛巨艇于沙浅处，焚之过半"（沈云《台湾郑氏始末》）。

显然，荷兰人的参战，对清军击败郑氏集团和统一台湾的战争帮助不大。历史再次昭示：在事关国家统一和分裂的重大斗争中，主权问题不容商量，外援和外国干涉都指望不上，关键要靠自己。

康熙二十三年，清廷在台湾设立府县，派驻官兵，加强管辖，推进治理，荷兰重返台湾的幻想彻底破灭。

乾隆朝满文档案中的雅克萨与尼布楚

韩晓梅

在清代历史中，若提到雅克萨与尼布楚，人们最先想到的就是两次雅克萨之战，以及两年后即康熙二十八年（1689）中俄签订的《尼布楚条约》。为抵抗沙俄对黑龙江流域大片中国领土和人民的侵略，中国军民在历时四年的两次雅克萨之战中，打败沙俄侵略者，取得了战争的胜利。随后中俄两国就边界问题展开多次激烈谈判，最终在尼布楚城签订了中国历史上第一个平等的外交条约——《尼布楚条约》，以法律形式确立了中俄东段边界，维持了中俄东段边界百余年的和平。

《尼布楚条约》规定，准许持有护照路票的中俄商人往来边界，进行商贸交易。自此，形成了莫斯科—尼布楚—齐齐哈尔—北京的中俄贸易路线。雍正五年（1727），中俄签订《中俄恰克图界约》，开放位于中北部地区的恰克图作为中俄贸易之所。相较位于东北地区的尼布楚，恰克图更为接近北京，地理交通条件便利，逐渐取代了尼布楚的优势地位。乾隆朝中后期，由于俄罗斯人违背界约，屡次越界抢劫，引发清朝政府不满，乾隆帝曾先后三次关闭恰克图贸易。乾隆五十七年（1792），俄方迫于商贸利益，接受了清朝政府的要求，与中方达成协议，签订《恰克图开市条约》。该条约维护了中俄边界安定和商贸秩序，促进了中俄贸易的发展。

《恰克图开市条约》将中俄边界及贸易问题摆在了乾隆帝的面前。在经过康雍两朝的太平盛世后，乾隆帝对于中俄边界问题中最早涉及的两城——雅克萨和尼布楚究竟有着怎样的认识？因缺少史料，学界对此问题甚少涉及。在中国第一历史档案馆馆藏乾隆朝满文档案中，有数件满文档案对此问题有详细记录。

一、乾隆帝寄谕询问雅克萨与尼布楚归属情况

从《尼布楚条约》的签订到乾隆五十七年，已有103年的历史，故乾隆帝对位于中俄东段边界的雅克萨与尼布楚城的归属状况不甚明了。于是，在乾隆五十七年，乾隆帝命大臣寄谕黑龙江将军明亮，令其查明雅克萨和尼布楚两城现今的归属情况。

中国第一历史档案馆藏军机处满文寄信档（清代军机处专门抄录皇帝满文上谕的档簿，所载内容皆是清朝皇帝处理国家政务时密不宜宣的命令和指示）记载：

大学士·领侍卫内大臣·诚谋英勇公（阿桂）、大学士·领侍卫内大臣·忠襄伯（和珅）字寄黑龙江将军。乾隆五十七年九月二十八日奉上谕：前康熙朝时，为攻取雅克萨、尼布楚城，与俄罗斯交战数年，后收取该两城矣。但今此两城，究竟是否归黑龙江所辖？若归黑龙江所辖，则何人管理？何人驻扎之处，著寄谕该将军等，以不使俄罗斯察觉，悄然查明，乘便具奏。切勿声张办理。钦此。遵旨寄信前来。

从上件满文档案可以看出，乾隆帝对于雅克萨与尼布楚两城的归属、管辖和驻守等情况并不了解。明亮接到军机处寄信后，即刻访寻雅克萨与尼布楚城源流，并将查得结果上奏了乾隆帝。

中国第一历史档案馆藏满文奏折记载：

奴才明亮谨奏，为奏闻详查雅克萨尼布楚城源流事。……奴才明亮到任后，详查旧档。因康熙朝档册全无，尼布楚、雅克萨城源流如何确定，奴才已密寄黑龙江副都统额勒登布。其暗中查得，雅克萨城距黑龙江西北一千零八十里，惟蛮荒无人之地。尼布楚城源流如何确定，彼处旧档亦全无，额勒登布寻访彼处船户旧藏奏折抄件查得，康熙二十八年，议政大臣索额图、将军萨布素等与俄罗斯使臣鄂库尔尼等会议，雅克萨城归我所属。雅克萨所住俄罗斯人等，俱令撤回伊等察罕汗地方。尼布楚城仍属俄罗斯，议奏为确定分界等情。额勒登布寻得抄文，将其送至奴才处详看。议定雅克萨、尼布楚城边界，尚且明确，遂依船户藏得康熙二十八年议政大臣索额图等所奏文书抄件，抄文恭呈御览，为此谨具奏闻。乾隆五十八年二月十三日奉朱批：知道了。钦此。

从此件满文档案中可看出，因年代久远，有关康熙朝记录雅克萨与尼布楚情况的档案在黑龙江已找不到，明亮只能命黑龙江副都统额勒登布派人暗中寻访。通过派人探查确定了雅克萨城的具体位置，明确了雅克萨城归我国管辖，尼布楚城划归俄罗斯境内，同时明亮将抄得康熙二十八年议政大臣索额图等所奏文书呈与乾隆帝御览。乾隆帝在收到明亮的奏折后，朱批"知道了"。至此，乾隆帝终于了解了雅克萨与尼布楚的归属情况。

二、乾隆帝寄谕询问有无在雅克萨城设卡巡查

在知晓雅克萨城归我所属后，乾隆帝对于雅克萨城的情况很是关心。收到明亮查奏雅克萨尼布楚源流折后，又命大臣两次寄信明亮，令其奏报雅克萨城的情况。

中国第一历史档案馆藏军机处满文寄信档记载：

大学士领侍卫内大臣诚谋英勇公、大学士领侍卫内大臣忠襄

伯字寄黑龙江将军等。乾隆五十八年二月十四日奉上谕：明亮将尼布楚城、雅克萨城原委查奏前来。既然索额图与俄罗斯使臣议后具奏，雅克萨城归我所属，雅克萨所住俄罗斯（人）等，俱令撤回伊等察罕汗地方，尼布楚城仍属俄罗斯。今雅克萨地方有无我方之人驻守，是否设卡之处，著寄信明亮查明，乘便奏闻。钦此。遵旨寄信前来。

从此件满文寄信中可以看出，乾隆帝对于归我所属之雅克萨城的驻防与设卡情况最为关心，询问明亮雅克萨城有无我方之人驻守，是否设有卡伦巡查。

军机处发出此封寄信后，收到了明亮关于雅克萨城驻防与设卡情况的奏折。虽然此件档案原件并未得以存留，但在另一封寄信中，留存了关于雅克萨城巡查与驻守情况的信息。

中国第一历史档案馆藏军机处满文寄信档记载：

大学士领侍卫内大臣忠襄伯字寄黑龙江将军。乾隆五十八年五月十六日奉上谕：据明亮等奏，雅克萨城在黑龙江西北，每年往查交界之格尔比齐河时顺路巡查，尚毋庸另行设卡驻兵，等语。雅克萨城距黑龙江西北一千余里，多山峰、森林、河流，俄罗斯等甚难渗入。今我方若猝然增设卡伦防范，反使俄罗斯疑心，亦难预料。将此寄信明亮等，巡查雅克萨一事，仍照旧办理，毋须另设卡伦。以不令俄罗斯疑虑无事为好。钦此。遵旨寄信前来。

从此件满文寄信中可以看出，在每年巡查中俄边界格尔毕齐河时，明亮会派人顺便巡查雅克萨城，因而并未在雅克萨城设卡驻兵。乾隆帝也认为雅克萨城距黑龙江一千余里，路途遥远，又多为山峰、森林、河流等险峻之地，俄罗斯人等亦难进入，无需专门派人驻守设卡。若突然增设卡伦，反使俄罗斯疑心，易适得其反，于国家边界安全不利。可见，乾隆帝既十分关注中俄边境的安全稳定，也在处理边境事务上持谨慎态度。

三、查明尼布楚城归属缘由并于地图上粘贴字条

通过明亮的奏报，乾隆帝清楚了雅克萨与尼布楚的源流，明白了雅克萨归我方所属，尼布楚划归俄罗斯。乾隆帝曾令军机处查奏尼布楚因何为俄罗斯所属，军机处遵旨查报，上奏满文奏片一件。

军机处满文奏片记载：

谨遵谕旨，实录内尼布楚城原为我地，因何为俄罗斯所属？查得实录内载：鄂嫩、尼布楚系我国所属毛明安诸部落旧址。又于边界所立碑文有曰：一项以倬尔纳即乌伦穆河相近格尔必齐河为界，循此河上游大兴安以至于海，凡山南一带，尽属中国。山北一带，尽属鄂罗斯。一项以额尔古纳河为界，河之南岸属于中国，河之北岸属于鄂罗斯等语。尽查理藩院档册，并无记载鄂嫩、尼布楚系我国所属毛明安诸部落旧址。于地图内查看边界河名，尼布楚城位于河对岸。又查，雍正五年，查弼纳、特古特、图理琛与俄罗斯议定文书内：以鄂尔呼依图山上现有卡伦鄂博（蒙古语，即垒石为堆之意，用做路标和界标）起，向东沿布尔古特山脊至奇兰卡伦，自奇兰卡伦至齐克泰、阿鲁奇都热、阿鲁哈当苏，自阿鲁哈当苏至俄博尔哈当苏、察罕敖拉、额尔古纳河岸为界等语。将此等地名于地图内查看，尼布楚城位于边界对面。又查如何纳入时宪书内，乾隆二十二年，和硕庄亲王于时宪书内，东三省仅录有盛京，宁古塔、黑龙江等地未纳入收录。今何国宗（时任礼部尚书）等将伊犁等地计划纳入收录，宁古塔、黑龙江、东三省所属伯都讷、三姓、尼布楚等地亦应交付何国宗等，查明地图详加增录。时宪书内所录，亦无尼布楚城。观此，

尼布楚城并不在我界内，而位于俄罗斯界内。因此，于地图上粘贴字条，恭呈御览。

军机处通过查阅实录、尼布楚条约界碑碑文、理藩院档册、地图、雍正朝中俄界约以及时宪书等内容，查明了尼布楚原为我国领土，中俄签订《尼布楚条约》后，划归俄罗斯。尼布楚位于中俄边界格尔毕齐河对岸，在地图上显示尼布楚在边界对面。

从档案中可以看出，军机大臣认为乾隆二十二年庄亲王所修时宪书收录各地地名不全，此次何国宗重修时宪书，应将宁古塔、黑龙江、伯都讷、三姓和尼布楚均增录入时宪书，并且为方便乾隆帝观看地图，查看尼布楚位置，军机大臣又在呈给皇帝的地图上粘贴了字条，使查阅更加便利。

边界问题事关领土主权和国家利益。作为欧亚大陆面积最大的两个国家，中俄两国领土接壤。康熙年间，两国签订了《尼布楚条约》。至乾隆朝后期，因《恰克图开市条约》的签订，中俄边界问题再次引起乾隆帝关注。在"不使俄罗斯察觉"的前提下，乾隆帝派员"悄然查明"了雅克萨和尼布楚两城的历史归属情况。乾隆帝此举明晰了国家的领土主权，为其处理中俄边界问题提供了历史经验和借鉴参考。

作者简介

韩晓梅，女，1986年生，黑龙江绥化人。中国少数民族语言文学（满语）专业硕士，中国第一历史档案馆满文处一级主任科员。主要从事满文档案编译及清史研究工作。

"满洲中心观" 的幻觉及其破灭

——评罗友枝《最后的皇族——清代宫廷社会史》

赵 丽

　　兴起于美国的 "新清史" 流派，自上世纪末以来，对中国史学界产生了越来越多的影响。围绕着 "新清史" 引发的学术争论，在社会上也引起了更多的关注。批判的声音固然强烈，表示赞同者亦不乏人。争论的内容，已经从对相关史实的考订，逐渐延伸到对概念、语词乃至意识形态的深入讨论。笔者希望通过对一部 "新清史" 流派的代表作——罗友枝《最后的皇族——清代宫廷社会史》（周卫平译）的评论，从具体的内容出发，来揭示 "新清史" 的基本思路与特性。

一、罗友枝其人其书

　　罗友枝（Evelyn Rawski），是美国中国史学界的一位知名学者。哈佛大学历史及远东语言学博士，匹兹堡大学历史系教授。值得一提的是，她曾在 1995—1996 年美国亚洲研究会会长竞选中，得票数超过了大名鼎鼎的余英时，就任该年度会长。其早期研究主要关注清代社会史，代表作有《华南农业变迁与农民经济》（1972）、《清代的教育及民间识字率》（1979），以及与韩书瑞（Susan Naquin）合著的《十八世纪中国社会》（1987）。

在美国中国史学界中，罗友枝是较早展露"中国中心观"取向的学者之一。柯文（Paul A. Cohen）在 1984 年出版的《在中国发现历史——中国中心观在美国的兴起》一书中，就特别举出罗友枝关于清朝教育与民众识字情况的研究，有助于"从全新的角度考察清朝识字现象与国民教育"，并且断言，"今后有关这方面的任何研究都必须考虑到她已取得的成果"。在她和韩书瑞合著的《十八世纪中国社会》一书中，继续贯彻"中国中心观"的思路，较为全面地重新考察了清前中期历史，提出"18 世纪在中国近代早期是最有活力的一个时期"。由此，该书也成为中国的"近代早期论"的代表作之一。

从学术史角度来看，罗友枝在撰写《十八世纪中国社会》期间，便开始考虑如何避免将中国看成是无差别整体的问题，希望"让读者了解清帝国多元化的特点和巨大差异"。这就可以理解，罗友枝在 1996 年就任美国亚洲研究会主席的演讲中，针对何炳棣关于清代中国的宏观定位而提出反汉化论的观点了。有关罗友枝与何炳棣之间的这场争论，国内外学界已有较多论述，无须再赘。笔者这里想指出的是，罗友枝在该演讲中所表述的一个重要立场，即"汉化"乃是"20 世纪汉族民族主义者对中国历史的诠释"，而"去除汉化理论将成为今后一段时间中国历史研究的中心议题之一"（罗友枝《再观清代——论清代在中国历史上的意义》）。事后看来，这正是她本人写作《最后的皇族——清代宫廷社会史》的理论出发点，也是较早地对"新清史"学术理念做出的明确表达。

罗友枝对传统视角的挑战，以及与何炳棣之间的争论所产生的社会影响，使其于 1998 年推出的《最后的皇族——清代宫廷社会史》一书，很快受到美国中国史学界的关注。美国加州大学戴维斯分校历史系教授曼素恩（Susan Mann）在推介词中称："本书是中国史研究领域的一部非常重要的专著。罗友枝做出了我们能够期待一部优秀学术著作所能做出的最伟大的贡献：给出大胆的概念和论点，同时为未来几代研究者提供坚实的基础研究。"夏威夷大学亚洲研究和人类学教授杜磊（Dru C. Gladney）亦称："罗友枝的专著是一个里程碑，代表了研究中国的新历史学的开端：本书是远比我们以往所知更为复杂的和更具文化多元性的帝制中国的精深研究。"

2002年，针对罗友枝的《最后的皇族——清代宫廷社会史》、柯娇燕的《半透明之镜——清帝国意识形态中的"历史"与"身份"》、欧立德的《满洲之道——八旗制度和中华帝国晚期的族群认同》，以及路康乐的《满与汉——清末民初的族群关系与政治权力（1861—1928）》等四部清史著作，《亚洲研究杂志》（*The Journal of Asian Studies*）刊发了一组书评。西雅图大学历史系教授盖博坚（Kent R. Guy）在评论中认为，这些著作"利用各个时期的史料不仅解释了谁是满洲人，而且阐释了他们如何运用其特有的资源与敏感性建立了清王朝"，所以"这四部书也许很快成为满族研究的'四书'"（刘凤云、刘文鹏编《清朝的国家认同》）。加州大学戴维斯分校历史系教授宿迪塔·森（Sudipta Sen）则在书评中称："这四本研究著作每一部解决的都是满族研究中非同寻常的问题。……每一位历史学家都广泛探讨了重新建构清朝以及显示满人对世界的看法的史料问题，他们都强调了满语的重要性。这一次确实硕果累累。"随着这些书评的发表，罗友枝此书遂和其他三部书一起获得"新清史四书"名号，被视为新清史流派的代表作。

中国大陆学界接触该书以后，也出现了一些较为积极的评价。2009 年第 6 期《近代史研究》刊发了此书中译本出版书讯，其中称，对于理解清朝统治中国 268 年的成功原因，"罗友枝教授的这部力作为我们提供了富有启发意义的诠释"。

按照前述来自国内外学界的看法，罗友枝可谓是在清史研究中构建"满洲中心观"的先驱者之一。然而，罗友枝的实证研究是否能够支持这一构建呢？因此，对其力作《最后的皇族——清代宫廷社会史》的考察，是个良好的验证方式。

二、"满洲中心观"的建构

罗友枝在绪论中即开宗明义地指出，自己这项研究的出发点，就是反对"汉化论"，即"早期满洲统治者的成功关键在于他们采取了系统的'汉化政策'"的论点。她反复辩称，所谓"汉化政策"的论调乃是后来者的一个错觉。这是因为，"清初统治的种种汉化因素，……使得许多研究者忽略了清朝统治者的非汉族背景，把汉化当做清代的历史主流加以强调"，其实，"清朝统治者从来没有淡化把自己与明朝降民区别开来的意识，从来没有放弃他们的满族认同"；所以，"清王朝既不是对汉族王朝的复制，也不是对以前的非汉族政权的简单重复。对大清的描述必须注意到其统治者的非汉族背景，而且还要更进一步分析其统治的创新方面"。有别于柯娇燕（Pamela K. Crossley）以驻防八旗为中心的研究，罗友枝针对芮玛丽（Mary C. Wright）断言清代宫廷已汉化的看法，力图证明满族特性在清代宫廷社会中的延续，从而使"满洲中心观"更为完整。而构成全书的三个部分，即清代宫廷的物质文化、社会结构和宫廷礼仪，都是围绕着这种立论而展开的。

在第一部分即清代宫廷的物质文化中，罗友枝力图"集中探讨清代宫廷有意识地展现其统治者的非汉族文化渊源的许多标志的方式，以及促进满族政权的大都市政权和多民族政权之代表性的方式"。在具体内容上，作者从都城和文化政策两个方面进行了论证。就都城而言，她认为，清朝有包括北京、承德、盛京在内的多个都城，这种体制与汉族政权不同，而是对契丹辽朝、女真金朝和蒙古元朝等非汉族政权的模仿。她对这三个都城持等量齐观的态度，宣称"如果说北京是首都，盛京是象征清朝'龙兴'的都城，承德则是出于象征层面和实践层面的原因而被选为避暑之都的"；"从象征的意义上来说，承德是塞外之都"，蒙古人、维吾尔人和藏族人"在这里实践宫廷礼仪"。

在罗友枝看来，即便是北京，清代宫廷亦自有其独特之处。她发现，与明朝皇帝一直住在紫禁城不同，清朝皇帝"经常离开北京，在郊外的避暑胜地处理政务"。而且，清朝"为北京增加的东西并不是无足轻重的"，其中"做出最重要的变动是把北京分成了外城和内城……清帝国一直奉行分区而居的政策，所以旗人总是住在城中之城"，从而构成了类似于辽代的双城模式。进而最中心的紫禁城，虽然看起来明代遗存的"建筑风格和宫廷建设在清代没有什么变化"，但是"建筑的继承性掩饰了许多殿堂的用途的变化，而这些变化实际上反映了清朝的统治策略"。比如，与以往不同的是，清朝皇帝"把大部分政务活动从外朝移到皇帝的内廷"，而"如果说外朝是汉族文臣理所当然的活动中心的话，内廷就是满人为主的御用顾问团的堡垒"。罗友枝由此断言，这种空间的变化，足以"反映出皇帝对'内圈'——主要来自征服者精英集团并绕开汉臣的一个小圈子——的依赖"。

在文化政策方面，罗友枝强调，"自进入北京开始，满洲统治者就刻意笼络汉族文人士子，但同时又采取了永远保持满族文化特性的政策"。对于这一思路的论证，在书中显得十分庞杂。

她的主要实证依据，是从语言政策、满族姓名、服装、弓箭、食物、语言之等级、艺术等方面出发，将其中但凡看上去带有满族以及非汉族因素的现象和事物，皆升格为"大清统治精英集团"的"象征符号"。并由此得出结论称："大清统治者并没有把自己仅仅当做汉族或满族的君主，而是作为多民族国家的帝王，他们'穿着'不同民族的代表性服装，在不同的文化体系中塑造着自己的形象。只有这样，他们才能成为大清帝国的唯一中心。"

在第二部分即清代宫廷的社会结构中，罗友枝主要围绕着征服者精英与皇亲、家族政治、皇家女性、宫廷奴仆这四个主题来申明其中的满族特性。在征服者精英与皇亲这一主题上，她认为，"征服者精英在清代逐渐演变为一个在法律上与被征服的汉族相隔离的集团"，因为"王公、八旗贵族和旗人被精心地与明朝降民区分开来，他们在有清一代的大部分时间掌控着内廷。……这样一来，皇帝就可以在管理帝国的过程中让征服者精英集团与汉族文人相互制衡了"。与明代相比，清代皇帝通过限定王公贵族的人数，"构建了一个容易控制的小规模贵族集团。清廷让宗室和八旗贵族担任要职以进一步加强皇室的利益。作为征服精英的核心，贵族是清王朝相互制衡的复杂行政管理体系中最重要的一环"。

在家族政治的主题上，罗友枝从清初的亲王政治、宗室的分割、皇子三个方面论述了其中的满族特性。她认为，清代让宗室参与国家管理，与历史上非汉族政权的做法有性质相同之处，与汉族政权则根本不同。她强调，"清朝从来没有像明朝那样经历过篡夺皇位或王公叛乱等事"，反而"成功地把汉族的官僚政治技巧与非汉族的兄弟同盟结合起来，以解决屡见不鲜的皇族成员对皇位的持续挑战，在赢得了他们的军事、政治和礼仪支持的同时，削弱了他们的自主权。在这方面，清朝做得比以前任何一个朝代都要好"。

关于皇家女性，罗友枝强调了她们在宫廷政治中的作用。她指出，"与以前的朝代一样，清朝的婚姻政策也禁止征服者集团与臣服的明朝民众通婚"，但是"鼓励与居住在内亚地区的精英集团联姻"。同时，"清朝的继承政策导致了对女性从出生到成婚所获得的社会地位的结构性否定"，从而使得"满族统治者成功地把后妃与其娘家亲戚隔离开来"，这或许可以解释，"以皇太后和皇室王公的合作为特征的摄政现象在大清的统治中反复出现，这与汉朝太后专权的例子是截然不同的"。在罗友枝看来，清代对于皇室女性的社会关系的控制，"成功地消除了母系亲戚的潜在威胁，并把征服者精英集团中的重要成员纳入了扩大后的皇族。精明的婚姻政策和继承政策使得清朝统治者避开了历朝历代的统治者面临的政治陷阱"。

关于清代的宫廷奴仆，罗友枝认为这是包括了太监、包衣、旗奴、伴当、艺术家和工匠等人员在内的庞大群体，并强调"宫廷人员的规模和来源的多样性生动地强化了大清皇帝乃天下君王的说法"。她特别点明了内务府这一宫廷官僚机构的重要作用，指出"内务府的职位都由旗人充任，它还肩负着牵制外朝文官的责任。任用旗人还使大清皇帝避免了太监对宫廷管理体系的控制"，由此使得"清朝统治者比以前任何一个朝代都更牢固地控制着宫廷奴仆，并调动内务府为皇帝服务"。总的看来，"大清最高统治者使用旗人、包衣、官奴和太监处理皇室的内部事务，并渗透到清朝管理体系的重要领域。他们在扩张皇权方面的成功是无可争议的，也是非常重要的"。

在第三部分即清代的宫廷礼仪中，罗友枝主要论述了三方面内容：皇权与对儒家礼仪的实践，萨满教和藏传佛教在宫廷，私人礼仪。尽管她承认"源于汉族统治模式的礼仪占据了清王朝法规汇编《钦定大清会典》的大多数标准的汉语条规",但紧接着又强调"沟通满洲人、蒙古人、维吾尔人、藏族人和汉人的不同方式,与用以强化各民族的独特性的各项文化政策是相辅相成的"。因此,"儒教、民间宗教、汉传佛教、藏传佛教、萨满教和道教的专业人士为清廷举行的各种仪式,是清朝最高统治者资助的各种信仰体系的有选择的混合体"。正是因为"宫廷的内部仪式全面反映了作为帝国组成部分的各个民族和各种文化的广泛融合",所以"这些不公开的仪式很好地说明了大清帝国的多元文化特征"。

基于上述思路,罗友枝对萨满教和藏传佛教给予了特别的关注。她认为,这两种宗教"是清朝把东北和内亚的人民纳入帝国的主要手段。皇帝把萨满教与满族的传统结合起来,运用萨满教创造了满族认同。对藏传佛教的支持和弘扬使得清朝统治者得以在内亚人民的积极响应下把一种统治模式推行到内亚"。按照她的说法,自努尔哈赤开始就创建了萨满教的国家级仪式,堂子则是清代举行国家级萨满教仪式的地方,堂子祭礼则是征服者精英集团的国家级祭礼。罗友枝还通过对达斡尔人、鄂伦春人、鄂温克人等部族中一些材料和现象的挖掘,坚持认为"对萨满教的推广加强了清朝对北方各个部落统治的合法性"。至于藏传佛教,则是因"满洲统治者不得不与蒙古诸汗争夺地区盟主权",所以"转而借助藏传佛教以强化自身统治的合法性"。尤其是在乾隆皇帝身上,他"把自己描绘成集文殊菩萨、成吉思汗和唐太宗为一身的统治者",意味着清朝与藏传佛教之间的关系"在证明合法性方面丰富了清朝的论据资源"。

对于宫廷中的私人礼仪即私下的祭祀仪式,罗友枝认为,"宫廷的祭礼是萨满教、道教、汉地佛教、藏传佛教和各种民间宗教的混合物,是在内廷范围内举行的。这些仪式或者是为了标明皇帝和皇室的各个重要阶段，或者是为了祭祀他们的祖先，或者是为了象征性地把他们与臣民联系起来"。作者通过考察清代宫廷中有关生命周期中的意识、家庭祭祖、陵制等方面的礼仪内容，认为其中体现了"皇家内外有别惯例的典型例证。这些惯例是皇帝在臣民中推广的多种文化传统的折中和融合"，"庄严肃穆的祭祀仪式试图把友好的情谊与统治者需要的内外有别的祭礼协调起来"。甚至对最高统治者而言，也"可以在自己私密的寝宫里表达他们的个人感情而无须严格遵守公共祭祀场所的级别规定"。至此，从最公开的场所到最私密的空间，罗友枝似乎都能提炼出体现满族特性的成分，从而完成了一部努力展现"满洲中心观"取向的鸿篇。

三、不成功的努力

罗友枝在这部著作中体现了任何一个严肃的历史研究者都会经历的辛劳，也力图为自己在1996年的演讲提供实证支持。但是，它对于清史研究具有什么启发意义呢？通览全书，可以看出作者对于论据的寻找煞费苦心，几乎没有放过清代宫廷社会中任何一个可能含有满洲族性的细节。可是总体而言，书中所能提供的实证细节，远不如罗友枝本人的发挥式解读令人印象深刻。只要运用逻辑常识来辨析一下该书的论证，也不难发现其中存在的许多缺陷。

首先，该书关于物质文化的论述就出现了许多难以自圆其说之处。罗友枝构建了清代的多都城制，把北京、盛京和承德并列为首都，可是在接下来的叙述中，盛京基本无影无踪，承德基本上只有康熙帝、乾隆帝时期的活动，绝大多数篇幅仍然不得不留给北京城。就此而言，盛京、承德何以能够证明自己与北京的地位等同呢？书中对清廷坚持的"季节性迁居"这种非汉族传统的说法，其所给出的证明，一共只有来自顺治、康熙和乾隆三位皇帝的4条材料，且这部分论述的总字数不过区区六百来字而已。在文化政策方面，特别是罗友枝格外重视的语言问题上，在她一再强调满语是保持族性认同的重要方面的同时，却不得不尴尬地承认，"19世纪的清朝统治者使用起汉语来似乎更加得心应手"。她接下来只好强词夺理地说，"更重要的是，满族认同不视某人将汉语或满语作为其'母语'而定"，而"那些认为语言总是伴随认同意识的看法是可笑的"。如此一来，关于满语重要还是不重要的争论，还有什么意义呢？

其次，该书关于宫廷社会结构的论述也是偏执一端。在总体上，罗友枝将清代政治策略及统治手段与明朝进行比较，来寻找其中满洲所独有的创新或不同之处。例如，她认为，清代用满洲贵族与汉族大臣互相平衡和牵制的治理手段，用秘密立储而非立太子的手段，用包衣来制约太监的手段，更注重功勋而不是出身的手段，都可以视为满洲族性的明显体现。然而，从她的这些论述中不难看出，论及清代宫廷社会结构，当然不可能仅仅提及其中的满人而完全忽视汉人的存在，更不可能漠视汉人王朝传统的影响。根据罗友枝的这些论述，清代宫廷结构中的这些所谓满洲族性因素，在很大程度上也可以说是后来朝代反思前代的历史经验所致，只不过恰好前一朝代的统治集团是汉人，而后一朝代的统治集团是满人而已。

最后，该书关于清代宫廷礼仪的叙述避重就轻。罗友枝尽力抬高萨满教和藏传佛教在清朝的地位，辩称两者是清朝用来与汉族儒家礼仪相抗衡的选择，同时"清朝宫廷的私人或家庭仪式是清朝统治者支持的多种文化和宗教传统的折中和综合"。而正如她自己也注意到的那样，只有"儒家的国礼被编入《钦定大清会典》中"，从而使儒家礼仪占据了国家主要礼仪的层面。至于萨满教和藏传佛教，不仅施用范围非常有限，而且从来没有被清廷正式纳入国家礼仪层面的表达，则如何能够证明其堪与儒家礼仪相埒呢？在宫廷私人礼仪方面，如同罗友枝所揭示的那样，其中包括儒教、道教、汉传佛教、萨满教、藏传佛教等多种信仰和仪式的混合。对于这种私人信仰和仪式的多元性，罗友枝只认为体现了清廷的满洲族性，恐怕萨满教之外的教派都不会同意。

那么，作为一名受过严格学术训练的历史学者，罗友枝为什么会写出这样一部立场鲜明却论证粗疏的作品呢？其中最重要的原因，在于她的研究动机问题，也就是她对"中国民族主义"或称"汉民族主义"的刻意排斥所致。在 1996 年的那次演讲中，她就毫不讳言自己反"汉化论"的重要动力，就是认为"汉民族主义和'国家民族主义'的分离导致编写中国历史时出现一些问题"，导致对"非汉族统治的时期的解读都可能受民族主义所产生的偏见的影响"。在 1998 年出版的这本书中，这种反中国民族主义的意识同样贯穿始终。她再三强调，"中国民族主义的崛起和聚焦于民族认同的话语直接影响了中国历史学"，以致"在中国疆土之内不同民族之间文化交流的历史被重写为汉文化（不管那文化可能是什么文化）胜利的历史"；因此，"把清朝视为中国迈向近代国家的一个阶段的观点，是民族主义的奇思妙想，是不符合历史事实的"。无疑，这样的论调成了她的一道护身符。无论中国学界指出其怎样的错误与不足，她都可以心安理得地视之为"中国民族主义"式的偏见，那么再多的漏洞又有什么关系呢？

作者简介

赵丽，女，1980年生，安徽六安人。文化和旅游部清史纂修与研究中心助理研究员。研究方向为清代文化史。

"新清史"流派的形成及其主要观点

刘姗姗

一、"新清史"流派的形成

(一)"何罗论战"

"新清史"一进入中国学者视野,很快便引起学术界关注。其出台始于罗友枝(Evelyn Rawski)与何炳棣在90年代的数次辩论。1996年,罗友枝在当选美国亚洲研究学会主席时发表了就职演讲,撰写一篇此后刊发于《亚洲研究杂志》而引起很大争议的文章《再观清代:清代在中国历史上的重要性》。罗氏《再观清代:清代在中国历史上的重要性》主要是针对1967年何炳棣在美国亚洲研究学会上小组会议发言《清代在中国历史上的重要性》。在当时,何炳棣的这篇文章得到了普遍认同。时隔三十年后,随着学科研究的发展,社会科学理论相互影响,学术研究方向发生变化,以致在历史学界引发了一场论战。

罗友枝对何炳棣三十年前的这篇旧文,开展了公开、集中的批驳。她所撰写的《再观清代:清代在中国历史上的重要性》一文,主要是反对何炳棣的"汉化观"。时隔两年之后,何炳棣也开始予以回应，在《亚洲研究杂志》上发表了《捍卫汉化：驳斥罗友枝的〈再观清代〉》一文，针对罗友枝文章中显而易见的漏洞，进行强有力的反驳。这篇文章后来由张勉励译为中文，分作上、下两篇，发表在中国比较有影响力的历史学期刊——《清史研究》（2000年第1期和第3期）上，题名为《捍卫汉化：驳伊芙琳·罗斯基之"再观清代"》。这篇文章让中国学者意识到美国历史学研究的发展转变，在中国清史研究学界引起了广泛的讨论。

在罗友枝的演讲中，她认为清朝之所以能够维持二百多年统治，成功的原因不是因为"汉化"，而在于清统治者能够有效利用与内陆亚洲诸非汉民族的文化联系来巩固了全国的统一，尤其是在边疆地区（定宜庄、欧立德《21世纪如何书写中国历史："新清史"研究的影响与回应》）。何炳棣的基本观点是肯定清代在建造中国"多民族"大帝国的贡献，但统一的大帝国不能分为中原与中亚两部分，更不能以中亚为主，中原为副。大清帝国之所以能有效统治中国，管理人口众多的国家，延续世界史上长久的文明，归功于汉化。何、罗二人之争带动中外更多学者参与讨论，中国学者也开始注意到有这么一群美国学者及其"与众不同"略带"偏激"的观点。在中国大部分学者针对"新清史"的学术研究中，对"新清史"反对"汉化观"的批评异常激烈，因其直接挑战了中国传统历史叙述底线。因此，何炳棣对"汉化"的维护观点得到大部分中国学者的赞成。他令人印象深刻的有关清朝"汉化"的解释，是认为"清廷由于采用制度性的汉化政策，以程朱理学为汉化政策核心，有利于满族八旗封建政权向统一的中央集权帝国演变，从而成为中国历史上最成功的征服王朝。"（徐泓《"新清史"论争：从何炳棣、罗友枝论战说起》）因此，在何炳棣看来，罗友枝的一些观点未免过于偏执，最终导致在"汉化"还是"满洲认同"中只能选择其一（［美］何炳棣《捍卫汉化：驳伊芙琳·罗斯基之"再观清代"（上）》）。实际上何炳棣也已经注意到，罗友枝或许并不主要是想在文化的空间内进行论述，而是试图让更多学者注意到族群的认同以及清朝皇帝多元的统治模式。

徐泓在其文章《"新清史"论争：从何炳棣、罗友枝论战说起》中详细论述"论战"的前因后果，其观点无疑更偏向何炳棣一方。何炳棣有理有据的说辞，更能引起中国学者共鸣。何、罗两位学者围绕"汉化"等重要话题的激烈讨论，带动了一个新流派在中国的传播。尽管此时尚未出现"新清史"这一名称，却可看作是其登上舞台的重要标志。随后罗友枝被拉入"新清史"流派中，成为主要代表之一。

与此同时，世界知名杂志《国际历史评论》，也在 1998 年 6 月出版了一期专门讨论清朝帝国主义的专号。之后，所谓的"新清史四书"，也就是罗友枝《清代宫廷社会史》、柯娇燕（Pamela Kyle Crossley）《半透明之镜——清帝国意识形态中的"历史"与"身份"》、欧立德（Mark C. Elliott）《满洲之道——八旗制度和中华帝国晚期的族群认同》以及路康乐（Edward J. M. Rhoads）的《满与汉——清末民初的族群关系与政治权力（1861—1928）》陆续出版（《清代宫廷社会史》和《满与汉——清末民初的族群关系与政治权力（1861—1928）》目前已译成中文）。不久，一篇标志"新清史"流派形成的重要文章在 2004 年的《激进史学评论》上发表，这就是卫周安的 "*The New Qing History*" 一文。同时米华健（James A. Millward）、欧立德等人主编的论文集 *New Qing Imperial History：The Making of inner Asian Empire at Qing Chengde* 一书出版，使用了 "New Qing Imperial History" 一词。自此之后，"新清史"作为一个新的史学流派被明确使用。

（二）"新清史"流派

学术界对"新清史"的认识有狭义和广义之分，狭义的"新清史"概念，认为"新清史"的提法源于美国，是 20 世纪 90 年代在美国的中国史研究中兴起的一股学术潮流，主要以匹兹堡大学教授罗友枝、达特茅斯学院教授柯娇燕、哈佛大学教授欧立德、耶鲁大学教授濮德培（Peter C. Perdue）以及德克萨斯大学教授路康乐等人为代表。

在党为《美国新清史三十年：拒绝汉中心的中国史观的兴起与发展》一书中，介绍了自 80 年代以来美国的学术转变，文中所列举相关学者并不全然属于目前狭义认识的"新清史"流派，从而暗示了一种更广义"新清史"内涵的存在。广义或狭义的"新清史"概念可从学术思潮产生转变的时间，或其人员集中发布作品的年代来区分。定宜庄或许是目前最早关注美国"新清史"动向的中国学者，她认为"新清史"出现于 20 世纪 90 年代末，是罗友枝与何炳棣对于"汉化"争论的直接结果（定宜庄《由美国的"新清史"研究引发的感想》）。贾建飞与她的想法比较接近。钟焓则明确指出"新清史"概念应该取其"狭义"比较妥当，即主要包含那些以清属内陆亚洲地区及其人群作为研究对象的成果；因为若取其"广义"的话，势必会因范围过宽而难以定义和评论。他列举划定属于"新清史"的三个条件：一是成果的发表集中在 20 世纪 90 年代以降；二是学者就职区域主要分布在北美；三是作者学术身份属于西方现代学科定义上的中国学界，而非所谓的阿尔泰学家（唐红丽《"新清史"学派的着力点在于话语构建——访中央民族大学历史文化学院副教授钟焓》）。

卫周安所撰"*The New Qing History*"一文，描述了一种广义"新清史"概念。此文在 2008 年被译成中文，题目即为《新清史》（［美］卫周安《新清史》）。卫周安评介了柯娇燕《半透明之镜——清帝国意识形态中的"历史"与"身份"》、欧立德《满洲之道——八旗制度和中华帝国晚期的族群认同》、菲立浦·弗瑞（Phillippe Foret）《规划承德·清帝国的景观事业》、乔迅（Jonathan S. Hay）《石涛：清初中国的绘画与现代性》、劳拉·霍斯泰特勒（Laura Hostetler）《清朝的殖民事业：近代中国早期的民族志和制图学》、曼素恩（Susan Mann）《缀珍录：十八世纪及其前后的中国妇女》、米华健《嘉峪关外：1759—1864 年新疆的经济、民族和清帝国》、罗友枝《末朝皇帝：清朝帝制的社会史研究》、司徒安（Angela Zito）《身体与笔：18 世纪中国作为文本/表演的大祀》等作品。卫周安揭示出，美国学界出现的新的史学研究转向，已经挑战传统研究清史的套路，开始关注满洲的特色，满洲是否被汉化，清朝与中国其他王朝的差异以及清朝是不是一个帝国等问题。此文显示，卫周安显然是在归纳一种广义"新清史"概念，从而把何伟亚、曼素恩等人也拉入"新清史"的大营；研究女性史的曼素恩被列入"新清史"名单中，无疑是出于"后现代"理论对边缘群体，包括妇女史的重视。这种广义的理论归纳途径有利于找到一条清晰的学术脉络，但也容易模糊文中所举例学者之间的差异性。

除此之外，一些非美国学者也因在研究方法与学术渊源上的相似而被认为属于"新清史"流派，譬如英国牛津大学教授吴劳丽（Laura Newby）。她使用满文资料的动机，以及对边缘地区的再考证，同时源自傅礼初（Joseph Fletcher）的泛欧亚史研究以及"新清史"著作（何娜《清史研究在英国》）。因此，有学者认为"新清史"是由许多同时兴起的、自发的、分散的研究汇集而成的一种学术观点，并非有组织、有负责机构和期刊、有特定目的的学术研究团体，着重清代民族史、边疆史和政治文化史研究，并且在一定程度上受到后现代和后殖民主义思潮的影响（《美国"新清史"的来龙去脉》）。这些成果都将"新清史"纳入一个更加宽泛的概念。

"新清史"确实带着这样的目的，对民族主义叙事模式、西方中心论、"汉化观"以及朝贡体制等提出一定挑战，并明显带有后现代思想痕迹的去一切中心化的倾向。另外，"新清史"某些研究视角、观点虽作为一种思潮在北美地区很早就已出现，但成为流派并被更多人认识却是在中国，是在中美两国学者"不遗余力"的推广之下而形成。当前，在中国被讨论最为频繁的莫过于"新清史"四书，其次是濮德培、米华健、张勉治以及一些"新清史"第二代年轻学者们。在中国学者看来，这些人是无可厚非的"新清史"代表，其作品表达了相同或相似的狭义"新清史"观点，是中国学者回应与批判的主要对象。

二、"新清史"流派的主要观点

总体而言，"新清史"流派具有如下几个基本特征：1. 强调清朝是少数民族建立的"非汉"的"征服王朝"，主张划清清朝与中国历史上汉族王朝的界限；2. 强调清代满洲的族群认同和对满洲特色的研究，反对满族被"汉化"的说法；3. 提倡以族群、边疆等视角和新的理论框架来重新审视清代历史；4. 提倡采用满语、蒙古语、维吾尔语等文献研究清史（马大正、刘姗姗《坚守国人历史文化认知的底线》）。

（一）"新清史"的"内亚视角"

自 20 世纪 90 年代以来，强调清朝统治中的满洲乃至内亚因素的"新清史"流派，渐渐在北美中国学界的帝制晚期历史研究中占据了重要位置（钟焓《清朝史的基本特征再研究——以对北美"新清史"观点的反思为中心》）。在以罗友枝、欧立德等为代表的"新清史"学者看来，清朝政权里包含了许多非汉元素，这是清朝能够最终获得成功的最重要原因，他们注重以及宣扬清朝的满洲特性，而刻意贬低"汉化"作用。所谓的非汉因素主要就是指"内亚"因素。

学界大致认为，"内亚"概念最早是由德国地理学家洪堡（Alexander Von Humboldt）提出。美国学者拉铁摩尔、傅礼初以及狄宇宙（Nicola Di Cosmo）等人，都对"内亚"进行过定义，但他们定义的"内亚"范围包含众多非中国领土。拉铁摩尔、傅礼初以及"新清史"流派都与"内亚-边疆"范式密切相关，关注点都是游牧社会和"非汉人群"，强调的都是"内亚中心"视角。高亚滨认为这种范式是由拉铁摩尔创立，20世纪60年代又经过傅礼初"整体史"理论的进一步充实，最终在以"新清史"研究为代表的美国内亚史研究中得到体现（高亚滨《"内亚-边疆"范式与新疆史研究——基于拉铁摩尔和傅礼初相关研究的考察》）。"新清史"代表之一濮德培则与之不同，他自称为方便所需，将其分成"内亚"（Inner Asia）与"中亚"（Central Asia）两个概念。其中"内亚"范围被限定在了蒙古（内、外蒙古）、满洲、西藏和新疆。"中亚"则不在中国域内，因此"内亚"只与中国有关，以区别于和"内亚"不同的中国本部概念。在濮德培眼中，以中央欧亚统属内亚和中亚，而只有讨论中国境内时，才会使用"内亚"这一术语，由此，濮德培眼中的"内亚"恐怕是我们所能见到的最小的"内亚"。程秀金因此根据内亚范围将其分为"大内亚"和"小内亚"，"新清史"代表濮德培是"小内亚"的主要代表（程秀金《"内亚"概念源流考》）。由此我们也可以清晰窥见"新清史"认为的"内亚性"在清朝统治中的表现——除汉文化外到底还包含了哪些特性。

对于如何定义"内亚",至今为止学界对其理解不尽统一。"内亚"学研究范围十分广泛,并非一两个地区可涵盖,关于"内亚"内涵、范围也一直存有争议,而与之相关的"内亚性""内亚传统""内亚视角"等衍生概念也被频繁使用。尤其是"新清史"与"内亚视角"的交织和相互影响,使得"内亚"及其衍生概念的清理和反思已经成为今天中国史研究必须面对的一个方法论问题(祁美琴、陈骏《中国学者研究中的"内亚"概念及其问题反思》)。因此,无论"内亚"地理范围几何,大致上无法影响"新清史"的"内亚视角"本质。

近年来,从边缘看中心,也就是通过"内亚视角"观察清朝,越来越流行。尽管这不是一个新方法,在拉铁摩尔、傅礼初等人的著作中都有提倡,却被"新清史"拿来作为挑战"汉化""中原中心观"的有力工具。欧立德在接受《上海书评》的采访中指出,他并没有说过"新清史"的研究是空前的,而是强调这种看待中国和内亚之间关系的视角,是受了很多学者包括中国学术传统的影响。如西方学者伯希和、拉铁摩尔和傅礼初等人(郑诗亮《欧立德谈新清史及其争议》)。只是在欧立德等人看来,清朝的"内亚"因素已经超越"汉化"功能,这甚至有点矫枉过正、反客为主的意味。

在"新清史"视野里,清朝不能简单地只被当作一个普通的中国王朝,而是在军事、文化、政治和意识形态方面都与内亚相关。作为内亚帝国的大清国,不仅仅是统治的地域包含了广阔的内亚地区,更是在统治思想、统治方式等方面,展现出了与前朝不同的强烈的内亚特性。欧立德的"满洲特性论"是这些观点的集中体现。在挑战汉化、汉族中心主义和朝贡体系模式等概念的同时,"新清史"学者们重新发现了同时作为"一个内亚的"和

"一个中国的"帝国的清朝。故此,在"新清史"看来,清朝在文化以及地域上要至少分成两块——内亚与中国,并且清朝所具备的"内亚性"似乎已经超过"汉化"重要地位,日益成为清朝统治空前的广阔领土如此成功的主要因素。对此,一些中国学者不认同,沈卫荣教授就对此明确予以反驳,认为清朝作为中国历史上的末代封建王朝,它既是一个外族入主中原的征服王朝,同时它也是其前朝的继承和发展,应当首先是一个"基于中国"的帝国。

刘文鹏也对"新清史"的"内亚视角"进行驳斥。"新清史"学者将满洲特性论泛化为以游牧文化为核心的内亚特性,有违以往内亚史学者之本义。他们偏向强调清朝与内亚政权的连续性,将"内陆亚洲"从一个文化概念演绎为一种与"中国"对立的政治概念,逻辑上存在偏差,也不符合历史实际(刘文鹏《内陆亚洲视野下的"新清史"研究》)。"新清史"通过"内亚视角"的历史撰写模式,对清朝的非汉因素极为重视,试图以此为突破口,挑战中国传统历史叙事,对"汉化"观形成极大冲击。基于此,"内亚视角"缺陷也变得更为明显,淡化"汉化"作用,无视"汉化"结果,这在一些中国学者对"新清史"的批判中也多次提到。

(二)"新清史"流派对"汉化"的解构

中国大部分学者之所以激烈批评"新清史"流派,主要在于否定了"汉化观",触及到中国传统历史叙述的底线。面对中国学界的反对之声,柯娇燕多次公开说明自己反对的并不是当代中国学者字典里或研究中的"汉化",而是费正清、芮玛丽等人构建的"sinicization"(中国学者直译为"汉化")学术史概念。她曾指出:

（汉化）这也是我认为在中国学者里讨论最不清晰的一项。在我的书中首先对"sinicization"进行批评的是《孤军：满人一家三代与清帝国的终结》（*Orphan warriors：three Manchu generations and the end of the Qing world*，Princeton，New Jersey：Princeton University Press，1990）。这些批评是特别针对费正清以及芮玛丽的历史分析，其中我反对的一种历史解释就是"sinicization"……费正清以及芮玛丽的这些不合逻辑的设想，习惯于达成有关王朝长命的大结论。其次，他们设想的身份，无论是个人、种族还是阶级都很单调——你可以是中国人和满洲人中的任何一个，但这个本质的东西可以融合。（刘山山访谈《柯娇燕：我不属于"新清史"》）

在"汉化"立场方面，柯娇燕与欧立德都将矛头指向了费正清。费正清提出："中国人口的众多稠密可能比欧洲更迅速完整地同化'夷狄'入侵者。因为中国的农业比欧洲更精细，也就产生出更稠密的人口，因此入侵者也就更快地淹没在其周围大量中国人中。"（［美］费正清、赖肖尔著，陈仲丹等译《中国：传统与变革》）在其看来，就像中国人将"夷狄"同化在一个新的更大的帝国中一样，他们也逐渐融合了佛教，从中丰富自己的文化并使之不损害中国人的价值观念。这也是一直让"新清史"学者在与中国学者辩论时较为头疼的地方，只因他们认为自己反对的并不是中国学者笔下的"汉化"，而是费正清提出的"sinicization"概念。

欧立德也指出同样问题，"因为'新清史'很注意族群认同、民族认同这类问题，所以把焦点放在'汉化'这个过程，这是事实。而一开始细致地讨论这个过程，我们就发现每个人对'汉化'都有自己的理解"（郑诗亮《欧立德谈新清史及其争议》）。欧立德质疑的问题无非和柯娇燕一样，就是"汉化"可以有自己的理解，但是当他们自认为将矛头对准的是费正清的"sinicization"概念时，这个概念翻译成中文一般都称为"汉化"。另外，欧立德并不否定葛兆光提出的"汉化"在明清时期就是"文明化"，但是翻译成英文同样是"sinicization"，于是在其看来，中国学者的"汉化"和费正清的概念就产生了重合，容易令人误解。"新清史"学者的这番表述，试图让自己的研究具备逻辑上的合理性。但中西学者围绕"汉化"的讨论并非一直处于各说各话的层面，"新清史"矛头所指也并非没有引起中国学者的注意。

中国学者章健认为，"新清史"坚持用 Acculturation（涵化），而反对使用 assimilation（吸纳，汉化的一个较中性表述），或者 sinicization，来表述满族文化变迁。然而满族的群体认同存续与满族汉化属于两个截然不同的范畴，不可也不该被混淆对待。用"涵化""趋同"作为描述语，更为含混，貌似超越某种"中心主义"，实际上完全掩盖了民族文化融合中的巨大的不均衡性和满汉文化交融中汉文化的主流性（章健《满族汉化：对新清史族群视角的质疑》）。他得出的结论是"汉化说"绝不是"新清史"所理解的，是汉族学者和前辈西方学者（如费正清和芮玛丽）对中国史的带有"汉族本位"的民种族主义立场的解读。至于"汉化说"是什么，他并未做详细解释。无疑，"新清史"将矛头直指费正清等人的"汉化"概念，不过是为了自圆其说。必须指明的是，"新清史"尽管主要针对以费正清为代表的学者对"汉化"的阐释，并以此来阐释中国历史中诸多重要问题，但他们同时认为"汉化"观或"汉化模式"是民族国家构建的一部分，这一点不容忽视。

（三）"族群"理论的历史学运用

近几十年来，美国社会科学理论研究不断深入，其社会学、人类学、政治学等学科的研究成果对历史学研究产生了很深的影响。"新清史"学者的研究较多地运用了"族群"理论，被一些学者认为是"中国研究的族际转向"（ethnic turn in China studies）。因此在柯娇燕看来，其"族群"观的重点体现，是"满洲人"概念在乾隆朝经过了意识形态上的人为建构。由于入关之后"满洲人格"模糊不清，从神话、信仰、谱系、语言等历史资源里重新确立族群认同成为一种必要。"满洲"作为在1635年由皇太极时期所确定的一种新的认同，其文化或者说种族"特性"不过是被皇权（尤其是乾隆时期）建构起来的。这样一种历史书写的方式，也呈现了满洲人从"种族"（race）到"族群"（ethnic group）的"族性"（ethnicity）构造过程（刘姗姗《文化是帝国的第二属性——关于柯娇燕文化功能的比较研究》）。可见在"新清史"流派笔下，判断"族群"属性的是"认同"而非文化表象。柯娇燕对文化功能的描述，使得这一历史过程显得复杂而多变。她对"认同"（identify）理论的运用和推崇，导致她对"族群"的描述具备更强的主观性。

其实这与社科理论尤其是人类学理论中关于"族群"概念有关，在文化与族群之间关系上，"新清史"代表们认为文化并不能作为决定族群认同的划分标准。恰恰相反，能够区分一个人族群的标准主要来自他的个人认同。"新清史"另一个代表人物路康乐也持有这种看法，他对"族群"的表述与柯娇燕较为相似，认为"满人充分吸收了汉文化，以至于到了晚清，他们已经不再和汉人有明显的区别……满人长时间沉溺于令人愉悦的城市环境中，被各种汉人围绕，几乎所有满人都最终背离了老满人生活方式中的两个中心元素'国语骑射'。但无论是在满人眼中还是在汉人眼中，满人从没有完全失去他们的独立身份"（［美］路康乐《满与汉——清末民初的族群关系与政治权力（1861—1928）》）。

然而王志通认为《满与汉》这本书，重视族群多样性的研究本属"新清史"学者之特长，但作者对蒙、回、藏等族群的忽视，似乎表明后来者将本书归入"新清史四书"是不合适的（王志通《重识〈满与汉〉——兼论与"新清史"研究的关系》）。也有些中国学者认同这种族群历史构建观点，他们认为满洲共同体的历史性格，随着其成员为应对政治及社会环境变化而不断改塑自我归属意识之特定形态的过程而迭经演变（姚大力、孙静《"满洲"如何演变为民族——论清中叶前"满洲"认同的历史变迁》），统治阶级的意识形态需求在一定程度上构建了族群发展的过程。

（四）提倡对满文及其他少数民族文献的使用

"新清史"强调对满文文献的运用。如欧立德认为，"大多数人将会同意，新清史主要方法论上的特征，就是使用汉语外其他语言所撰写的资料。不仅包括满语，而且包括蒙古语、藏语、维吾尔语、韩语、日语、彝语，甚至俄语、法语与英语。不过这些资料当中，满语的资料目前仍然占最重要的地位"。因此，欧立德十分推崇阅读满文原文资料，只有这样才能深入了解文本内涵。他十分担忧，如果"相当数量被汉译的满文文献译件造成现存满文档案的汉化，那将是相当可怕"。他更进一步指出，如果满文档案具有什么未来性的话，"新清史"无疑是其重要保障力量之一。

对满文资料重视的原因，其实也是随着族群研究转向，以及从边缘看中心观念提升而浮现。让"新清史"学者尤其痛切感受到的是，对于这些清朝统治的少数民族地区，他们如何记录、如何看待清朝的统治，仅仅凭借汉文史料还远远不够，从满人自己的文献中才能得到较为真实和客观的答案。清朝统治者与他们来往的官方档案文书，直到清朝中叶甚至以后，也多用满文书写，所以"新清史"学者特别强调对于满文、蒙古文和藏文等少数民族史料的运用，这构成"新清史"的第二个主要特征。定宜庄指出，与此构成鲜明对比的是，我国热衷于谈论"大一统"的很多学者，迄今仍未自觉到这一点，遑论使用这些文献并使研究有所突破了。有关"大一统"的讨论流于表面，这也是重要的原因之一（定宜庄《由美国的"新清史"研究引发的感想》）。

然而，"新清史"对满文材料的提倡走向极端。2016年6月1日，中国社会科学院杨珍研究员发表《满文史料在清史研究中的局限》，以及《再谈满文史料在清史研究中的价值与局限》两篇文章，指出：尽管以往的清史研究中，出现忽视满文史料倾向，但近年来出现的另一种倾向，即片面强调清史研究必须以满文史料为主，似乎不识满文就无法研究清史，走向另一个极端，也是不可取的。

总而言之，"新清史"在满文材料利用方面既有优点也有缺陷。优点包括：1.史学界进一步重视利用满文材料进行研究；2.对过去"汉化观"进行一定反思；3.利用各种少数民族语言文字研究的加强；4.重新梳理或发掘过去因证据稀缺而无法解决的问题。

当然，"新清史"在满文文献运用方面的缺陷也十分明显，主要在于：1.强调"汉化"与"内亚视角"或"满洲特性论"之间的分离，似乎它们之间存在着不可调和的矛盾。目前杨念群等一些中国学者已经发现这个问题，并试图找到历史解释的调适道路。2.在"新清史"一些著作中，包括柯娇燕、欧立德等人，对满文文献的运用并不十分充分，甚至汉文文献所占比例丝毫不少于满文。而之前，普遍认可对满文文献充分运用的，莫过于白彬菊（Beatrice Bartlett）。3."新清史"论著常出现对满文文献误读或过度阐释，关于这一点在钟焓论著中也多有提及。

"新清史"学者多提倡学习少数民族语言，以利用其文字记录文献，践行从边缘视角看中心理念。常建华教授就曾经通过"新清史"研究，呼吁对《乾隆朝满文寄信档译编》史料价值予以重视。尽管一些中国学者从"新清史"对满文文献的利用角度谈其局限性，认为他们对满文掌握的熟练程度令人怀疑。但"新清史"学者的建议与研究倾向，无疑也提高了目前我们在这方面的重视程度。

三、结语

当前，我们有必要对"新清史"流派作进一步研究，这包括："新清史"流派究竟如何定义？"新清史"流派理论关键点在哪里？"新清史"在未来可能的发展走向是什么？只有把"新清史"的来龙去脉弄清楚，把美国学界乃至整个西方学界的社科理论吃透了，我们才能把好这个脉。"新清史"作为西方学术界研究视角之一，代表西方学术研究的一种趋势，但绝不是其学术研究的全部。并且，"新清史"流派内部存在差异，而并非铁板一块。鉴于此，我们应对"新清史"保持冷静而客观的处理方式，并呼吁一种全面而深入的研究态度。

作者简介

刘姗姗，女，1985年生，安徽人。中国社会科学院中国边疆研究所博士后，文化和旅游部清史纂修与研究中心助理研究员，主要研究中西关系史、边疆史地。

清末新疆建省意义深远

——兼评"新清史"部分观点

刘姗姗

米华健、濮德培等提出的"满洲殖民主义"观点，在 20 世纪 90 年代的美国学界曾颇为流行。米华健（James A. Millward）《嘉峪关外：1759—1864 年新疆的经济、民族和清帝国》（简称《嘉峪关外》）认为"新疆"即新的疆域，是清帝国的"殖民地"；濮德培（Peter C. Perdue）《中国西进：大清征服中亚记》（简称《中国西进》）认为清朝对新疆的"征服"纯属偶然，新疆并非必然属于清帝国。在他们笔下，新疆是静止的、割裂的，清代新疆的前情与后续毫无踪影。

"新清史"学者对新疆的割裂式理解主要体现在三方面。

一是认为中国不等于清朝。米华健在《嘉峪关外》中对清朝在新疆的统治历史进行了梳理，认为明朝边界以外地区不是中国，清朝和中国被划上一条明显的分界线。米氏由此塑造了一个让人无法理解的"中国"概念，将中国狭隘地限制在内地，新疆一词也被肤浅地理解为"新的疆域"。

二是刻意凸显清朝的"内亚性"。"新清史"学者多用"内亚视角"进行阐释，以此证明清朝的非汉特征与多元统治模式。

他们提出，乾隆等满人皇帝的思想意识或统治模式，有别于汉人建立的王朝；进而认为明清之际存在断裂，质疑清朝被划入中国王朝序列中的合理性。

三是强调历史的偶然性。濮德培《中国西进》论述了 17 世纪到 18 世纪中期清朝、俄罗斯及准噶尔在欧亚核心地区的争夺，将清朝平定准噶尔之乱并对新疆、蒙古、西藏进行有效管治的过程，等同于欧洲帝国主义的殖民扩张，认为清朝对新疆、蒙古等地的征服具有偶然性。濮氏还称，正如俄国将西伯利亚和中亚作为其殖民地一样，清帝国亦将蒙古草原、天山南北和青藏高原当作中国的"殖民地"，面对邻国竞争，清朝在新疆等内陆亚洲地区征服的成功实属偶然。

然而，对相关历史稍加分析就可发现，米华健、濮德培等人的观点昧于史实，这仅从清末新疆建省一事就可得到证明。

从汉至清，包括天山南北在内的广大地区统称西域，从张骞出使西域到汉宣帝设置西域都护府，西域与内地之间建立了密切的政治、经济、文化联系；即便到了南北朝时期，中原文化在西域的影响也并未削弱，吐鲁番一带甚至建立了与内地相同的郡县制；至唐代，西域更是被完全纳入中央政府统治之下；元代在西域实行行省制，并设北庭都元帅府、宣慰司等；明代设立哈密卫等作为管理西域事务的机构。换言之，西域自汉唐以来就与中原处于同一政治结构中。乾隆时期平定准噶尔叛乱后，对新疆地区实行了更系统的治理政策，1762 年设立伊犁将军，实行军政合一的军府体制，有效地保障了当地社会稳定。因此，新疆并非是与中国毫无关联的所谓"新的疆域"。

19 世纪中叶以来，英、俄两国对我国西北虎视眈眈，侵略之心昭然若揭。1865 年，阿古柏在英、俄支持下趁机入侵新疆，沙俄更厚颜无耻地称"代为收复"，借机强占伊犁。清朝统治者意识到新疆关乎西北稳定，甚至影响京师安全，为此下令左宗棠出征平叛。

1876—1878 年，左宗棠消灭阿古柏势力，收复西北。1881年，曾纪泽与俄方签订《中俄伊犁条约》与《改订陆路通商章程》，成功收复伊犁等地。1877—1882 年，左宗棠多次提议在新疆设行省。与此同时，参与收复新疆的刘锦棠与陕甘总督谭钟麟也联名上奏，提出更符现实需求的建省方案。1884 年，清政府在西域设省，取"故土新归"之意，改称"新疆"。

"新清史"学者认为，此次收复新疆及之后的建省，主要带着较大的经济考量以及"汉化"目的；新疆建省"预示着一种理念上的转变……以大量的汉族移民来替代新疆的民族"。事实证明，新疆建省并不是一蹴而就的，也不是什么思想转折的结果，除了前文述及的历史渊源外，更有着重要的现实因由。晚清新疆的东部与蒙古、甘肃、青海等地交界，南部与西藏交界，北部与俄国等交界，西部和阿富汗等地交界。这一重要的地理位置，加上彼时的国际形势，使得新疆处在英、俄两帝国主义势力的交叉点上。就晚清国内形势而言，新疆是西北之屏藩，可卫护蒙古，而蒙古又是京师屏卫，换言之，新疆是京师的第一重保障。更重要的是，自陕甘回民起事后，西北战火延绵数十年，城池化为焦土、人口损失惨重。因此，收复新疆后的第一要务就是快速恢复社会秩序，在此情况下，实行行省制便成了当时的最佳选择。

其实早在 19 世纪初，龚自珍就曾提议在西域设置行省，实施郡县制，以使西北长治久安。之后，魏源重申此事，并在《答友人问西北边事书》等文中表达了宜在西北置郡县的观点。濮德培对此以为，"经世学者魏源与龚自珍在 18 世纪成就基础上建立了关于强烈的民族国家防卫论证，两者都利用历史为边疆征服导致的严重耗费作辩护，民族主义者也总是将帝国在中央欧亚地区的扩张行为视为文化和霸权的自然结果"。濮氏此说并不能让人信服。

回溯历史，在新疆实行郡县制并非清代特有，北朝隋唐时期即已有之，至乾隆时期，迪化（今乌鲁木齐）、镇西（今巴里坤）皆实施郡县制。魏源等的主张不仅是对龚自珍等西北边防思想的延续，更是对传统王朝治边理念的继承与发展。清末在新疆成功建立行省制度，得益于清朝此前对当地实行了系统的治理政策，清代新疆实行军政合一的军府体制，并根据天山南北的不同实情进行细节上的调整，这正是"因俗而治"。而在晚清新疆百废待兴的前提下，相对成熟完备的行省制也就成了清廷维护在新疆统治的最佳选择和必然要求。

米华健还提出，晚清汉人官员主张收复新疆的经世主义，意味着中原汉人思维的巨大转变，与乾隆朝汉人的"中国观"多有不同。又称乾隆时期"的确并没有企图去同化他们；相反，维持其文化界限才是清朝的目标"。这是为其所谓"清朝非中国"说张目。事实上，乾隆帝就强调新疆"与内地无殊"，因此在修《大清一统志》时，要求将"伊犁之东西路，回部自哈密辟展至和阗，创撰新疆一门，次于直省之后"。这也让人们认识到，"新清史"那些坚持清朝统治者尤其是乾隆帝一味维持多元差异的言论，不仅无视中国历史延续性，更是对历代清朝统治者屡次强调"内外无别"的视而不见。

其实，左宗棠等提倡在新疆建立行省制度，反映了一个有着几千年悠久历史、丰富文化遗产和政治智慧的大国，在近代边疆危机背景下治理策略的转变——从一种地方性、分散应对模式，向整合的治理战略转移，是随着环境变化而作出历史选择的必然与自然的结果。1884年新疆建省充分表明，在长期的历史进程中，中国既有割据时期又有统一时期，统一与割据交替循环，但国家统一发展始终是主流。

罗友枝"构建"了什么样的历史叙事？

——从《再观清代》中译本被删减一节说起

刘文鹏

在"新清史"思潮中，美国匹茨堡大学教授罗友枝（Evelyn Rawski）1996 年发表的《再观清代：清代在中国历史上的重要性》一直被视为旗帜之作。这篇论文不仅引发了华裔学者何炳棣《捍卫汉化：驳斥罗友枝之〈再观清代〉》一文的激烈回应，而且以此为开端，中国史研究"内亚转向"成为海内外一些史家追逐的一种时髦。鉴于此，笔者在 2010 年编辑《清朝的国家认同："新清史"研究与争鸣》时，将《再观清代》译文收录为第一篇。但当时考虑到"语境差异"，删去其中第四节"清史和中国的民族主义"（Qing History and Chinese Nationalism）。此后十年中，不断有学者对删减原文的做法表示关注或提出异议。

2012 年 8 月《中华读书报》署名江风的文章首次关注到此节被删之事，指出："'新清史'的某些重要论著至今还不能在国内翻译出版，一些论文还要因为'语境的不同'而作删节，甚至相关的学术活动也曾经受到来自不同方面的干扰，在如此剧烈的思想交锋之下，幻想将讨论限制在纯学术领域是完全不可能的。更现实的做法也许是，承认相关议题中的政治因素，但在讨论中

分清楚哪些是学术的进路，哪些是政治的考量。"（《"新清史"之争：超越政治，可能吗？》）

2016 年 1 月，钟焓在《中国民族报》上也提及此事，"罗友枝的观点充分反映在她在 1996 年发表的那篇《再观中国：论清时代在中国历史上的重要性》的'清朝历史与中国民族主义'这一节。罗氏的论文国内早就有了中译本，可惜该节的内容却只字未译，使读者难以从总体上了解罗氏写作全文的思想脉络。其实，只有配上这一节之后，'新清史'的整个学术思路才清晰完整地呈现在读者面前"（《学术与政治的交集：简析"新清史"学者的意识形态倾向（上）》）。

同样发表于 2016 年 1 月，徐泓则在文章中做了更详细的讨论，指出"这个节译本删节的，就是罗友枝文章最具政治争议的内容'清史与中国民族主义'。直到最近互联网上出现补译本，学界才接触到这一段争议的文字。支持'新清史'的文章，不知是故意的，还是没读到，对罗友枝这段论述总是略而不谈，似乎是怕读者读到之后会引起对罗友枝论文学术性的怀疑。反对'新清史'的人，似乎也没读到原文，甚至全不知道罗友枝这段议论的存在；因此，评论时亦未能直攻要害。其实罗友枝通篇文章的主旨在排除汉民族在清帝国中的政治地位，尤其在'清史与中国民族主义'一文的结论，强烈抨击近现代中国政治与学术，认为'汉化'是来自梁启超、孙中山等汉民族主义者的'诡辩'，并非国家民族主义的概念，意味着它需要被去除"（《"新清史"论争：从何炳棣、罗友枝论战说起》）。

2016 年 2 月 20 日，美国达特茅斯学院教授柯娇燕（Pamela Kyle Crossley）发表了《何炳棣与罗友枝之间是否真发生过论战？》，对徐泓文章进行了全面回应与批评。她认为徐泓并没认真读过罗友枝的著述，也不了解罗友枝的观点，所述何、罗之间的论战根本不存在，徐泓所构建的不过是一个有关"新清史"的神话。此外，她还指出徐泓对罗文被删减之事的态度，表现过头了。

就以上学者的表述来看，罗友枝论文的这一节，不但关系到其核心观点，而且也是表现其政治观点的内容。删去此节，会使国内读者对罗友枝观点的了解大打折扣。

那么，罗友枝在这一节中都讲了什么呢？现在看来有必要作一些评析。

在《再观清代》一文中，罗友枝比较系统地阐释了清朝非汉特性，对美国学界中国史研究的"汉化史观"进行了批评与解构。在前三节阐述"清史研究中非汉文资料的运用""独立和不平等：征服贵族""多民族帝国的统治""非汉征服政权"的基础上，第四节以"清史和中国的民族主义"为题，论述中国民族主义的兴起及其影响。作者通过梳理已有研究成果，并列举一些典型事例，认为自民国以来蒙、藏、新疆地区民族主义的兴起和政治离心倾向的发展，源自从清末民初到中华人民共和国时期汉人"民族主义"的勃兴与压迫，以及中国领导人提倡汉化、去除非汉民族特性的政策压力。这也是 20 世纪清史研究中汉民族主义历史叙事的直接动因。由此形成蒙、藏地区应该"独立"，"独立"符合法理的观点，突出表现了作者越出学术研究的政治目的。其最终观点是，"'汉化'——所有的非汉民族进入到由汉族文化统治的中原地区终将被中国文化所同化——是 20 世纪汉民族主义学者对中国历史的一种解读。去除'汉化'理论将成为今后一段时间中国历史研究的中心议题之一"。

其实，稍加分析就会发现，这一看似严谨的论述，至少有三个方面的蹩脚逻辑，经不起推敲。

第一，拘泥于狭隘的民族主义，否认从清朝到中华民国、中华人民共和国在统一多民族国家继承上的合法性。

"清朝不等于中国"是"新清史"的典型观点，《再观清代》对这一观点的凝练起到关键作用。罗友枝对中国自清朝至民国发生历史转变的阐释，从一开始就秉持一种错误理念：中国指的是汉人的活动区域——内地，边疆地区不属于汉人，也就不属于中国。所以她认为"从建立之初，中华民国就面临着在一个民族国家中，既要坚持汉族民族主义，又渴望保留清朝全部疆域的根本矛盾"。在她看来，造成这种矛盾的原因在于"辛亥革命将满洲、蒙古人、维吾尔人和藏人从清帝国的束缚中解放出来，给予他们建立自己民族国家的可能性。对清帝国的忠诚，并不等同于对新成立的中华民国的忠诚"。

上述观点实际涉及两个问题，一是蒙、藏等族是否只忠于清朝而不愿加入民国政府？二是民国政府有没有能力通过政治变革消除民族主义的离心力？

辛亥革命爆发的确引发了内地各省及蒙、藏、新疆等地民众对中国未来走向的思考，"脱清独立"一度成为一种政治风潮。但是，这种"独立"并不是国家主权意义上的独立，而是相对于清廷统治的"独立"，并且随着中华民国建立，认同中华民国的政治秩序迅速恢复。1911 年 11 月 30 日外蒙古宣布"独立"时，曾下令武力驱逐清朝当时的库伦办事大臣三多及其所属，称"乃近年以来，满洲官员，对于我蒙古欺凌虐待，言之痛心"，又言："现值南方大乱，各省独立，清皇权势，日就凌夷，国体变更，指日可待……满汉之现象如此，亦满洲不德所致也。"（张启雄《外蒙主权归属交涉（1911—1916)》）由此可见，与南方各省一样，外蒙古反对的是清廷的"不德"统治，希望"国体变更"，而非自外于统一多民族国家。民国建立后不久，外蒙古就公开宣布自己仍是中国领土之一部分。

面对辛亥革命以来蒙、藏地区的所谓"独立"，民国政府初建之时就做了很多政治上的调适，以确保国家统一。不仅承认清帝退位时颁布的《待遇蒙藏条例》，通过劝导、册封等方式怀柔蒙、藏、新疆各地上层人士，还将条例主要内容正式纳入《中华民国约法》，保证中华民国元年"所宣布之满、蒙、回、藏各族待遇条件，永不变更其效力"。同时，蒙、藏、新疆等地在国会中也有各自的议员名额（冯建勇《辛亥革命与近代中国边疆政治变迁研究》）。由此可见，与清代一样，中国政治体制对多民族的包容性再次发挥了重要作用，从这个角度讲，中华民国成功地从清朝接续了管理蒙、藏、新疆等边疆地区的合法性。民国建立以后虽然政权更替，"国体变更"，但作为统一多民族国家的制度框架没有变，统一的主权国家也没有变，在此框架内，边疆各民族留有足够的政治空间和地位。

作为历史研究者，在对如此重要的历史问题进行评判时，不应拘泥于族群框架，更应该从国家层面保持对历史连续性的基本认知。但罗友枝显然有意忽略民国初年政府维护统一多民族国家的积极举措，罔顾史实，削足适履。由此她彻底割断了由清朝到中华民国的内在联系，陷入到一种西方"民族国家"的狭隘偏见之中。

第二，不顾历史事实，夸大民族主义的影响，为列强侵略中国做掩饰。

罗友枝在此节的另外一个核心观点是："汉民族主义的出现，不可避免地促进了原属清帝国边疆地区的少数民族民族认同的形成。"在此，她借鉴柯娇燕的理论，强调清朝并没有形成明确的民族意识，把中国的民族意识的产生视作清末民初汉族民族主义出现的结果，包括汉族向边疆民族地区移民，以及对非汉民族的满、蒙、藏等族的"敌对"和"压迫"。

　　罗友枝认为，汉族商人进入蒙、藏等边疆地区，引起了当地人的反对，甚至在当地倾向"独立"时，开始驱逐汉人官员和军队。由此，她勾勒出汉民族的"侵略性"，视之为清末民初国家陷于分裂危机的主要原因。相反，对当时国内政局特别是对蒙、藏等地大加干涉的英、俄等西方国家，对"泛蒙古主义""泛突厥主义"对我国边疆地区分裂倾向所产生的影响，罗友枝则认为无关轻重。她认为，"19 世纪末和 20 世纪初的汉族移民更激起了少数民族地区的排汉情绪。尽管受俄国、日本和英国的影响，这些民族独立运动在根本上是新民族意识的产物，这些新兴起的民族意识也吸纳了中国疆域之外的兴起的泛蒙古主义和泛突厥主义因素"。

　　实际上，众多研究表明，清末民初蒙、藏地区出现"独立"倾向，起决定作用的是英、俄两国的强力介入。1912 年 8 月民国政府派川滇二省军队入藏，收复西康并拟进军拉萨，但慑于英国压力而下令停止。而后来西姆拉会议形成的所谓"协议"，则长期干扰中国对西藏行使主权。由此可知，近代中国维护多民族国家统一最大的阻力，既不是汉人与非汉人的矛盾，也不是族群认同或民族主义问题，而是来自英、俄等列强势力。

　　罗友枝不仅对列强侵略中国、干涉中国内政视而不见，而且，按照她的逻辑和说法，如果蒙、藏等地民族主义的产生是被汉民族压迫的结果的话，那么鼓动"蒙藏独立"的英、俄等列强则无异于扮演了"从民族国家拯救历史"的"救世主"角色。这仍是一种典型的西方"民族国家"的叙事逻辑。

　　而且，为了"构建"这一"非汉民族主义"的历史叙事，罗友枝在史实采择上也出现了一些严重错误。她认为，"在西藏，清朝的灭亡使流亡印度的藏传佛教格鲁派首领和西藏名义上的领袖达赖喇嘛回到西藏。藏人驱逐汉人官员和军队，宣布独立。直至 1950 年，西藏在法理上享有独立地位。喀尔喀蒙古在 1912 年宣布独立，将藏传佛教在此地的最高领袖哲布尊丹巴呼图克图称为新国家的领导人，并使用博克多葛根（神圣皇帝）这一称号。这成为蒙古国的先驱"。而"新疆自 1922 年起在事实上脱离了中国控制而进入苏联的势力范围"。

这一段论述充分暴露了罗友枝为"构建"叙事逻辑而不顾历史事实的主观色彩。实际上，1912—1913 年在西藏被驱逐的是清朝四川总督赵尔巽的军队，军队首领钟颖和驻藏大臣联豫都是满人。对于西藏，民国政府依然延续和行使从清朝继承下来的重要行政权力。达赖喇嘛曾于 1912 年 10 月通过其驻北京代表向民国政府咨询恢复清末被革名号的可能性，民国政府很快允准这一请求。20 世纪 30 年代，十四世达赖喇嘛转世灵童选择及最后的册封，也是由民国中央政府派代表监督，并按照清朝的程序完成的（朱丽双《民国政府的西藏专使（1912—1949）》）。要说 1950 年前西藏具有所谓"法理上"的独立地位，这一法理也只能是英国代表麦克马洪炮制的"西姆拉会议协议"这样一个从未得到中国政府批准的非法文件。

罗友枝另一个更加严重的史实采择错误是"喀尔喀蒙古在 1912 年宣布独立"，这是一个典型的断章取义式的狡辩。外蒙古的确曾一度宣布独立，但后来呢？众所周知，1915 年外蒙古与中俄签订协约，宣布放弃独立，"外蒙古承认中国宗主权，中国、俄国承认外蒙古自治，为中国领土之一部分"，"外蒙古博克多哲布尊丹巴呼图克图汗名号，受大中华民国大总统册封，外蒙古公事文件上用民国年历，并得用蒙古干支纪年"。

至于新疆，在清亡以后 20 余年中，先后执掌军政大权的杨增新、金树仁等人虽然表现出专政一方的军阀特点，但都效忠于中华民国，完全接受民国政府的政令，新疆仍然牢牢地掌控在中国政府手中，罗友枝所谓"新疆自 1922 年起在事实上脱离了中国控制而进入苏联的势力范围"，实属无稽之谈。

对于罗友枝这样一位曾任美国亚洲历史学会主席的资深学者来说，若说她对这些如此确凿的基本史实都毫不知情，那等于说她不懂历史。但如此断章取义，取其一而不及其余的做法，实在有违其作为著名历史学家的身份与担当。

第三，歪曲解释中华人民共和国时期的民族融合、自治政策，美化"东突"历史。

罗友枝认为，强烈的汉民族意识的产生，是孙中山、蒋介石、毛泽东等政治家和以梁启超为代表的学者极力提倡汉化、消除其他民族特性的结果。她写道："虽然宪法一直定义中国是多民族国家，但是从孙中山到毛泽东，中国的领导人一直坚持中国应以汉族为主导，"其本质仍是"坚持民族主义"。

这一论述表明罗友枝对相关历史的无知。20 世纪 20—30 年代，民国政府就已明确把"中华民族"解释为包含蒙古、藏等各族在内的大民族概念（黄兴涛《重塑中华：近代中国"中华民族"观念研究》）。在政治实践上，先后建立热河省、察哈尔省、西康省，延续了晚清以来东北、新疆、台湾建省的趋势。与此不同的是，新中国实行民族平等基础上的民族区域自治政策，一改晚清、民国以来在边疆民族地区建立行省的做法，建立了蒙、藏、维、回、壮等少数民族自治区。

对民族身份的辨别，是真正实现民族平等的前提和基础。随着民族区域自治政策付诸实践，从 1950 到 1979 年，新中国的民族识别工作持续了近 30 年，最终确定 56 个民族。在这样大的范围内进行民族体的甄别研究，是世界民族研究史上的创举（黄淑娉《民族识别及其理论意义》）。如果按罗友枝所说，我国坚持汉民族主义，追求以消除其他民族特性为目的的"汉化"，又何必如此兴师动众地去识别那么多民族？又何必建立少数民族自治区？

罗友枝对"东突"问题表现出的暧昧态度，也非常值得警惕。在这一节的结论中，罗友枝专门论述了中华人民共和国时期的民族政策。她认为，正是汉民族主义的兴起、汉化运动的压迫，才有所谓"1933、1944 和 1949 年几次试图建立东土耳其斯坦共和国失败"。言外之意，20 世纪 30—40 年代数次"东突"暴力事件具有"正义性"。她还提出，中华人民共和国的民族政策"与民国时期相似……也不断镇压民族独立运动，强调其对西藏、新疆和内蒙古的控制"，而且"使用突厥语系的新疆穆斯林拒绝国民党的同化话语，也同样抵制共和国时期的民族融合政策"。尽管在罗友枝发表这一论说的 1996 年，"东突"尚未被联合国界定为恐怖组织，但其恐怖活动已反复出现，分裂中国的图谋十分露骨。罗友枝此番言论，说其在刻意为"东突"分裂势力"构建历史"也不为过。显然，这已经不是一种史学观点，而是赤裸裸的政治表态了。

《再观清代》全文的最终结论是：既然汉化观的"中国历史是一门由中国政府支持的学者们掌握的学科"，那么对"占中国有记录以来历史近一半的非汉族统治时期的解读，都可能受民族主义所产生的偏见的影响"，是靠不住的。可见，罗友枝在将清末民初中国边疆地区产生离心倾向归因于所谓"汉民族主义"的同时，又极力推崇蒙古、藏、维吾尔等族的"民族主义"，试图构建一种"非汉"民族主义的、政治化的历史叙事，以此来解构中国作为统一多民族国家的历史事实。她将"否定汉化"的历史叙事与国家政治、意识形态联系在一起，其目的就不仅仅是跟我们争夺什么学术话语权了，而是要消解、解构我们的话语权，更是为解构中国的主权统一和领土完整而"构建历史"。

作者简介

刘文鹏，男，1972年生，河北宁晋人。历史学博士，中国人民大学清史研究所教授、博士生导师，主要研究方向为清代政治史，出版《清代驿传及其与疆域形成关系之研究》《盛世背后：乾隆时代的伪稿案研究》等专著，合作主编《清朝的国家认同："新清史"研究与争鸣》。

后　记

　　清史纂修工作自 2002 年启动以来，一大批新的科研成果相继产生。为发挥清史纂修在资政襄政等方面的作用，我们从 2006 年 7 月开始编发内部资料《清史参考》（周刊），择要刊登在清史纂修和研究工作中形成的部分科研成果。其内容包括典章源流、名人史事、资料考证、学术争鸣等，力求如实反映清代的政治、经济、文化、社会等各方面情况，为有关部门和领导同志提供参考。

　　2008 年，我们将已刊发的《清史参考》结集出版，取 "以史为鉴" 之意，定名为《清史镜鉴》。之后每年一编，先后出版了《清史镜鉴》的前十三辑。现将 2020 年的《清史参考》合刊为《清史镜鉴》第十四辑。我们将所收文章进行了分类，对文中的生僻字词酌加注释，并重新校订了原文。

　　《清史参考》编发十四年来，得到了许多读者的关心指点，也得到各地清史专家的大力支持，值此《清史镜鉴》第十四辑出版之际，谨表示衷心的感谢！

国家清史编纂委员会

文化和旅游部清史纂修与研究中心

2021 年 1 月